高难度谈话

DIFFICULT CONVERSATIONS

谈话

[美] 道格拉斯·斯通　布鲁斯·佩顿　希拉·汉 —— 著

王甜甜 —— 译

光明日报出版社

图书在版编目（CIP）数据

高难度谈话 /（美）斯通,（美）佩顿,（美）汉著；
王甜甜译 . —北京：光明日报出版社 , 2014.7（2025.7重印）
　书名原文：Difficult conversations
　ISBN 978-7-5112-6685-9

Ⅰ . ①高… Ⅱ . ①斯… ②佩… ③汉… ④王… Ⅲ .
①语言艺术 Ⅳ . ① H019

中国版本图书馆 CIP 数据核字 (2014) 第 138222 号

图字号：01-2014-3974

DIFFICULT CONVERSATIONS: How to Discuss What Matters Most
by Douglas Stone, Bruce Patton and Sheila Heen; Foreword by Roger Fisher
Copyright © Douglas Stone, Bruce M Patton and Sheila Heen, 1999
Foreword copyright © Roger Fisher, 1999
Chinese (Smiplified Characters) copyright © 2014
by Beijing Double Spiral Culture & Exchange Company Ltd.
Published by arrangement with ICM Partners
through Bardon-Chinese Media Agency
ALL RIGHTS RESERVED

高难度谈话
GAONANDU TANHUA

著　　者：〔美〕道格拉斯·斯通　布鲁斯·佩顿　希拉·汉	译　者：王甜甜
策　　划：双螺旋文化	
责任编辑：杨　茹	责任校对：傅泉泽
特约编辑：唐　浒　杨亚妮	责任印制：曹　诤
封面设计：上海王媚设计工作室	特约技术编辑：张雅琴　黄鲁西

出版发行：光明日报出版社
地　　址：北京市西城区永安路 106 号，100050
电　　话：010-63169890（咨询），63131930（邮购）
　　　　　010-63497501，63370061（团购）
传　　真：010-63131930
网　　址：http://book.gmw.cn
邮　　箱：gmrbcbs@gmw.cn
法律顾问：北京市兰台律师事务所龚柳方律师

印　　刷：固安兰星球彩色印刷有限公司
装　　订：固安兰星球彩色印刷有限公司
本书如有破损、缺页、装订错误，请与本社联系调换，电话：010-63131930

开　　本：170mm×240mm	
字　　数：300 千字	印　张：19.5
版　　次：2014 年 8 月第 1 版	印　次：2025 年 7 月第 10 次印刷
书　　号：ISBN 978-7-5112-6685-9-01	

定　　价：45.00 元

版权所有　　翻印必究

| 目录 |

第二版序　I

序　IX

致谢　XI

前言　XV

第一部分　问题

　　第一章　挑选出三种谈话　3

第二部分　向学习型姿态转变

　　"发生了什么"对话　21

　　第二章　停止争论谁对谁错：了解他人的故事　22

　　第三章　不要设定对方的意图：让矛盾与意图无关　42

　　第四章　放弃指责：将归责系统图表化　55

情绪对话　81

　　第五章　掌握情绪——不然，它们将会成为你的主宰　82

自我认知对话　105

　　第六章　管理自我认知：问问自己，什么受到了威胁　106

第三部分　创造学习型对话

　　第七章　你的目的是什么　125

　　第八章　开始谈话：从第三个故事开始　140

　　第九章　学习：用心聆听，听明白　155

　　第十章　表达：清楚有力地表达自我　176

　　第十一章　解决问题：谈话的引领者　192

　　第十二章　总结　208

　　人们提出的十个问题　223

　　最后的思考　284

| 第二版序 |

十年前,当《高难度谈话》一书首次出版时,我们期望这本书能够获得巨大成功,同时,也希望它能够帮助人们建立更加和谐的人际关系。令人感到高兴的是,十年后的今天,我们看到这本书并没有辜负我们对它的期望。

在此期间,读者们不断地给我们发来电子邮件,与我们分享各种改变其生活的谈话,或是告诉我们"我的妻子给了我这本书,结果我发现这本书还真是不赖"。通过这些邮件,我们了解到了各种围绕谈话而展开的生活故事:原本已经摇摇欲坠的婚姻又步入了正轨;关系破裂的兄弟姐妹最终重归于好;因为害怕而不敢独自睡觉的孩子终于战胜了内心的恐惧;在朋友临终前就死亡、爱情和其他话题所展开的热切的谈话。此外,我们还得知,许多在教育子女时感到一筹莫展的父母通过这本书找到了适合自己的沟通方式,制定出了一套针对自己孩子的教育策略,并且成功地向家中的青少年伸出了援助之手;与此同时,邻居们也不再因为各种生活琐事而困扰,邻里关系得到了巨大的改善。在此,我们想对那些慷慨地与我们分享其生活故事的读者致以衷心的感谢。

此外,这本书在商业世界里也引起了强烈的反响。许多工作者不约而同地选择这本书作为自己的公关教材,利用书中传授的谈话技巧来面对和处理工作中那些最艰难的挑战——需要兼顾各方面利益的股东终于做出艰难却明智的决定;公司的管理者克服困难,完成了绩效反馈报告;工作的执行者最终圆满地解决了难题,从而使原本运行不畅的工作得以顺利完成;团队领导者化解了内部矛盾，维持了团队内部的团结与统一。这本书能够帮助人们鼓舞士气，冲破工作障碍——从公司的新员工到总裁，几乎所有人都能从书中找到自己需要的锦囊妙计——带领人们穿过看似"一团和气"实则矛盾丛生的工作误区，进入到高效、开放且相互尊敬的工作氛围之中。

不过，这本书最令人称奇之处还在于其广泛的影响范围。据我们所知，曾有舞蹈教师利用书中的沟通方式来教授阿根廷探戈；该书的阿拉伯文版本则帮助巴勒斯坦的教育者建立了一个沟通计划；以色列的仲裁工作者在阅读了该书的希伯来文版本后就立刻将其应用到了调节外部和内部的纠纷及冲突的调停工作当中；当然，战后的胡图和图西族领导人之所以能够和平聚首，共同商讨解决冲突的办法，这本书的法文版也同样功不可没。此外，许多世界组织也纷纷借助本书中所介绍的沟通技巧来管理和解决各种因文化差异所带来的组织内部或外部的挑战。据统计，本书已经被翻译成25种文字，畅销于世界多个国家和地区；有人甚至告诉我们，本书已经被送入了国际空间站（在那里，巨大的文化差异及工作压力常常会引发各种冲突和矛盾）。

《高难度谈话》一书已经成为了许多大公司进行员工培训的教材之一：北海石油钻塔的操作人员，在储油丰富的阿拉斯加北坡工作的谈判者，以及阿拉伯–美国石油公司的领导人都曾经学习过书中的内容。此外，BARCC（波士顿地区强奸危机中心）、联合国及艾滋病预防中心的总部及地区办事处都曾借助本书中的技巧来化解纠纷及应对沟通挑战。在美国，各地医院的医生和护士几乎都阅读过本书，并已经将书中的沟通方法应用到了实际工作当中，旨在为病人提供更好的医疗服务，同时也为自己构建更加和谐宜人的工作环境。在美国政府内部，司法部、国税局、联邦储备委员会以及国家邮政管理局的员工几乎人人都阅读过本书。在白宫，本书甚至是1600名高层政治官员的必读教材之一！在大学里，各法学院、商学院及其他学院也纷纷以本书作为教材。因此，本书的读者范围甚广，从学生到老师，从人生导师到临床心理医生，甚至是身居高位的政府部长或内阁大臣，几乎都曾涉阅过本书。

为什么这本书能够在全世界范围内引起如此大的反响呢？其实，原因很简单，因为它的主题就是人——我们这些并不完美的却真实的人：

你所在的公司并不大,同事之间的合作密切且和谐,公司内员工的数量及职位设计也很合理,然而尽管如此,你却仍然对老板充满了不满。

你有四个电子邮箱和两个语音信箱,你和身边关系亲密的五位同事之间的距离不过咫尺之遥,可是,他们当中却没有人知道该如何与你进行沟通,谈一谈他们对你的那种"对质式"的谈话方式的看法。

销售、制造和产品研发这几个环节的工作都完成得相当成功,然而各部门的工作人员之间却相互不服气,谁也不愿听谁发表意见,从而使得整个工作陷入了我们常说的"因缺乏欣赏而引发的混乱"状态之中。

商业合作中,作为客户的一方总是更改订单;而供货商一方在送货时也常常迟到。久而久之,合作者们发现,虽然利益一致,但是这并不能担保双方能够保持和谐融洽的合作关系。

人是一种复杂的个体。每个人都有自己的观点、思想和情感,我们如此,与我们合作的人也是如此。这是一个亘古不变的事实,十年前如此,一百年前如此,一万年前的情况很有可能也是如此:"毕竟,是我促成了这次狩猎,并且成功地捕捉到了猎物,这难道就是对我的辛苦付出的回报?你认为这公平吗?"

我们并不想夸大或轻视高难度谈话的影响力,然而高难度谈话的确无所不在。无论是最佳工作地点,最高效的组织,还是所有人都认为堪称完美的家庭;无论是多么相爱的夫妻,还是已经相伴一生的挚友,都不可避免地会遭遇高难度谈话。事实上,我们完全有理由相信,(妥善地)处理高难度谈话是双方关系健康的一个标志。生活中有些压力是不可避免的,只有那些能够包容并正确应对这些压力的人际关系才能经受住时间的考验,而在现实生活当中,那些愿意并且能够"同甘共苦"的人往往也会更信赖对方,并且对自己与对方之间的关系更有信心,因为他们有过与对方共同应对困难的经历,并且亲眼见证了自己与对方的关系在经历了考验之后幸存下来的事实。

因此,对于人们为什么会对本书产生如此浓厚的兴趣这一问题,答案之一就是无论是在生活还是在工作当中,当人们通过自身的努力解决了人际交往中的难题,使进退维谷的人际关系化险为夷时,那种成就感和愉悦的心情是任何事情都无法比拟的。不过,我们认为,相对于生活而言,商业工作对本书的需求可能会更大一些，其应用范围可能也更广——从长期效益来看，许多机构及公司之所以能够生存下来并取得成功，很大程度上都取决于它们能够应付各种发生在工作当中的高难度谈话。现在，这种针对"高难度谈话"的竞争已经拉开了序幕。

为什么会这样说呢？因为应对和处理高难度谈话的能力是一家企业或机构能够进行自我改变、适应环境要求的先决条件。毕竟，全球化竞争和技术的发展已经让快速改变和适应环境成为了企业生存的一个必要条件。

当然，在谈到"主动发起下一次重大变革"这一话题时，许多工作者和经商者常常会流露出一种不以为然的神情，有的人甚至会对此冷嘲热讽。我们经常会听说某公司管理者下定决心进行改革，其间，公司会花费大量的人力物力学习组织机构建设，产品质量管理，重新设计业务流程等。总而言之，刹那间，不计其数的新观点和想法便如雨后春笋般浮现在我们眼前。与此同时，咨询公司也在一旁用各种研究数据向我们展示和证明，新方法实施后将会给企业带来巨大的潜能和效益，可是，我们最终看到的结果却是，各种改革措施不了了之，改革之初承诺的巨大效益和改变也只实现了一小部分。为什么会这样？

在我们看来，之所以会出现这种虎头蛇尾的局面，并不是因为研究数据出现了错误，也不是因为管理者过高地估计了改革能够达到的效果。切实有效地改革的确能够实现预期的成效。当然，出现这种局面也不是因为公司员工懒惰或不负责任。事实上，公司里的许多人都对这次改革倾注了极大的热情，并且对各个改革项目也付出了巨大的努力。

我们认为，在日常工作当中，那些旨在改变现状的工作和努力之所以常常付诸东流，最主要的原因就在于切实有效地贯彻和执行改革往往要求人们进行高难度谈话——然而，这些满腔热情的工作者却往往并没有掌握这种对话的技巧，即他们并没有做好准备。在改变的过程中，对于优先权、投资力度、衡量改革成功的标准，以及什么才是最正确的执行改革的方法这些问题，人们往往都有各自不同的看法，这是一个无法改变也无法回避的事实。

由于人们往往会想当然地认为自己的观点才是正确的，而其他人之所以会提出反对意见完全是出于对自身利益的考虑，所以，不知不觉中，工作的进程就慢慢停了下来，开始原地踏步，各项决定的做出开始出现滞后的现象。除此以外，那些决策者在做决定的时候通常也没有考虑到执行者的观点和意见。于是，双方的关系开始发生改变，变得微妙而敏感起来。工作者的情绪变得越来越沮丧，最终，大家选择了放弃，转而将精力和注意力投入到了新的挑战或下一个大项目当中。

因此，应对高难度谈话的能力是实现几乎所有重大改变的基础要素。

当然，这种谈话能力的作用并不仅限于当工作发生重大改变时。事实上，它也同样适用于日常工作的维护。现代商业竞争的巨大压力迫使企业和公司不得不扩大规模，从而通过规模化的生产进一步提高工作效率，使公司能够在竞争中保有一席之地。现在，许多产业都已经将其发展的触角伸向了全世界。与此同时，各商家还需要适时地对市场要求做出回应——快速、灵活、适应能力强——而这一需求也使得许多公司和组织不得不精简机构，加快信息流通速度，用最高的效率应对复杂多变的市场情况，及时制定并更改决策，完成工作任务。

面对由此产生的更加艰难的、矛盾冲突更尖锐的谈话，我们给出的对策就是：处理好和更多的人之间的关系，这些人必须是观点、思想和情感各异的人，对公司和组织机构有不止一种想法的人！

想一想：在你所处的公司或机构中，当人们在工作中发生矛盾冲突时，他们是不是会按照常规，直接处理纠纷？这样做的效果好不好呢？又或者，所有围绕公司工作展开的电子邮件和会议是不是往往都流于表面，无法触及问题的核心——哪怕是那些重要的谈话，也无法避免这一尴尬现状？在过去的30多年当中，我们与许多公司进行过合作，这些公司遍布世界各地，规模大小不一。通过与这些公司的合作经历，我们想告诉大家的是，这些公司之所以能够在残酷的商业竞争中存活下来，惟一的原因就在于它们拥有强大的谈话能力，能够妥善地处理好与那些关乎企业存亡的重大话题有关的谈话。

时至今日，任何一个身处商业世界的人都会感到压力重重——必须有效且高效率地工作。在过去20年的时间当中，人们一直专注于利用高科技和科学的方法来缩短生产流程，提高技术水平，以及压缩生产成本。现在，我们的工作流程及成本已经精简到了几乎无法再精简的地步。

因此，在未来的10年（甚至50年）当中，我们的工作能否取得进一步突破将取决于人，取决于我们能否学会如何更加有效地处理工作中发生的矛盾冲突，取决于我们是否能够抓住这一契机，为自己创造有利的竞争条件。事实上，只要处理得当，我们就完全能够将冲突和相异的观点转变为能够提高我们自身竞争能力的不动产——一台能够激励我们快速学习和创新的发动机！

总而言之，如果一家公司能够注重培养领导者的沟通能力，并将这一能力看作是领导者的核心竞争力，那么，这家公司一定能够快速而稳步地发展壮大，其宏伟的发展势头一定会令它的竞争对手望尘莫及。

在本书的第二版当中，我们非常高兴地完整保留了第一版里的全部内容，并在此基础上根据我们所收集到的新信息和许多有针对性的问题及其注释做出了一定的补充和修改。至于这部分新添加的内容，我们将会以问答的方式呈现给大家。我们希望这些新的内容能够帮助大家进一步加深和拓宽对高难度谈话的理解及其技巧的掌握，同样地，我们期待大家能够在阅读过这一部分内容之后给我们提出更多新的问题。

在此，我们也想对本书的编辑，企鹅出版社的里克·诺特编辑，表示衷心的感谢。

在过去的这十年当中，我们收到了许多读者来信，最后，我们从中挑出了一封信，并打算用这封信中的故事作为本书第二版序言的结尾。对于每一封读者来信，我们都尽可能地做到及时回复。有时候，我们也因此而全身心地投入到了与读者的对话之中，譬如说以下这封来信。

2002年初，希拉收到了一封来自阿里的电子邮件。在邮件中，阿里告诉我们他和儿子之间的关系出现了一些问题，他感到很困惑，不知道该如何才能处理好这些问题。通过观察，他发现儿子会在不告知他的情况下从他的钱包里拿钱，可是当他就此质问儿子的时候，男孩却矢口否认。他问我们"我该怎么办"。"通过读你们的书，我知道了，"他这样写道，"指责并不是正确的解决问题的办法。对此，我也表示认同，可是有的时候父子之间必须坦诚相对，把事情说清楚。"

收到这封邮件后，希拉首先想到的就是对阿里的想法予以肯定。是的，作为父母，有的时候必须和自己的孩子进行对质，或是对他进行惩罚，尤其是当孩子偷窃和撒谎的时候。在回信中，她将自己的这一想法告诉了阿里。不过，在此基础上，她还添加了一些自己对这件事情更深入的想法——阿里需要继续了解儿子的感受和观点，与此同时，他也需要不断地提醒自己：他，作为一名父亲，也许并没有完全了解整件事情的全部情况。

几天后，希拉收到以下这封邮件：

希拉：

你好，很高兴收到你的回信……

虽然这很困难，但是我还是和儿子进行了一次认真的谈话，并且终于弄清楚了事情的原委。看起来事情应该是这样，自从可怕的"9·11"事件之后，他在学校就一直受到其他孩子的恐吓，为了不挨打，他只得从我这里拿钱给那些欺负他的孩子。

对此，他感到很害怕，根本不敢告诉我。首先是因为我和我的妻子一直和我们的美国朋友保持联系，并且关系很好，所以他觉得我们肯定不会理解他。其次则是因为他很害怕那些欺负他的人，他觉得如果他把这件事情说出来，他们一定会对他采取更可怕的行为。

"9·11"事件发生后，我们曾经试图向他解释这一切，并了解他对此事的感受，可是每当聊到这一话题他却总是说一切都很好，并借此岔开话题。不幸的是，我相信了他的话，并没有继续深入地了解他的真实感受……

从我的角度来说，我之所以会犹豫不决，迟迟没有就这件事与他进行谈话，原因就在于：我知道一直以来，他都是一个可爱、诚实且关心他人的孩子，尽管发生了一些事情，可是我仍然觉得不应该把他当成是一个坏孩子来审问。我们进行了一次长时间的谈话，其间，我非常努力地给他信心，让他知道无论情况多么糟糕，他都无需害怕和担心，因为他可以向我们倾诉。

衷心地感谢你的帮助。

祝一切安好！

阿里

谢谢你，阿里，谢谢你与我们分享你和儿子的这次动人的谈话。我们愿意将本书的第二版献给你，以及所有曾经与我们分享自己的勇气和故事的人们！

道格拉斯·斯通

布鲁斯·佩顿

希拉·汉

| 序 |

哈佛谈判项目组因为《Getting to Yes》一书的出版而声名远播。这本关于谈判与解决谈判问题的书自1981年问世以来，一直都很受读者们的欢迎，畅销全球。

然而，无论是在谈判中，还是在日常生活中，无论自己是否在情在理，我们常常会选择不去和对方进行话语沟通，或者说，我们也根本不想这么做。有时候，当我们开口说话，事情只会变得更加糟糕。各种各样的情绪——愤怒、内疚、受伤——往往也会随着我们开口说话而变得愈加激烈；我们越来越确信自己才是正确的一方，与此同时，那些站在我们对立面的人们也以为自己是正确的。

这一难题正是《高难度谈话》一书所探讨的内容，同时，这也是这本书会具有如此强大作用力和吸引力的原因。在书中，作者们会与读者一起探讨究竟是什么将谈话引入僵局，为何我们必须消除谈话中的僵局，以及为何当我们想打破僵局时，结果却往往只会让局面进一步恶化。虽然帮助谈判者走出困境是驱使我们撰写本书的源动力，但事实上，关于这一领域的应用远远不止于此。《高难度谈话》涉及的恰好是人际交流中至关重要的一个环节。它将告诉我们如何才能更加有效地与身边形形色色的人进行沟通：孩子、父母、房东、房客、供货商、顾客、银行贷款方、经理人、邻居、团队成员、病人、雇员以及同事等。

在本书中，我的工作伙伴布鲁斯·佩顿和希拉·汉将会与读者们一同步入沟通的世界，为我们展示人际交往的玄妙之处。他们会告诉我们实现有效沟通所必须具备的思维方式、情感姿态以及交流技巧，从而帮助我们跨越那些由于沟通者的经历、信仰以及情感的不同而形成的沟通障碍，从容行走于各种人际交往，让我们无论是在处理个人关系、参加商务对话，还是进行国际事务谈判时，都能如鱼得水，轻松自如。

这其中，有些技巧能够帮助你轻松化解公司内部的重大矛盾，将原本拖延阻碍公司发展的矛盾瞬间转化为创新引擎，源源不断地为公司提供前进所需的创造力；有些技巧则能够让一段婚姻维系得更加长久牢固，让家庭生活变得更加美好和睦，父母和子女能够和谐相处，远离争执。这些技巧就宛如灵丹妙药，任何曾经离间我们的伤痛，只要经由它们治疗，就一定能够很快痊愈。我们的将来也因为它们的到来而变得更加令人向往。

第二次世界大战时，我曾在美国空军服役。战争结束后，当我从部队返回家乡时，我发现，我最好的朋友之一（我曾经的室友）以及许多同学全都在这场战争中丧生了。从那以后，我便开始研究如何改善人们面对差异时的处理技巧；与此同时，我也一直都在努力为改善孩子们的将来而努力奔走，并且积极吸纳那些和我有着同样想法的同道中人。现在，哈佛谈判项目组里年轻的同事们写了这本出色且令人信服的好书，这既是对我这三项工作的总结，也是一种完善。为此，我感到无比欣慰。

罗杰·费希尔
剑桥市，马萨诸塞州

| 致谢 |

本书取材范围很广。

我们在书中与读者一同分享的故事和对话都取材于我们自己的生活，以及我们和众多学生、同事、客户的日常工作。为了保证内容的多样性，同时也为了保护个人隐私，书中的许多故事都是由众多相似且具有可比性的个人经历混杂而成；而且按照常规，故事中的许多事实也都有所改变。在此，我们要向那些慷慨地与我们分享谈话资料的合作者们致以最诚挚的感谢！他们的无私以及敢于尝试新事物的勇气让我们受益匪浅。

除了我们自身的研究与反思，本书还借助和融入了许多其他学科的理论和思想。我们的培训最初仅包含谈判、仲裁和法律，但最终本书却涵盖了众多领域的思想与学术成果，其中包括组织行为、认知论、客户中心和家庭疗法、社会心理学、沟通理论以及围绕"对话"延伸开来的相关内容。

这本书开始于我们与来自剑桥家族训练中心的教员们的一项教学合作。因此，首先，我们要向该中心表示感谢，感谢他们为本书做出的巨大贡献。理查德·切辛和理查德·李两位医生与布鲁斯·佩顿、罗杰·费希尔一道，对人际交往技巧练习（心理表演法治疗专家，卡尔和莎伦·霍兰德两位医生，所提供的实例启发催生了这一练习）展开了研究工作。其间，参加者会在我们的指导下去完成他们有生以来最困难的一次对话。哈佛法律学院的谈判工作室成了开展这一练习的中心，而在此之后超过十年的时间里，我们的所有学习和研究也都是围绕这一练习所展开的。来自家族训练中心的迪克、瑞克、莎琳·若斯、乔迪·斯凯耶尔以及他们的同事们在教授我们这一练习的同时，也向我们传授了关于家庭动力学和影响力的知识，以及人们之所以会"进退维谷"的常见原因和如何安抚痛苦之人的技巧。

我们同样也要感谢克里斯·阿基里斯和互动工作室的同伴们：戴安娜·史密斯、鲍勃·普特南以及菲尔·麦克阿瑟。他们在组织生活和人际结构领域的独特洞察力成为了我们研究和领悟谈话内涵（人们是如何在谈话中出错，而怎样才能让中断的对话重新步入正轨）过程中最得力的助手。本书中的许多概念，其中包括合作、本意等，皆取材于他们的研究成果。与此同时，他们也是我们工作灵感的源泉之一，梯子与脚印的比喻以及映射的方法全都来自于他们的启发。鲍勃·普特南为我们提供了表达情绪的两条法则。唐·斯巩和戴安娜·史密斯为我们搭好了研究架构，约翰·理查德森则帮助我们确立了研究和学习的原则。正是有了他们的帮助和启发，我们这才明白了该如何说出自己的故事，我们的工作才有了一个顺利的开始。戴安娜和我们的合作伙伴还提供了许多如何解释这些概念的有益例证，并且在我们面对来自组织生活方面的挑战时为我们提供了莫大的帮助。对此，我们要向他们表示感谢。

在认知治疗领域，亚伦·贝克和大卫·伯恩斯的研究和著述为我们的工作提供了极大的支持和便利，尤其是他们关于认知失真对自我形象和情绪的影响的研究，更是让我们受益匪浅。此外，我还要特别感谢家族训练中心以及家庭疗法的创始人之一，大卫·坎特。他帮助我们深入了解了"自我认知对话"的内涵，以及这一对话对团队动态的作用和影响。

在我们的工作中，有关社会心理学和沟通理论的知识由于运用得过于普遍而往往被忽视。尽管该领域的很多见解和观点都早已不再是专家的专利，但我们仍然要感谢已故的杰夫·鲁宾，感谢他提出了许多值得我们关注的观点，感谢他对我们始终如一的支持和鼓励。此外，我们还要感谢卡尔·罗杰斯和赦格拉·润德尔，感谢他们在聆听以及真实性的力量这两方面工作的支持和帮助。还有约翰·格莱德，是他为我们提供了三位视角概念：你的视角、其他人的视角以及观察者的视角。在此，我们也向他表示感谢。

在对话领域，我们要感谢劳拉·切辛和大众谈话项目组的同事们，以及冲突管理团队的朋友们和埃里卡·福克斯；还有比尔·以撒、路易斯·戴蒙德、理查德·穆恩和其他相关工作者，因为多亏了他们的辛勤工作，我们才明白了在谈话中说出自己的想法以及谈话要切中要点竟然会对谈话的结果具有如此重大的变革力。

我们同时也要向来自哈佛法学院的费希尔、鲍勃·努金和大卫·赫维兹表示感谢，感谢他们一直以来对我们的鼓励，感谢他们为我们提供了宝贵的学习机会。我还要感谢冲突管理团队的罗勃·瑞西里亚努、乔·斯坦福和董·汤普森，冲突管理团队澳大利亚部的埃里克·科霍瑟，加拿大帝国商业银行的雪莉·奈特、亚琪·艾普斯，南加利福尼亚基地的丹尼·卡彭特上校和乔·特兹，波音公司的加里·朱瑟拉和南希·安·斯特宾斯（以及引荐我们的卡罗琳·杰勒曼），谈判计划的黛博拉·科波及同事。我们的朋友兼同事史蒂芬·史密斯不仅帮助我们将最初的工作发展成现在的家庭产业，并成立了基金会，还介绍我们认识了代理商伊瑟·纽伯格以及她在ICM（英国一家民意调查机构）的出色的工作团队，在此，也向他们致以诚挚的谢意，感谢他们当初对我们的信心，以及多年来对我们工作的支持。

我们是幸运的，因为我们身边有一群睿智且真诚的朋友和工作伙伴，他们愿意放下手头繁忙的工作来阅读我们的草稿，给我们提意见，并且始终围绕在我们身边鼓励和支持我们。当费希尔、埃里卡·福克斯、迈克·莫菲特、斯科特·派佩特、约翰·理查德森、罗勃·瑞西里亚努和戴安娜·史密斯选择与我们一起生活和工作的时候，也许没有想到这次合作竟会如此漫长，可他们由始至终都从未表现出丝毫的倦意。他们总是那么认真地对待每一次修改或重写，无论是对某一章的部分内容或是整个篇章，都是如此。毋庸置疑，他们的付出对这本书产生了深远且重大的影响。此外，我们还要感谢丹尼斯·阿卡科索、利索·贝克、鲍勃·波登、比尔·布雷斯林、斯科特·布朗、史蒂文森·卡尔巴克、托妮·切耶斯、戴安娜·芝佳斯、艾米·埃德蒙森、乔治·戴利、伊丽莎白·英格兰、丹尼·厄特尔、基思·菲茨杰拉德、罗恩·弗达涅、布莱恩·冈森、罗里·戈尔登萨、马克·戈登、夏洛克·格雷厄姆、海恩斯、埃里克·霍尔、特里·希尔、埃德·希里斯、特德·约翰逊、海伦·金、斯图·克里曼、琳达·克鲁兹，还有黛安·科斯基纳斯、吉姆·劳伦斯、苏珊·麦卡菲提、夏洛特·麦科尼克、帕特里克·麦克维尼、杰米·莫菲特、莫妮卡·帕克、罗伯特·苏珊·理查德森、唐·鲁本斯坦、希尔维·卡、卡罗尔·鲁宾、杰夫·索尔、德鲁·图卢梅罗、罗宾·韦泽瑞尔、杰夫·韦斯、吉姆·杨、路易莎·哈科特和所有那些帮助过我们的人，感谢他们提供的话题、反馈以及对我们的支持。

多年来，我们的家人也一直守候在我们的身边，等待本书出版。他们不止一遍地阅读那些草稿，毫无保留地提出了许多中肯的意见和建议，并始终如一地伴随在我们身边，给予我们精神上的支持。对于他们的付出，我们除了欣赏和感激，惟有加倍珍爱他们：萝比和大卫·布莱克特、杰克和乔伊斯·希因、吉尔和杰森·格雷南、斯黛西·希因、比尔和卡罗尔·帕顿、布莱恩·帕顿、德弗拉·希茨斯基、约翰·理查德森、戴安娜·史密斯、唐和安妮·斯通、茱丽·斯通、丹尼斯·多贺提以及兰迪·斯通。

我们无疑是幸运的，所以才能在维京企鹅找到如此出众的编辑团队。我们的编辑简·翁·梅仁不仅具备好编辑所必需的敏锐的洞察力和智慧，而且平易近人，十分诙谐。她和她的团队成员——苏珊·皮特森、芭芭拉·格罗斯曼、伊凡·赫尔德、帕蒂·凯利——顷刻间便明白了我们的工作方向，并立刻将这项工作传递到了更多人的手中。对于他们高效率的工作和敬业，我们十分感激且欣赏。尽管我们坚持用"他们"，从而保持书中性别上的中立，可是我们的版面编辑碧娜·卡姆拉尼和版权编辑珍妮特·雷纳德却以惊人的勇气写上了我们三人的大名（随着这一用法在讲话中使用得越来越多，年轻的读者可能认为这很平常。但是，我们仍然要对那些难以接受这一用法的读者致以深深的歉意）。

和以往一样，最后我们要说的是，这本书凝聚了很多人的辛勤劳动成果，如我们有所遗忘，敬请谅解。

布鲁斯·佩顿 & 希拉·汉
剑桥市，马萨诸塞州

| 前言 |

也许,你曾经有过这样的经历:要求获得提升;结束一段恋情;做出一份至关重要的绩效考核;在有需要时拒绝某人;遭遇某些不礼貌或伤人的行为;与团队中的绝大多数成员意见相左;道歉……

每一天,在单位,在家中,我们都有可能会遭遇高难度谈话,也都可能做到完美地避开它。

高难度谈话即任何难以继续的对话

说到难以继续的对话,我们当中的很多人可能很快就会联想到性、种族、性别、政策和宗教这些敏感的话题。然而,导致出现尴尬和不雅的并不仅仅局限于那些报纸杂志上经常谈论的话题。当我们谈论的某件重要事情出现危机而结果却无法预测时,当我们十分关注被讨论的话题或是与我们讨论的人时,我们很容易就会被这些谈话所吸引并全身心投入其中。于是,我们的自尊心也就难免会随着谈话的深入而跌宕起伏。事实上,这时的我们就很可能已经身陷于高难度谈话,只不过我们自己并没有意识到而已。

我们每个人都有不愿提及的话题,也都曾遇到过令人不悦的谈话对象;面对有些谈话,有些人唯恐避之不及,而有些人则会拿出捏着鼻子喝中药的勇气去面对它。

公司里的元老,以前的老友,都曾经成为过那个让你的谈话无法继续的

"讨厌的人"。

你被管理层选中,去和一个即将被解雇的员工进行谈判。

就在你准备和儿子一起去婆婆家度假时,你无意中听到她跟邻居说,你的儿子完全被宠坏了,毫无家教可言。那么,在接下来的一周内,你有没有信心能够做到与婆婆和平相处,不会因此而与她对质呢?

为了完成项目,你花费了相当于当初你向客户所承诺的两倍时间。你无法承担因此而产生的额外成本,可是你却不敢通知客户需要增加成本。

你想告诉父亲自己有多么爱他,但又担心过分的亲密会让你们陷入尴尬的境地。

你刚刚知道,有几个同事背后议论你,说你对某些人卑躬屈膝,没有骨气。对此,你感到很气愤,可你又不确定如果和他们谈论此事是否会对你有所帮助。

当然,在日常生活中,你难免也会遇到这样那样的琐碎小事,可是,正是这些发生在琐事中的那些看似再寻常不过的谈话,却往往会让你感到焦虑不堪:想要退货却找不到收据;让秘书帮你复印一些文件;告诉油漆工不要在房子里吸烟等。如果可以的话,我们大都会尽量避开这些琐事,只有在万不得已时,我们才会选择去面对。为此,我们可能会事先想好要说的话,并在脑海里反复练习;又或者,我们会在行动前设想出各种可能出现的场景及其结果,从而一遍又一遍地斟酌该说些什么以及该如何去说。

究竟是什么让一件原本简单的事情变得如此复杂且难以面对呢?答案很简单,因为我们害怕面对这些琐碎小事,但是如果回避,究竟孰对孰错呢?

进退维谷:回避或面对,看起来似乎都行不通

我们都曾有过进退维谷的遭遇。围绕着同一个问题,我们兜来兜去,就是止步不前——我是应该把这个问题提出来供大家讨论,还是自己解决呢?

邻居家的狗吵得你夜不能寐。"我是不是应该和他们谈谈呢?"你反复思量着。起初,你决定还是忍一忍好了。"也许那只狗叫一阵子就不叫了,或者,也许久而久之我就习惯了。"可到了晚上,当耳边再度传来狗吠声时,你

下定决心，第二天就去和邻居洽谈，彻底解决这件事。

可是，你躺在床上，还是睡不着，只不过现在导致你失眠的不是狗吠，而是别的原因。一想到可能会因为邻居家的狗而和他们发生争执，你就感到紧张。你希望能建立一个良好的邻里关系，也希望邻居们都能喜欢自己。想到这儿，你又有些犹豫了："也许是我的反应过于强烈了吧。"思来想去，最终，你再度改变了主意，决定还是什么都不说，闭口为佳。你做出这个决定之后，刚刚还紧绷的神经立刻就松弛下来，整个人都如释重负。然而，就在你全身放松、昏昏欲睡的时候，那只该死的狗又开始汪汪大叫。于是，新一轮的思想斗争再度拉开帷幕。

如此往复下去，你入睡的希望似乎已经变得微乎其微。

只不过是做出一个面对还是回避的决定，为什么会如此困难？原因很简单，因为从某种程度来说，我们其实很清楚事情的真相。然而，如果我们选择回避，被人占了便宜的心理便会钻出来，于是，我们会感到心有不甘，还会质问自己：为什么不维护自身利益，为什么要剥夺让他人把事情做得更好的机会？然而，一旦我们真正面对问题，情况可能会变得更糟。我们的请求可能会遭到拒绝，或是我们迫于形势而临阵变节；我们还有可能会伤害到其他人，尽管这并非我们的本意；再或是，我们与他人原本融洽的关系会因此而蒙上了一层不友好的阴影。

真的有所谓的外交手榴弹吗？不，没有

左右为难让我们近乎绝望，于是，我们不顾一切地寻找各种出路。我们想知道人是不是真的可以做到八面玲珑，所有棘手的问题是不是真的都能圆满地解决？

八面玲珑固然是好的，但是它却无助于高难度谈话。八面玲珑并不会让你与父亲的谈话变得更加亲密，也无法消除客户因为增加的账单而产生的愤怒之情。事实上，这个世界上根本就没有什么所谓的外交手榴弹，只要扔出去就能解决所有的问题。你别指望凭借所谓的八面玲珑之术，就能够在开除朋友时仍平静以对，就能让你的婆婆对你的愤怒毫不知情，或是让你坦然面

对同事们的偏见而不受伤害。

传递一条"危险的"信息就好比扔出一个手榴弹。尽管裹着糖衣，尽管投掷的力度可大可小，但是，手榴弹就是手榴弹，它只会给所到之处带来破坏——手榴弹一旦投出，伤害就在所难免，一切都和技巧无关。这时，你也许会想，既然不能扔出去，那就自己留着吧。可我要告诉你的是，留着它也同样不是明智之举。被你留下的"危险"信息就好比一个已经拔了引线的手榴弹，随时都有爆炸的可能，而你作为这一切的知情者，又怎么可能轻松面对呢？

所以，每当这时我们就会觉得进退两难。此时，我们需要的不是诸如"表现得成熟老练些"或"积极乐观地去面对"之类不痛不痒的建议，而是能够解决问题的切实可行的办法。问题的根源埋藏得很深，所以我们必须找到解决问题的根本答案。

本书将帮你解决问题

希望总是有的。作为哈佛谈判项目组的成员，我们在分析和研究了数千人的不同种类的高难度谈话之后，已经找到了一种能够缓解谈话压力，并使得谈话更加卓有成效的方法。有了它，即使遇到再难解的矛盾，你也能轻松化解，而且还能同时做到不失礼节和正直。无论是否有他人的参与，它都能帮你恢复内心的宁静。

物有所值

当然，要改变你处理高难度谈话的方法，除了需要假以时日，还需要你的努力和付出。这就好比要你改变打高尔夫时的挥杆姿势，或是适应另一套截然不同的道路行车规则，又或是学习一门新的语言。万事开头难。最初，你难免会感到别扭，觉得自己笨手笨脚，紧接着，你可能还会感到缺乏安全感。毕竟，要打破已经养成的习惯从来都不是一件容易的事，更何况其间还会伴随着种种风险。所以，在改变的过程中，你一定要对自己"狠"一点，然后适时改变和成长。请记住，长痛不如短痛，与其长期忍受那些不必要的对抗所带来的伤害，生活于挣扎之中，倒不如在短暂但有益的痛苦中磨炼自己。

过程固然是艰苦的，但最后的奖赏也很丰厚。如果你按照书中所示，循序渐进，你会发现要想打破谈话中的僵局其实也并不是那么困难。而困难一旦解决，你内心的焦虑和担忧就会随之消失。你的谈话效率随即提高，谈话的结果自然也就变得乐观起来。随着忧思的散去，以及你对谈话满意度的提升，你会发现，慢慢地，自己竟然也会主动加入到那些曾经让你唯恐避之不及的谈话中。

事实上，那些和我们一起工作的人们早已证实了这一方法的有效性。自从掌握了这一化解谈话危机的方法，他们不仅能够轻松面对谈话，而且还能让每次谈话都取得令人满意的结果。从此，他们不会再因为害怕不知如何应付对方的回答而忧虑。即使是在高难度谈话氛围中，他们也一样游刃有余，且表现得自信、自尊且诚实。此外，他们还告诉我们，巧妙地化解谈话中的难题和尴尬，有时候还能进一步巩固与谈话者的关系。这样的大好机会，又有谁会错过呢？

不相信？一些可能的想法

如果你对此表示怀疑，我们完全能够理解。毕竟，你也许已经为此烦恼了相当长的一段时间，可能几周，可能几个月，甚至是几年。既然如此，你所面临的问题肯定相当复杂，而且对方也必定不好应付。那么，这麻烦的一切又怎么可能会是简单地读读书就能解决呢？

的确，你从一本书中能够学到的关于人与人之间互动关系的知识固然是有限的。而我们也不可能清楚地知道你谈话时所处的具体环境，也不了解你的谈话危机究竟出在哪儿，更不知道你本人的长处和弱点。但是，我们发现，无论其具体境况如何，导致谈话陷入困境的因素，以及人们面对困境时会犯的错误——无论是思维方式上的，还是行动上的——本质上都是相同的。我们担心的都是同一个问题，而现实中出现的问题也大同小异。所以，无论你面对的境况如何，也不管你要面对的人是谁，你都一定能在本书中找到解决问题的方法。

当然，在实际的谈话中，即使你的技巧再娴熟，也总还是会遇到一些无法解决的棘手难题。这也许是因为谈话的对象过于情绪化，也许是因为双方都高度关注此事，又或者，是因为双方的矛盾已经变得白热化而无法调解，以至于本书——甚至是专业的谈判专家——可能真的爱莫能助。然而，这样的情况毕竟是凤毛麟角，在大多数情况下，那些看似毫无希望的案例其实都是可以解决的。人们常常会对我们说："我需要一些建议，不过，我必须告诫你，情况很糟糕，几乎没有回旋的余地。"事实上，情况远没有他们想象中那样糟糕。最终，我们一起找到了变通之法，将谈话引回正轨。

当然，你也许还没有准备好，所以暂时无法回到那段高难度谈话或紧张的关系中。你也许还在为自己受到伤害而难过，所以需要时间来抚平伤口。也许，愤怒的你早已在怒火中迷失了自我，又或者，你正因为不知道自己究竟想要什么而感到迷惘。总之，你尚未做好迎接新一轮谈话的准备。可即便如此，你也能从这本书中获得启发和帮助，它会帮助你梳理自己的情绪，找到让心灵回归宁静和健康的方法。

我们需要着眼于新方向

你可能想知道，我们是不是能给出一些富有建设性而你又尚未想到的建议呢？答案应该是肯定的。因为，当你陷入高难度谈话时，解决问题的关键其实并不在于你是否在积极地寻找破解难题的答案，而在于你是否找准了方向。从内心的角度来说，问题的根源不在于行动，你的思维方式才是症结所在。因此，如果你只是一味专注于想用与众不同的方式来打破谈话中的僵局，那么最后的结果只能是失败。

本书为读者提供了许多关于如何应对高难度谈话的建议，更重要的是，它会帮助读者更加充分地了解自己所面对的困难究竟是什么，为何要将谈话的目的由"传递信息"转变为"学习"。读者们只有先弄明白了这两个问题，才能明白和运用好这种学习型谈话的每个步骤。

高难度谈话是日常生活的一部分

无论你过得多么逍遥自在，你的生活中都少不了高难度谈话。自身的生活经历让我们——本书的作者——明白了这个道理。所以，我们很清楚那种进退两难的感受：你既不愿意伤害别人，也不想自己受到伤害。我们也曾体味过那种因为自己的行为影响了他人，或是自己辜负了他人的期望所萌生的内疚感。我们很清楚，有时候，原本的一片好心最后也会成为破坏人际关系的罪魁祸首。而且坦白地说，在大多数时候，我们并不是那个好心人。我们甚至知道，人的心灵究竟有多脆弱。

所以，要想成功，你就最好确定一个实际的目标。在谈话中，想彻底地消除恐惧和焦虑是不现实的，也是不可能实现的。我们只能先减少内心的恐惧和焦虑，然后学习如何应对问题，并从可利用的资源中找出那些最容易获得的资源，为我们所用。收获完美的结局而无需承担任何风险，这样的美事在现实生活中是绝不可能发生的。只有接受了可承受的让步，才可能收获美好的结果。

对绝大多数人而言，能够明白这一点，就已经很好了。因为，如果我们是脆弱的，那么我们至少同时还知道这也意味着我们拥有非凡的复原能力。

Part 1

第一部分

问题

第一章

挑选出三种谈话

杰克马上就要面对一次高难度谈话。

他说:"有天下午,已经很晚了,我接到了迈克的电话。迈克是我的一个好朋友,我和他偶尔会有业务上的往来。'我遇到麻烦了',他对我说,'我现在需要做一个财务手册,而且必须明天中午就赶印出来。'他还说,与他们有合作关系的设计师在外地,没法赶回来,他为此承受了很大的压力。"

"当时的我正在跟进另一个项目,可作为迈克的朋友,我决定暂时放下手头的工作来帮他。那天晚上,为了完成他的财务手册,我一直忙到深夜。"

"第二天清早,迈克审阅了我做出的样本,表示没有什么问题,可以付印了。中午,我将印好的手册放在了他的办公桌上。当时的我已经筋疲力尽,可是我的心情很好,因为我帮他解决了这一难题。"

"接着,我就回到了自己的办公室。这时,我在电话录音中发现了迈克的留言:'嗯,你把事情弄砸了!杰克,我知道时间很紧,可是……(叹气)收入报表的表述不够清楚,数据上也有一点小的出入。这样的错误太可怕了。要知道,这是一个十分重要的客户。我希望你能够马上核对数据,重新做一份报表给我。收到留言后,尽快给我回电话。'"

"你可以想象,当我收到这条留言时,简直又气又恼。图表上的数据有出入,可那点出入完全可以忽略不计。于是,我立刻就给迈克回电话。"

接着,就有了以下这段对话:

杰克：嘿，迈克，我收到你的留言了。

迈克：噢，是吗，杰克？你看，这件事我们不得不重新做。

杰克：嗯，这个嘛，我知道这件事做得不够完美，可是那张图已经很清楚地标明了一切。应该不会因此而产生误解。

迈克：你不能这样说，杰克。你和我都很清楚，事情做成这样，我们根本没法交差。

杰克：嗯，我想——

迈克：在这件事情上，我觉得真的没什么好争辩的。我们把它弄砸了，所以，现在我们要做的就是尽快弥补之前的过失，然后继续下一步工作。

杰克：可是你早上审阅的时候，为什么不说呢？

迈克：要知道，校对并不属于我的工作范畴。现在，为了完成好这项工作，我承受了巨大的压力。不管你是不是我们这个团队中的一员，现在我需要的只是你的一个答复，做还是不做。你能把它重做一遍吗？

杰克（犹豫了一下）：好吧。我做。

杰克与迈克的这次谈话就是一次很典型的高难度谈话。几个月后，杰克仍因为这次谈话而耿耿于怀，而他与迈克之间的关系也因此变得不冷不热。他很想知道自己当初是不是可以用另一种更好的方法来解决他与迈克之间的问题，同时，他也想知道自己现在究竟该做些什么才能挽回这段关系。

不过，在我们帮助杰克找到答案之前，让我们先来分析一下他和迈克的这次谈话，从中了解高难度谈话究竟是如何产生的。

破解高难度谈话中隐藏的密码

让人感到惊讶的是，尽管从表面上看来，谈话的起因、形式以及结果各不相同，但是，探其根本，所有高难度谈话全都共享着同一种结构模式。只不过，正所谓当局者迷，当你身陷于高难度谈话时，你的思想和心绪已经完全被谈话的细节和焦虑所占据，自然也就很难发现这一结构模式了。然而，一旦你了解了这一结构模式，你的谈话技巧就能扶摇直上，哪怕是遇到最棘手的谈话，你也都能从容面对，妥善处理。

弦外之音

在上文列举的杰克与迈克的对话中，双方话语所反映出来的只不过是谈话者真实意图的一些表面信息。要想让高难度谈话的真实结构变得一目了然，我们需要弄明白，除了话语本身的含义，还有哪些未曾说出口的潜在信息。同时，我们也必须弄清楚那些谈话者并未说出来的想法和情绪。在高难度谈话中，这些"哑"信息往往才是谈话者的真实表意之所在。

现在就让我们来看看，随着对话的推进，杰克都有哪些未曾说出来的想法和感受。

杰克和迈克的对话	杰克没有说出来的想法和感受
杰克：嘿，迈克，我收到你留的口信了。 **迈克**：噢，是吗，杰克？你看，这件事我们不得不重新做。	这算什么，他怎么可以留那样的口信给我？我放下所有的事情，甚至取消了原本和太太的晚餐约会，熬了整整一个通宵，得到的回报就是这么一条口信？
杰克：嗯，这个嘛，我知道这件事做得不够完美，可是那张图已经很清楚地标明了一切。应该不会因此而产生误解。 **迈克**：不能这样说，杰克。你和我都很清楚，事情做成这样，我们根本没法交差。	完全是小题大做。即使是注册会计师也不一定能看出那张图表的数据有问题。说到底，也怪我自己，竟然会犯一个这么愚蠢的错误。
杰克：嗯，我想—— **迈克**：在这件事情上，我觉得真的没什么好争辩的。我们把它弄砸了，所以，现在我们要做的就是尽快弥补之前的过失，然后继续下一步工作。 **杰克**：你早上审阅的时候，为什么不说呢？ **迈克**：校对并不属于我的工作范畴。现在，为了完成好这项工作，我承受了巨大的压力。不管你是不是我们这个团队中的一员，现在我需要的只是一个答案，做还是不做。你能把它重做一遍吗？	迈克总是试图强迫同事们全都按照他的方式做事。可是，他不该也这样对我。我是他的朋友！我也有自己的立场，不过，我不想因为这件事和他闹僵。毕竟，无论是作为客户，还是朋友，我都不想失去迈克。弄砸了？那可不是我的错。别忘了，那可是通过了你批准的。这么快就忘了？难道你认为那就是我的工作？专职校对？

续表

杰克和迈克的对话	杰克没有说出来的想法和感受
杰克（犹豫了一下）：好吧。我做。	够了，整件事已经让我烦透了。大人不记小人过，我权当伟大一次，不和他计较。现在，最好的解决办法只能是我重新把它做一遍了。

当然，迈克也有许多自己的想法和感受，同样也没有说出来。迈克正在思量当初是否应该聘请杰克。在过去，他其实并不十分满意杰克的工作，可事已至此，他已经决定和同伴们一起承担风险，再给这个朋友一次机会。就眼下而言，迈克因为杰克的所作所为而有了一种挫败感，与此同时，他也对自己当初聘请杰克的这个决定是否正确而感到了困惑——无论是从个人的角度，还是从职业的角度，都是如此。

如此一来，我们就能很容易看出：杰克和迈克之间存在很多的分歧和不愉快，可是二人却都没有一一道破。

每段高难度谈话都有三层对话结构

通过对数百次各种类型的谈话进行研究，我们发现，人们的话语之中其实包含了一种潜在的对话结构，而理解这一结构是了解谈话的第一步，也是帮助我们提升谈话质量的一大法宝。研究证实，无论谈话的主题是什么，我们的思想和情绪都会随着谈话逐渐进入相同的三个对话层面，或者说，三种"对话"。在这三种对话中的任何一个当中，我们往往都会犯一些可以被预测，同时也会曲解和误导我们思想和情绪的错误，从而使谈话陷入困境。

迈克和杰克在谈话中说的、想的和感受到的全都一个不落地融入了这三层"对话"中。如果换成是你，身处于高难度谈话中，情况也同样如此。

"发生了什么"对话。绝大多数高难度谈话往往都伴随有不和与争执，而分歧的焦点无非是发生了什么事情，或是什么事情应当发生之类的话题。谁说了什么，谁又做了什么？谁是对的，谁想怎样，而谁又应当承担责任？杰克和迈克正是为此而争辩不休，只不过，有的表现在了双方的话语中，而有的则隐藏在了各自的心里。那份图表真的需要重做吗？迈克是不是有强迫杰克之嫌呢？谁应该为这一错误负责？

情绪对话。每一次高难度谈话同样也会牵连出许多关于情绪的问题及其答案。我的感受是正确的吗？恰当与否呢？我是应当承认，还是否认呢？我应当把事情提出来讨论，还是悄悄地查验呢？我做了什么影响了他人的情绪呢？如果他们因此而生气或受伤害，又会怎样呢？杰克与迈克的谈话中就掺杂了许多个人情绪上的想法。譬如，"这就是我得到的回报吗"传达的就是一种杰克受到伤害和深感气愤的信号，而"我正承受着巨大的压力"则暴露出迈克内心的焦虑。这些情绪并没有直接地在双方的谈话中被提到，可二人的话语却又在不知不觉中泄露了他们内心的真实感受。

自我认知对话。这其实是一种我们就眼前局面对自身的意义和影响所展开的自我对话。事实上，我们在谈话的同时，也常常会在内心进行一番自我辩论，而辩论的主题就是我们自己：这是否意味着我很称职，是否说明我就是个好人，或者，这能证明我是否值得他人的关爱呢？它会对我们的自我形象和自尊，以及我们的将来和幸福产生什么影响呢？与此同时，我们对这些问题的回答，也在很大程度上决定了我们是否能够从这次对话中感受到一种自我的"平衡"，或者说，我们是否会由此产生一种失去自我的焦虑感。在杰克与迈克的对话中，自始至终，杰克都在一种自觉不称职的感觉中挣扎，而这种内心的焦灼感恰恰会让他觉得有些失衡。另一方面，迈克则一直都在权衡自己当初聘请杰克的这一决定究竟是正确的，还是根本就是个愚蠢的错误。

任何一次高难度谈话都免不了会在这三层谈话上纠缠，所以要想从高难度谈话中全身而退，就必须掌握有效管理这三层谈话的方法和技巧。同时，要想做到自如应对这三层谈话且面面俱到，这似乎是有些困难。但与面对因为盲目处理高难度谈话而产生的尴尬后果相比，这似乎就显得简单多了。

我们能够改变的和我们不能改变的

无论我们的谈话技巧如何高明，总有一些来自于这三层对话中的挑战是我们所无法改变的。譬如说，在"发生了什么"对话中，我们可能仍然会遇到一些比我们最初预想的还要复杂的境况。又或者，在每层对话中，我们可能会得到一些对方尚未察觉的信息，可是想要唤醒对方对这些信息的意识绝非易事。又或是说，我们仍旧摆脱不了情感上的挣扎，仍然会感觉缺乏安全感，因为谈话涉及并威胁到了一些有关我们自身的重要因素。

我们能够改变的只有我们应对这些挑战的方式方法，其中最具代表性的就是，我们可以假设自己知道所有需要了解和解释的信息与事情，而不再像之前那样，费尽气力去探寻究竟有哪些信息是对方知道而我们不知道的。又或者，对于内心的情绪，我们可以想办法将它们隐藏起来，或是干脆将它们释放出来，哪怕之后我们可能会后悔，而不再是想尽一切办法来控制它们，使它们处于理性的管理之中。我们无需再努力探寻随着谈话的深入，究竟会有哪些关于我们（或他们）的话题会被谈论到，或是会受到威胁，因为我们大可以无所顾忌地继续谈话，就好像这次谈话彻底与我们无关——根本不会触动我们心底那片最脆弱的神经带。

明白了这些关键点以及它们对谈话所造成的破坏之后，我们就可以开始学习更有效的谈话技巧了。现在，就让我们更加深入地探究每一层谈话，从而各个击破。

"发生了什么"对话：内中情节如何

在高难度谈话中，我们会将很多时间都花在"发生了什么"对话上，其间，我们往往会因为那些不同于对方的经历或故事，而反复争辩究竟谁对谁错、谁的话是什么意思、谁又是那个做错事的人。在这三个前沿问题上——真相、意图以及过失——我们通常都会先做出一个普通却极端的假设。因此，想要提高我们应对高难度谈话的能力，首先就必须纠正这三重假设。

事实真相的假设

谈话时，我们所有的观点和情绪都是建立在同一个假设之上：我是正确的，错的是你，而就在我们理直气壮地说出自己观点并为此而争辩时，我们往往不会去证实这一假设的真实性。事实上，给我们带来无穷无尽麻烦和忧虑的正是这一简单的假设。

我为什么是正确的？我是正确的，因为你开车开得太快；我是正确的，因为你没能指导好年轻的同事；我是正确的，因为你在圣诞节时所说的话并不得体；我是正确的，因为病人在接受了如此痛苦的手术后，就应当得到更多更好的药物治疗和对待；我是正确的，因为承包商多收了我的钱；我是正确的，因为升职是我应得的奖励；我是正确的，因为手册本来就没有问题。如果你要问我，我可以说出一箩筐"我是正确的"事情。

但是，原本的事实却是：我并不是正确的。

怎么会这样？这似乎根本就不可能。我总会有正确的时候吧！

噢，对不起，事实就是如此。在高难度谈话中，找出正确的事实从来都不是谈话的重点。谈话双方争论的是他们对此在感知、阐释和价值观上的不同见解。他们关心的并不是合同上写了什么，而是这份合同意味着什么。他们想知道的并不是哪本儿童书最畅销，而是我们应该给孩子看哪本儿童书。

谈话双方关注的并不是事实究竟如何，他们关注的是什么才更重要。

现在，让我们重新回到杰克和迈克的那次对话中。在那张图表是否精确的问题上，杰克和迈克的观点是一致的。他们都同意这并不是一张十分精确或者说完美的图表。真正让他们意见相左的是，图表上的这个小错误是否值得如此兴师动众？如果果真如此，那么，这一问题又应当如何解决？对与错并不是问题的焦点，如何解释和评判才是双方争论的要点。因此，谈话双方都应该将精力和时间放在探寻如何解释和评判这一问题上。相反，一味地执着于探寻孰对孰错无异于一头扎进一个死胡同，最终只能无功而返。

在"发生了什么"对话中，如果我们能将关注的焦点从事实真相的假设上转移开来，我们就无需再拘泥于证明"自己是正确的"这一观点，从而将谈话的目的转移到理解双方在这一问题上的感知、阐释和价值观。如此一来，我们谈话的重心也就随之从传递信息转变为提出问题，并进而探索每个人究竟是如何看待世界，从而使得我们能够看到双方在这一话题上的感知、阐释和价值观，而不再狭隘地固守"事实真相"了。

创造意图

"发生了什么"对话中争论的第二个问题就是意图——你的,还有我的。你为了强调自己的观点就冲着我大吼大叫,伤害我的感情?仅仅因为你想要控制我,或是你所谓的为了帮助我兑现戒烟的承诺,你就把我所有的香烟全都扔了?我对你的意图所产生的思考将会影响我对你这个人的看法,而这一看法最终将会影响我们之间谈话的结果。

我们在"意图"问题上所犯的错误通常都很简单,却不容小觑:我们总是想当然地认为自己很清楚对方的意图,可事实并非如此。更糟糕的是,当我们不确定对方的意图时,我们往往也会武断地将其归为不良意图的范畴。

事实上,意图是无形的,看不见的。我们所看到的"意图"不过是对他人行为目的的一种假设。换言之,所谓的对方的意图不过是我们自己编造出来的假设,我们才是这一意图的缔造者。同时,我们为这些意图所创造的故事实际上也远不如我们所设想的那样。为什么会这样?因为,和高难度谈话中的其他因素一样,人的意图其实是一个复杂的综合体。有时候,人的行为包含了多重意图;而有的时候,人的某一行为却根本没有任何意图可言,或至少他的意图与我们无关;还有的时候,人们行为的意图原本是好的,可最终却伤害了我们。

正是因为我们对于他人意图的观点(以及他人如何看待我们的意图)对高难度谈话往往具有举足轻重的作用,所以那些对于他人意图的毫无根据的假设,只会给我们的谈话带来灭顶之灾。

过失设定

我们在"发生了什么"谈话中犯的第三个错误则与过失有关。绝大多数高难度谈话大都会将焦点集中在谁应当为现在的混乱局面负责上。打个比方来说,当公司失去了一个最大的客户时,我们都很清楚,公司内部很快就会掀起一场无情的"击鼓传花"的游戏,谁接到了大红花,谁就要为这次过失负责。在这场游戏中,由始至终,我们根本就不关心花落谁家,只要它不落在自己手中就好。在处理个人关系时,情况也同样如此。你和继母的关系很紧张?你认为她应当对此负责。因为如果不是她说你的房间太凌乱,干涉你和哪些孩子一起玩，你和她的关系就不会变得如此紧张。

在杰克和迈克的矛盾当中，杰克认为是迈克的错误导致了这一切：你应该在手册付印之前提出种种问题，而不是在一切都完成之后。而理所当然地，迈克则认为是杰克的错误造成了这一切：既然是杰克负责排版设计，他就应该为这些错误负责。

可是，谈论错误和谈论真相一样——只会产生不和与否定，以及少得可怜的对这件事情或局面的了解。它会激起我们对于可能降临的惩罚的恐惧，并让我们更加坚持之前的观点。谁都不愿意承担因为过失所产生的责任，尤其是在一种不公平的状态下，所以，为了不做"替罪羊"，我们必然会全力以赴地为自己开脱责任。

那些孩子尚小的为人父母者就深知这一点。当坐在汽车后座的一对双胞胎调皮打闹时，对其中某一人的批评必然会招致他的抱怨和不满。他们会说"是她先打我的"或"我打她是因为她管我叫小孩"。孩子们之所以会辩解，是不想因为惩罚而失去自己的甜点；同时，这也源自于他们内心的一种正义感。谁都觉得自己不应该是那个承担错误的人，因为自己本来就没错。

坐在前座上的你很容易就能分辨出两个孩子究竟错在哪儿。然而，当我们自己身处于问题之中时，想要分辨出谁错在哪儿就不是那么容易了。可是，随着高难度谈话愈陷愈深，有一点是可以肯定的，那就是一个巴掌拍不响，事情会演变成如此必然是双方作用的结果——或者说，是双方都没发生作用的结果。而这时，惩罚几乎于事无补，更不是时候。在争论当中，有些本来很聪明的人却往往会做傻事。事实上，最明智的行为就是想尽一切办法，首先弄清楚究竟是什么蒙蔽了他们的双眼让矛盾愈演愈烈，接着才是想办法阻止问题的再一次发生。

专注于谈论过失只会分散我们的注意力，使我们无法集中精神找出产生错误的真正原因以及纠正错误的方法。理解过失设定和归纳的方法能够帮助我们找到导致问题的真正原因，并纠正我们错误的方法。追究责任与归纳责任之间的差别可能很细微，可弄清楚并了解这一细微的差别却是值得的，因为这一点小小的差别将会让你处理高难度谈话的能力有大大的提升。

情绪对话：我们应该如何对待自己的情绪

高难度谈话其实并不仅仅与发生了什么有关，它们还不可避免地会涉及到我们的情绪。这时，问题的关键并不在于我们是否会产生强烈的情绪，而在于当情绪产生时我们应当如何对待它们。

你是否应当告诉自己的老板你究竟是如何看待他的管理风格？或者，你是否应当告诉老板你的同事窃取了自己的想法？你是否应当告诉妹妹，她至今仍然与你的前任男友保持朋友关系，这一做法已经严重伤害了你？当你决定和那位店主谈谈他的大男子主义言论时，你又应该如何对待你因遭遇他的大男子主义而产生的愤怒之情呢？

当强烈的情绪产生时，我们中的许多人都会选择尽量控制情绪，让自己保持理性。一方面，太过沉浸于情绪之中只会把一切弄得一团糟，因为情绪会让原本良好的判断力受到蒙蔽，而且在某些环境中——譬如说，工作中——这也是根本不合时宜的。另一方面，宣泄情绪也会引起惊慌，或是给人带来不适的感受，并且会让我们自己更加容易受到情绪的左右。毕竟，假如其他人对我们的情绪无动于衷，或是在未能完全了解它们之前就做出了不恰当的反应，那我们该怎么办？如果我们的情绪伤害了他们，或是对我们之间的关系造成了无法弥补的伤害，那又该怎么办呢？而且，一旦我们将情绪宣泄出来，对方也会如法炮制。那时，我们是不是要压抑住心中波澜起伏的情绪，来倾听他们的愤怒和伤痛呢？

经过了这样一番思考之后，我们可能会得出这么一条理智的建议，那就是一定要置身于情绪对话之外——如果杰克不在谈话时表露出自己气愤和受伤的情绪，或是迈克没有在话语中流露出他的失望之情，也许他们的谈话会以另一种更和谐的方式结束。相比之下，如果他们当时能放下情绪对话而仅仅谈论手册或是"生意"，也许谈话的结果会更好。

真是这样吗？

一场没有音乐的歌剧

上述这一建议看似理智实则不然，而它的问题就在于没有考虑一个简单的事实：情绪的对话不仅是高难度谈话的一部分，而且是十分核心的一部分。当你陷入高难度谈话时，由此而生的各种情绪并不只是扰人心绪的副产品，同时也是构成对话矛盾的一个主要因素。将情绪从高难度谈话中剔除就好比演一出没有音乐的歌剧。你虽然看懂了情节，却错过了歌剧的灵魂——音乐。例如，在杰克和迈克的谈话中，杰克觉得自己受到了不公正的对待，付出的努力没有得到应有的赏识，可在谈话中他对此却只字未提，只不过几个月之后，每当回想起这次谈话，杰克仍难以遏制住对迈克的气愤和不满。

回想一下自己遇到的高难度谈话，又有哪一次不是充满了复杂的情绪？你是不是感觉受到了伤害，十分愤怒，又或是感到失望、羞愧、困惑？你是不是曾经觉得自己受到了不公正的待遇，或是没有得到应有的尊重？对我们中的有些人而言，即使是说一句再简单不过的"我爱你"或是"我为你感到骄傲"，也会让他觉得危险。

简而言之，在高难度谈话中避而不谈情绪也许可以节省你的时间，降低你的忧虑程度。这似乎不失为一个能够帮你在谈话中避免某些重大危险的好方法——无论是对你，对他人，还是对你们的关系而言，都如此。然而，即使避而不谈情绪，问题也仍然存在：如果情绪是导致谈话出现矛盾的症结所在，那么你不谈情绪又怎么能化解矛盾呢？

了解情绪、谈论情绪、管理情绪——这正是我们作为人类要面对的最大的挑战之一。没有任何人和事能够让处理情绪问题变得容易而无需承担风险。但是，我们中的绝大多数人却都可以在情绪对话中表现得比现在更好。谈论情绪似乎并不轻松，可是这的确是一项我们能够掌握的技巧。

当然，情绪的话题并不是在所有的谈话中都有效。正如人们常说的，如果不想惹麻烦，就千万不要吵醒睡觉的狗。不幸的是，如果你这方面的技巧不够娴熟，贸然引入这个话题的后果就是，你打扰的可能就不只是正在睡觉的狗，而是所有的狗了——甚至包括那些让你夜不能寐的狗。

自我认知对话：这些话和我有何关系

在这三层对话中，自我认知对话可能是最敏感，同时也是最难以应付的一种"对话"了。可与此同时，它也为我们提供了一个管理自己的情绪，提高自身处理之前两层对话能力的大好机会。

自我认知对话看起来是一种发生在内心深处的对话：它谈论的无非是我们是谁，以及我们如何看待自己这些私隐的话题。发生的一切是如何影响我的自尊、自我形象以及自我认识的呢？它会对我的将来造成什么样的影响？我究竟在怀疑自己什么？简而言之，在高难度谈话开始之前、之中及之后，自我认知对话的焦点始终都是：我对自己说了些什么关于我自己的话呢？

你也许会想："我不过是想要求老板给我升职。为什么会和我对自己的认识扯上关系呢？"又或者说，杰克可能会这样想："我们谈的是手册，又不是我。"事实上，只要当谈话者感到谈话陷入了困境，毋庸置疑，那大都是因为谈话的内容涉及到了你自己，一个你相当相当重视的人。透过谈话的表面内容，你察觉到危险正在向自己靠近。

其实，一切都很简单。当你和邻居谈论他们家的狗时，你们会谈到一些什么与你有关的话题呢？也许你们会谈到，小镇生活造就了你对自我形象的高度要求，你要求自己做一个和善的人，做一个好邻居，所以当你想到邻居可能会因此把你当成一个富有攻击性的人或是麻烦制造者时，你自然而然地就会觉得不自在。

想要求升职？如果请求遭到拒绝，那该怎么办？事实上，如果你的老板用一堆合理的理由委婉地回绝了你的升职要求，你该如何应对呢？你自认为是一名称职且值得尊敬的员工，而这样的结果又会对你的这一自我形象造成怎样的影响呢？从表面上来看，这次升职请求失败的直接后果似乎只与金钱有关——升职不成，加薪自然无望。然而，实则不然，真正让你焦虑，让你感到后背发凉的原因是你心目中的自我形象受到了威胁。

即使你是那个传递这一坏消息的人，也仍然摆脱不了自我认知对话所产生的影响的辐射。譬如说，试想一下，迫于种种原因，你不得不推翻创造部一项新的充满吸引力的项目计划书。虽然你并不需要为这一决定负责，可是，只要想到计划书负责人在得知这一消息时的情景，你仍然还是会感到焦虑和紧张。你之所以会如此，有部分原因是因为你担心这次谈话会影响到你的自我认识："我不是那种让他人失望，专门打消他人积极性的人。我受到他人的尊敬，因为我愿意帮助他们找到解决方法，而不是冷酷地将他们拒之门外。"然而，你即将要做的事情却有悖于你的这一自我认识——我是一个乐于助人的人。如果你不再是英雄，人们是不是就会把你当成坏蛋呢？

保持自我平衡

当你开始感到谈话隐射到了你的自我形象时，你的内心可能就已经开始失衡。创造部的那位年轻的主管积极上进，每次看到他都会让你回想起当年的自己。就在他知道结果之后，这位年轻的主管用一种怀疑的眼光长久地注视着你，看起来就像他自己被出卖了一样。在他的注视下，突然间，你感到有些困惑。就在这时，早已蠢蠢欲动的焦虑便像升空的焰火一般，瞬间四散开来。你开始有些踌躇，这么早就放弃这一想法真的是正确的吗？于是，你觉得自己应该说点什么，而在你尚未整理好自己的思绪之前，你开口说话了。你结结巴巴地说了一些我们将来可能还会再度考虑这一计划之类的话，可事实上，就连你自己都不相信这些话有任何实现的可能。

即使只产生最轻微的影响，自我失衡也有可能会导致我们对自己失去信心，无法集中精神，或是让我们忘记要说的话。假如影响稍大些，它甚至会让我们有一种天崩地裂的崩溃感。我们可能会感到大脑一片空白，惊慌失措得让我们满脑子只有一个念头，那就是逃跑；在一些更严重的情况下，我们甚至可能会因此而感到呼吸困难。

然而，正所谓知己知彼，百战不殆，你只要知道自我认知对话是高难度谈话的一部分，你的不安与焦虑就会大大缓解。而且，与上述两层对话一样，面对自我认知对话，你不仅能够了解它，而且完全能够做得更多更好。尽管有时候自我失衡是不可避免的，但是自我认知谈话却并不一定总会给你带来如此多的麻烦和忧虑。和对待自己的情绪一样，只要稍稍培养一下自己在这方面的技巧，你就可以更加轻松有效地处理好自我认知对话。事实上，一旦你在自我认知对话中找准自己的定位，你就能够将这一忧虑的始作俑者立刻转变为力量的源泉。

转向学习型谈话

尽管我们有时候会用诸多借口来掩饰，但我们发起谈话的最初目的通常都是为了向对方证实自己的观点，并让他接受这一观点——或是让对方按照自己的要求去做，又或是为了让我们的想法成为现实。只不过，谈话最后陷入了僵局。换言之，我们谈话的目的就是为了传递信息。

一旦明白了来自上述三层对话中的挑战是与生俱来、不可避免的，同时也知道了自己在每层对话中会犯的错误，你很可能就会发现，你发起某次特定谈话的目的正在发生转变。你会开始体味谈话中双方感知与意图的复杂性，逐渐看清问题的产生其实是双方共同作用的结果这一事实。你会慢慢地发现，在谈话中真正扮演中心角色的是情绪，而不是事实。你渐渐明白了这一切对每位谈话者的自尊和自我认识究竟意味着什么。最终，你发现传递信息型谈话早已没有任何意义。事实上，你可能会发觉自己再也没有任何信息需要传递，取而代之的是你想和对方分享某些信息，向对方提出某些疑问。

于是，你不再像以前那样，只是一味地想说服他人，让对方接受你的观点和方法。现在的你考虑的是如何从对方的角度来了解发生了什么，以及该如何向对方解释你的观点。此外，你还想与对方一同分享和了解双方的情绪，共同努力找出解决问题的良策。一方面，你做完这些之后不久，很有可能就会发现，之前那个"拼死抵抗"你的敌人不见了，取而代之的是一个愿意敞开心扉、接受你的观点的谈话对象；而另一方面，你看待问题的方式也因为你通过谈话所了解到的信息而发生了极大的改变。

转变谈话姿态意味着邀请他人加入到我们的谈话中来，帮我们找出解决问题的良策。如果我们想实现自己的谈话目的，那么我们和我们的谈话对象就都必须互相学习。我们必须开展一次学习型谈话。

至于一场典型的信息之战与一次学习型谈话之间究竟存在何种差异，我们将会马上为大家揭晓。

	信息之战	学习型谈话
"发生了什么"对话 **挑战**：具体环境比任何一方所预想的都要复杂。	**假设**：所有能够帮助我了解发生了什么的信息，我都知道。 **目标**：说服他们接受我的观点，我才是正确的。 **假设**：我知道他们想干什么。 **目标**：让他们知道他们所做的一切都是错误的。 **假设**：错的是他们。（或，错的是我。） **目标**：使他们承认自己错了，并受到应有的指责，同时负责弥补过失。	**假设**：我们双方会在谈话中谈到不同的信息和感知；很有可能其中就有我们互不知道的重要信息。 **目标**：深入探寻双方情况：我们怎样做才能了解具体情况及其产生的原因。 **假设**：我只知道自己的意图，以及他们的行动会给我带来什么样的影响。至于他们脑海里思考的事情，我一概不知也不可能知道。 **目标**：让他们也知道自己的行为会对我产生怎样的影响，并想办法弄清楚他们的想法；同时，设法了解我对他们所造成的影响。 **假设**：事情会演变成如今的混乱局面，我们双方很可能都有责任。 **目标**：理解归纳责任体系：我们的行为究竟是如何相互作用，最终产生了这一结果。
情绪对话 **挑战**：情绪占据了谈话的主导地位。	**假设**：情绪根本就与这次谈话无关，互相了解情绪自然也不会对谈话有任何帮助。（或，我之所以会受到这些情绪的困扰，完全是因为他们，他们应该顾及我的情绪和感受。） **目标**：闭口不谈情绪。（或，以牙还牙，我也让他们尝尝闹情绪的滋味！）	**假设**：掌握情绪才是控制谈话局面的核心。情绪往往都是很复杂的。也许，我需要冷静思考一下，先弄清楚自己的情绪。 **目标**：客观地了解情绪（我的，以及他们的），不妄下判断，也不盲目地追究责任。在解决谈话矛盾之前，首先承认并处理好情绪问题。

续表

	信息之战	学习型谈话
自我认知对话 **挑战**：此时的局面已经对我自身产生了威胁。	**假设**：称职与不称职，好与坏，可爱与可憎，二者只能选其一，折中是不可能的。 **目标**：坚决捍卫我的自我形象，决不妥协。	**假设**：从心理上说，我们双方可能都已感到岌岌可危。每个人都是好与坏并存的综合体。谁都不是完美无缺的。 **目标**：在了解自我认识的同时，也从换位思考的角度来了解对方的自我认识。建立一个更加完善和复杂的自我形象，从而更好地保持自我平衡。

本书将会告诉你如何才能卓有成效地分别处理好这三层对话，让你的谈话应对能力得到飞速提升，从而帮助你将高难度谈话逐渐转变为学习型谈话。

在接下来的五个章节里，我们将会深入分析和探讨人们在这三层对话中常犯的错误。当你遇到高难度谈话，并且感觉很难敞开心扉接受对方的观点和感受时，这些内容将会有助于你在谈话中转变姿态，掌握学习型谈话技巧。在第二、第三以及第四章里，我们将会逐一研究"发生了什么"对话中的三种假设。第五章则会转向分析情绪对话，而第六章则会进一步探讨自我认知对话。这些章节的内容将会帮助你梳理自己的想法和情绪。在你步入任何高难度谈话之前，你都必须先完成这些至关重要的准备工作。

在最后的六个章节当中，我们会回到谈话本身。首先，你将会了解到何时才是发起谈话的最好时机，何时应该见好就收。同时，你会了解到什么样的谈话目的才是有效的——也就是说，如果你想发起一次谈话，什么样的结果是你能够期望获得的，而又有哪些结果是不能奢望的。接着，我们将会和大家一起探讨谈话的技巧，深入了解如何才能卓有成效地完成与你有关的谈话：寻找一种最好的开场方式，最合适的提问方法；学会聆听并学习；清晰有力地表达自己的想法；互帮互助，共同解决问题，而这其中就包括如何让陷入僵局的谈话重新步入正轨的技巧和方法。最后，我们会将上述的所有技巧和方法应用到杰克与迈克的后续谈话中，看一看它们在实际生活中是否真的具有化腐朽为神奇的力量。

Part 2

第二部分

向学习型
姿态转变

"发生了什么"对话

第二章

停止争论谁对谁错：了解他人的故事

同样一件事，我们从迈克那儿听到的故事却大大不同于杰克：

在过去的几年中，我真的一直都在想方设法地帮助杰克，照顾他的生意，可每次我与他的合作都并不是十分顺利，总会出点小麻烦。每逢遇到麻烦，他就只会和我争辩，而从来不会从"顾客就是上帝，顾客永远是对的"的角度出发为我着想！我自己都很纳闷，我怎么就会对他如此"情有独钟"？

在手册这件事情上，真正让我生气的是事情发生后，杰克只知道找借口掩饰自己的错误，而不是想办法去改正错误。他很清楚，这本手册根本就没有达到专业标准。在整个财务业绩陈述中，收入图表从来都是最关键的一部分。

"发生了什么"对话最显著的特点之一就是谈话双方意见不一致。除了退休之外，是否还有更好的方法呢？我们究竟应当投入多少资金在广告宣传上呢？是不是应该让你的女儿和隔壁的男孩们一起踢足球呢？手册是不是真的没有达到专业标准呢？

意见不和并不是件坏事，也并不是一定就会使谈话陷入困境。我们经常会遇到与他人意见相左的情况，而通常也不会有人特别在意对方是否同意自己的观点。

但是，在某些情况下，我们就会变得"斤斤计较"，十分在意对方是否与自己意见一致。这时，意见不和似乎就成了引发谈话矛盾的最主要原因。我们同意的，他们不同意；我们需要他们做的，他们不想做。无论我们最后是否坚持己见，意见不和都会给我们的心里留下一种受伤和失落的感觉，或是让我们觉得自己被误解了。而且，由意见不和所造成的影响还会一直延续到将来，无论何时，我们只要一想到它，当初所受的伤害和失落感就会不由自主地涌上心头。

当谈话双方意见不和时，争辩似乎就变得顺理成章了，哪怕发生不理智的争吵也很正常。可事实上，争辩根本就于事无补。

我们为何会争辩，为何争辩于事无补？

我们认为问题出在对方身上

面对分歧，如果从宽容的角度出发，你可能会想，"嗨，每个人都有自己的想法"或"凡事都有两面性"。然而，我们中的绝大多数人却并不这样认为。我们都会很执着地认为，有问题的是他们。

他们很自私。"我的女朋友不和我一起去见婚姻咨询顾问。她说这根本就是浪费钱。我告诉她，这对我很重要，可是她却毫不在乎。"

他们很天真。"说到要去纽约，我女儿就开始做她的表演梦，并且相信自己一定能站在那儿的大舞台上。她根本就不知道为此她将要面对的是什么。"

他们总想控制一切。"我们做每一件事都必须遵循老板的要求。他总认为自己的想法是最好的，即使是在他根本不知道自己在说什么的情况下，也依然如此，我都快被他这种蛮不讲理的行为方式逼疯了。"

他们已经失去理智了。"贝莎阿姨睡在一个破旧不平的床垫上，更糟的是，她还有很严重的腰病。可是，无论我说什么，她都不让我给她换一个新床垫。家里所有的人都对我说：'罗里，贝莎阿姨已经失去理智了。你根本无法同她讲道理。'我想，他们是对的。"

如果这就是我们的想法，那么，我们与他人的谈话会以争辩结束也就不足为奇了。就拿最后一个例子来说，罗里很关心贝莎阿姨，而且也有能力去帮助她。所以，罗里就做了一件常人大都会这么做的事情：如果对方很固执，我们就会采取一种更加强硬的方法，以一种更加执着的态度去打消他们之前的观点。（只要你试一试，你就会发现新床垫是多么的舒适！）

　　如果对方很天真，我们就会想尽各种办法来教育他们，告诉他们什么才是真实的生活。如果他们自私或控制欲极强，我们可能就会开门见山，直接向他们表明自己的观点。我们执着地相信，只要我们说出并坚持自己的观点，谈话的结果就会不一样。

　　可是，事与愿违，我们的坚持最终只换来一场争辩，一场没有终点的争辩。争辩不会也不能解决任何问题。谈话双方都觉得对方对自己的意见和观点充耳不闻，或是觉得自己受到了不公正的对待。事实上，我们感到失落不仅仅是因为对方不可理喻，更重要的是这样的结果会让我们产生一种无能的挫败感。除此之外，喋喋不休的争论对双方的关系更是有百害而无一利。

　　尽管如此，我们能够做的也只是继续争辩下去，因为我们根本就不知道除此以外还能做什么。我们做不到假装分歧不存在，也不可能若无其事地对待争辩，更不可能自欺欺人地当做什么都没发生。因为，对我们而言，这一切都很重要，我们怎么可能当做什么都没发生呢？也正因为如此，我们才会在第一时间里做出如此激烈的反应。不过，如果争辩于事无补，那我们又能做点什么呢？

　　我们首先应该做的就是听听贝莎阿姨怎么说。

对方认为问题出在我们身上

　　如果你说她的床垫实在是太旧太破，贝莎阿姨会第一个举双手赞同。"这张床垫陪伴了我和我老公整整40个年头，从它那儿，我感受到的是一种说不出的安全感。"贝莎阿姨说，"现在，我生活中发生改变的人或事已经太多了，所以，我宁愿留下一点旧东西让我可以从中回味过去，这多好啊！"与此同时，对贝莎阿姨而言，保留这张旧床垫也意味着留住了她仅存的一点对生活的控制权。她之所以时不时地抱怨，并不是因为她想要得到什么，而是因为她很享受亲人们关怀自己时所感受到的那种温暖的亲情。

至于罗里，贝莎阿姨是这样认为的："我很爱罗里，可是她却不是一个很好相处的人。她不会聆听或在意他人的想法，而当我告诉她不想换床垫的时候，她立刻就变得很不高兴，甚至有些生气。"罗里认为解决问题的关键在于改变贝莎阿姨的想法，而在贝莎阿姨看来，罗里似乎才是那个制造问题的人。

这个故事给我们提出了一个很有意思的问题：为什么有问题的——自私、天真、不理智或控制欲强——那个总是对方？为什么我们从来都不认为问题出在自己身上？如果你与他人的谈话陷入了僵局，当有人问你为何不同意对方的意见时，你为什么从来不说"这可能是因为我说的话对于解决矛盾根本于事无补"？

各执一词：公说公有理，婆说婆有理

我们在探寻引发谈话矛盾的原因时，从来都不会想到自己，因为事实上我们本来就不是。我们所说的话并非毫无意义。只不过，我们通常很难意识到，其实对方所说的话也并非毫无意义。就拿罗里和贝莎阿姨来说吧，整个故事当中，双方始终各执一词。在罗里看来，她的想法和行为合情合理；而贝莎阿姨则认为，自己的想法和行为也是人之常情，并没有任何不妥之处。可是，整件事情并不是一出单口秀，而是一场对口相声，罗里和贝莎阿姨既是各自故事里的主角，同时也是对方故事里的特邀嘉宾。在贝莎阿姨的故事里，罗里显得有些强人所难，而且毫不顾及她的感受；而在罗里的故事里，贝莎阿姨的话听起来简直就不可理喻。

通常情况下，我们都不会注意到自己陈述事实的方式和其他人不一样。于是，同一件事情，我们讲述的故事的关键部分就与他人的故事发生了冲突，而这恰恰也正是导致谈话陷入困境的重要原因。当谈话无法继续下去时，我们想当然地就认为问题出在对方身上，而对方则认为是我们制造了矛盾。可事实上，我们双方叙述的故事存在差异，而我们却根本没有意识到差异的存在，这才是导致谈话越来越困难的"罪魁祸首"。就好比外星球的莱娅公主遇上流浪儿哈克,争辩是必然的,丝毫不足为奇。

争辩会阻挡我们探索他人故事的脚步

不过,谈话中之所以会发生争辩,除了是因为我们看不到自己陈述的事实与他人的不同之外,争辩本身也起到了推波助澜的作用。一旦开始争辩,我们了解对方视角的能力就会受到限制,我们会倾向于用一种交易的心态来总结对话,于是,对话就成了一场双方思维"底线"的对抗赛:"换一个新床垫" VS "停止对我的控制";"我将要去纽约实现愿望" VS "你太天真了";"婚姻咨询是有效的" VS "婚姻咨询不过是浪费钱"。

可是,作为争辩双方,我们谁都不会去在意和考虑对方的故事和结论,于是,我们也就自然而然地忽略了对方的观点。与其说争辩能够帮助我们了解对方的不同观点,倒不如说是争辩造就了信息大战;毕竟,争辩只会让我们远离对方,而无法拉近我们之间的心理距离。

缺乏谅解的争辩毫无说服力

争辩还会导致谈话中另一个问题的出现:它制约了改变的发生。如果你想要改变某人,仅凭一句"你需要改变"恐怕难以奏效。这是因为,在自己的感受没有得到他人的理解和认同之前,人们几乎不会做出任何改变。

让我们先来看看发生特雷弗与凯伦之间的谈话吧。

特雷弗是州社会服务部的一名财务官。凯伦则是这个部门的一名社会工作者。"无论我如何要求和强调,凯伦就是不准时交文件。"特雷弗解释说,"我已经告诉过她无数次,最后期限马上就要到了,请尽快上交,可是根本没用!而且我每次一提到这个话题,她就很不高兴。"

根据经验,我们知道,这个故事理所当然一定有另一个不同的版本。然而不幸的是,特雷弗对此却毫不知情。特雷弗的确告诉了凯伦,她应该做什么,可是他却从来没有就此与凯伦进行过双向的沟通。当特雷弗将自己的谈话意图从试图改变凯伦的行为——争辩为何迟交文件是错误的——转变为尝试着从凯伦的角度出发,去理解她,并转而得到她的理解后,情况就发生了戏剧性的转变:"凯伦告诉我,她的工作实在太忙了,几乎无暇分身。她觉得，她已经将所有的精力都投入到帮助那些迫切需要救助的人身上，她一直在尽心尽力地工作，可我对她的付出却视而不见，毫无赞赏之意。而事实上，我也的确如此。为此我向她解释，从我的角度来说，当她上交所有文件之后，为了阅读和整理这些文件，我不得不花费很多时间和精力去完成这些额外的工作；我还详细地向她说明了工作细节。听完后，她感到很抱歉。显然，在此之前，她也从未从我的角度去思考过整件事情。她向我保证，今后一定会按照我的要求准时上交书面文件，而至今为止，她也是这样做的。"

最终，特雷弗和凯伦都知道了许多以前不知道的事情，而改变也就在这一刻发生了。

要想让争辩双方达成某种共识，我们首先需要学会换位思考，在充分了解对方具体情况的基础上，弄明白其结论产生的原因和意义。与此同时，我们还需要帮助对方了解我们，明白我们的结论来自何方，有何意义。从本质上来说，了解并理解对方并不一定就能"解决"问题，但是，就像凯伦和特雷弗一样，这是双方为解决问题而共同迈出的第一步，当然，这也是至关重要的一步。

各不相同的故事：为何我们看到的世界不一样

当我们从争辩转向尝试着了解和理解对方时，我们首先得弄明白一个问题就是为何人们的故事都不一样。我们每个人的故事都不是无根之木，更不是随便杜撰出来的。我们的故事是在事实基础上系统地形成的，只不过这通常都是一种下意识的行为。从过程上来说，首先，我们吸纳各种各样的信息。我们会通过情景、声音以及自我感受来体验世界。接着，我们消化信息。我们会按照自己的方式来理解和阐释信息，对我们所看到的、听到的以及感受的一切赋予不同的含义。最后，我们得出结论：到底发生了什么。在这三个步骤当中，每一步都会有意见不和、产生矛盾的可能。

简单点说，我们每个人看到的世界之所以不同，对事物的认识之所以存在差异，就是因为我们每个人吸纳的信息不同，而后用来阐释和理解信息的方法也各不相同。

在高难度谈话中，我们往往只会反复地强调和证明自己的结论，却不会去关注那些真正影响谈话结果的实质性内容：引导我们看世界的信息及其含义。

我们所获得的信息不同

两方面的原因造成了我们每个人所获得的信息都不相同。第一，生活经历——其中包括我们经历过的困难处境——为我们提供了无穷无尽的可用信息。但是，在某一件事情上，我们能够吸纳的信息量是有限的，不可能将之前所有看到的、听到的、感受到的以及种种事实全部融入其中。因此，这个时候，我们难免会有选择性地从中挑选出我们认为有用的信息，而其他的自然也就被我们忽略了。而且，我们每个人选择信息时的方法和标准也都各不相同。第二，我们获取信息的渠道和方式不一样。

我们注意到的事物不一样。董带着他四岁大的侄子安德鲁去观看一年一度的夏季狂欢大游行。当身着华服的表演者和当地的乐队乘坐着炫目的彩车招摇而过时，坐在叔叔肩膀上的安德鲁兴奋地大声欢呼起来。后来，安德鲁大叫道："这是我看过的最好最棒的彩车！"

在我们看来，每辆彩车都是由卡车拉着前进，似乎并没有任何的不同。然而，喜欢彩车的安德鲁只注意到了这辆他认为最特别的彩车；而在他叔叔看来，每辆彩车都差不多，并没有什么特别的。从某种意义上来说，安德鲁和他叔叔看的是两场完全不同的彩车游行。

就像上文中的安德鲁和董看游行一样，由于人与人之间存在差异，同时，每个人所关注的焦点也有所不同，所以，即使是同样的事物，在我们每个人的眼中也都是不一样的。有的人更加关注情感和人与人之间的关系，有的人眼中则只有身份和权利，而在有些人看来，事实和逻辑才是最重要的。我们当中既有艺术家和科学家，也有实用主义者。我们当中的有些人一心想证明自己才是正确的，而另一些人则只想避免冲突，或是掩饰矛盾。有的人会把自己当成是一名受害者，而在他眼中，其他人要么是英雄，要么是旁观者，要么就是生还者。因此，我们最终选择吸纳的信息也就各不相同了。

当然，尽管看到的景象不同，但安德鲁和他的叔叔却并没有脱离彩车游行这个主题。"从我自身的角度而言,我很享受这次的彩车游行。"在游行结束后,他们都觉得"我很喜欢这次的游行"。安德鲁和董都认为自己领悟到了彩车游行的精华,自己看到的才是"最精彩的"彩车游行。

现在,让我们换一个稍微严肃些的故事背景:

兰迪和丹尼尔都是美国人,同时,两人也是同一条生产线上的合作伙伴。他们也像安德鲁和他叔叔一样,对同一事件产生了不同的看法。他们曾经就种族问题这一话题进行过多次谈话,可每次都是不欢而散。作为一名白人,兰迪认为,从大体上来说,他们所就职的公司的招聘和晋升制度还是相对公平的,并没有针对有色人种的歧视和排斥。他注意到,自己所在的工作小组中一共有七个人,其中两人是非洲裔美国人,还有一人来自拉丁美洲,而且工会主席也来自于拉丁美洲。除此以外,兰迪还了解到,他的主管也是一名菲律宾裔美国人。兰迪相信,多元化的工作环境有利于公司的发展,对于公司最近晋升几名有色人种员工的决定,他很高兴也表示赞同。

丹尼尔则是一名韩国裔美国人,他并不认同兰迪的观点。从他本人来说,他的任职资格就曾因为他是有色人种而遭到过他人的严重质疑,他还曾经受到过来自同事以及一名领班的种族歧视。至今,他仍然对这些经历记忆犹新。他还了解到公司里有些和他一样的少数种族员工就因为不是白人而失去了不少晋升的机会,而且他注意到,公司的高层管理者绝大部分都是白人。除此以外,丹尼尔也不止一次地从主管们的话中听出,他们在乎的只有两种人:白人和非洲裔美国人。

兰迪和丹尼尔所获得的信息中,有些是重合的,但也有很多是不一样的。不过,他们都认为事实一目了然,而对方的观点实在是强词夺理。如果仅从两人的观点上来看,我们甚至会觉得兰迪和丹尼尔根本就是在两家公司里工作。

很多时候,当我们开始一段谈话(或者说一段关系)直至结束,我们可能都不会意识到我们和对方所关注的焦点完全不同,而我们双方的观点自然也都是建立在截然不同的信息基础上。

我们比其他任何人都更了解自己。除了选择的信息不同,我们每个人获得信息的渠道和方式也各不相同。譬如说,有些人就可以通过许多其他人无法获取或掌握的特有的方式方法来获取有关自己的信息。他们很清楚自己有何希望和梦想，也知道自己害怕什么，担心什么；而这些都是作为"外人"的我们所无法了解的。也许，从表面上看来，我们似乎总能够了解到所有的重要信息，包括关于他人的各种信息，其实则不然。他们的个人经历和内心思想远比我们想象的要复杂得多。

让我们再回到杰克和迈克的事例上。当迈克向我们描述事情经过时，他只字未提杰克为此而熬夜的事。他很可能根本就不知道杰克曾为此而熬夜，又或者，他即使知道此事，但与杰克的亲身感受而言，他"了解的事实"就显得很有限了。作为当事人，杰克显然知道得更多。他知道在万籁俱寂的深夜硬撑着与瞌睡斗争，尽力保持大脑清醒是一种什么滋味。他也知道，半夜停止供暖后的那种寒冷有多么不舒适。他还知道当他不得已取消了与妻子的晚餐约会后，妻子有多么生气。当然，也只有他才知道，为了帮助迈克，他放下手头重要的工作，内心的那种焦虑是多么令人难受。同样地，也只有杰克才了解，他在帮助朋友后所获得的那种愉悦的心情。

同样地，也有许多事情是杰克所不曾了解的。杰克不知道，那天早上，客户因为不满意迈克准备的另一个手册上的图片而大发雷霆。杰克不知道收入数据是整个手册中受关注度最高的信息，因为它与客户近期部分商业决策所遇到的许多问题都息息相关。杰克不知道，因为图册设计员的这次计划外请假恰好是在公司最繁忙的时候，所以受影响的并不止这一个项目，还有很多其他项目的进度也都因此而受阻。杰克也不知道，其实迈克并不十分满意他之前完成的部分工作。还有一点，更是杰克所无法了解的：迈克认为能够帮衬杰克的生意，他为此感到很高兴。

理所当然，我们不可能提前预知有哪些事情是我们所不知道的。不过，每当这时，与其自认为我们已经了解了所有需要知道的信息，倒不如提醒自己，还有许多重要信息是我们无法了解到的。因为，事实本来就是如此。

我们对信息的理解各不相同

在电影《安妮·霍尔》中，艾尔维·辛格抱怨说："我们之间毫无性生活可言。"对此，他的女朋友却说："我们一直都有性生活。"然而，当他们的咨询顾问问道"你们每周做爱几次？"时，他们却异口同声地回答说："每周三次！"

导致每个人的故事各不相同的第二个原因就是，即使当我们获得的信息相同时，我们对信息的诠释和理解也是不相同的——我们会赋予它们不同的含义。我说"半吊子"，而你可能会认为这是一种形容人脆弱的暗语。影响我们理解信息的两大关键因素分别是：我们过去的经历；我们所掌握的关于事物状态的自定义原则。

我们会受到过去经历的影响。对现在而言，过去有且有很重要的意义。通常，只有当我们需要借助某人过去的经历来理解他的言行时，这一原则才会显现出来。

为了庆祝一个耗时很长的项目终于完结，邦妮和同事们凑钱请他们的主管卡罗琳去一家很不错的餐馆吃饭。之前，卡罗琳几乎没有参与这次聚餐的策划活动，而聚餐时，整个晚上她都在抱怨——"这儿的价格实在是太贵了！""他们怎么能够就这样对待顾客？""你一定是在开玩笑。这儿的甜点居然要五美元！"这一切不禁让邦妮感到有些难堪而且很沮丧，回到家后她想了想："我们知道她很节俭，可这实在是太可笑了。付账的是我们大家，又不是她，她根本就不用考虑价格问题，可是她却一直在抱怨价格贵，认为这顿饭华而不实。今天晚上的好心情全让她给破坏了。"

尽管在邦妮看来，卡罗琳就是个守财奴，而且扫了大家的兴，可最终她还是决定问一问卡罗琳，为什么她会对这次聚餐的花销产生如此强烈的反应。对此，卡罗琳解释道：

我想，这大概与我成长的社会环境有关，当时正好是经济大萧条时期。时至今日，我仍然清楚地记得，从小到大，每天早上，当我准备好去上学时，妈妈都会对我说："卡罗琳，这是五美分，拿好了，它可是你的午餐！"当时的她为能够每天都给我这五美分买午餐而感到骄傲。事实上，等我长到八九岁时，五美分已经买不起一份午餐了，可我却从来不忍心告诉她这一点。

由于童年的这段经历和感受，即使是在许多年后，对卡罗琳而言，哪怕是一顿价格适中的用餐也仍然无异于一种奢侈品。

过去的经历会在很大程度上对我们以及我们的观点，造成异常深刻的影响。去哪儿度假，是否会掴孩子耳光，广告宣传的费用有多少——这一切都会受到你的家庭境况及生活经历的影响。大多数时候，我们都很难意识到这些经历究竟是如何影响我们以及我们对这个世界的看法。我们往往只是简单地拾起那最后的结论——事情本来就是如此。

我们用来诠释事物的自定义原则不同。通常来说，我们过去的经历最终会演变为一种自定义式的"原则"，而这些原则就是我们的生活准则。无论是有意识还是无意识地，我们在为人处事时都会遵循这些原则。我们对于这个世界的运作方式，人们该如何作为，以及事物的存在状态等各个方面的认知皆源自于这些原则。在高难度谈话中，我们对于事情经过的描述很大程度上都是这些原则"暗中"作用的结果。

当我们的原则与他人的发生冲撞时，我们与他人的矛盾也就在所难免了。就拿奥利与希尔玛来说吧，他们就因为各自原则的不同而陷入了深深的矛盾中。作为销售代表，他们的很多时间都被用于去见客户的路上。一天晚上，他们约定第二天早晨七点在酒店大厅里汇合，为推销陈述作准备。和以往一样，希尔玛七点整准时到达了约定地点，可是奥利却直到七点十分才出现。事实上，这样的情况之前已经发生过很多次。对此，希尔玛感到既生气又沮丧，因为奥利的迟到，她在最初的20分钟里根本无法集中精神准备演讲。而与此同时，她低迷的精神状态也让奥利实在打不起精神。

在这个事例中，弄清楚双方各自的"原则"将会使解决问题变得事半功倍。根据希尔玛的原则，"迟到是一种不够职业且毫不顾及他人感受的行为"。而按照奥利的原则，"让琐事影响到自己，并使得自己无法在重要的事情上集中精神才是不够职业的表现"。由于希尔玛和奥利都是戴着各自的自定义"原则"这副"有色眼镜"来看待这件事，所以他们都很不满意对方的表现。

我们通常都会依据这一自定义式的原则对人或事设定一个"应该怎样"或"不应该怎样"的标准："你应该将钱花在学习而不是买衣服上"，"你不应该当着其他人的面批评自己的同事"，"你应该养成上完厕所后放下马桶座圈的习惯，你不应该从中间挤牙膏，更不应该让孩子看电视超过两个小时"。像这样的"应该"或"不应该"还有很多，它们涵盖了工作和生活的方方面面，几乎无穷无尽。

有原则且按照这些原则去做原本并没有错。事实上，我们很需要它们来规范自己的生活。可是，当你与他人发生矛盾冲突时，说出自己的原则并鼓励对方也这样做将会有助于你解决矛盾。如此一来，你因为这些自定义原则而与他人产生矛盾的几率便会大大降低。

我们的结论体现自身利益

当我们思考为何要将自己对世界的认识说出来的原因时，有一个事实是我们任何人都无法回避的，那就是我们的结论往往都带有浓厚的个人利益色彩，即我们的结论体现的是自身利益。我们会寻求一切能够支持自身观点的信息，然后以此为根据对事情做出有利于自己的阐述。如此一来，我们自然也就更加确定自己的观点才是正确的了。

哈佛商学院的霍华德·雷法教授用实例证明了这一点。他将一家公司的全套信息分别给了几个小组，然后告知其中的某几组，他们将会参加收购该公司的谈判；同时告诉另外几组，他们将会参加出售该公司的谈判。最后，他让每个小组尽可能客观地对这一公司的价值进行评估（评估的是公司真正价值几许，而并不是他们计划收购或出售公司的价格）。雷法发现，计划出售公司的小组们最终的评估结果比独立公平的市场评估价值高出了30个百分点；而那些被告知将收购该公司的小组们的评估结果则低于市场价值将近30%。

每个小组在评估时都不由自主地融入了利己主义思想，可他们自己却对此毫无意识。大家都下意识地将注意力集中在了自己愿意注意的条件和因素上，忽视了那些自己不愿看到的事实。利己思想成了他们阐释事物时最主要的依据，于是，他们也就很自然会忘却那些不利己的条件和因素。我们的同伴费希尔在回顾其作为公诉人的那段时间里所发生的一切后，进一步肯定了这一结论："有时候，我很难说服法官，让他相信我是正确的，可是当说服的对象换成我自己时，我却从来没有失败过！"

这种无意识的带有偏向性的思想和做法虽然是人之常情，却十分危险。

它会加强我们心中对于自身陈述"正确性"的认同，尤其是在我们很重视的事物受到威胁时，这一现象就更加突出了。

从确定转向好奇

要想客观彻底地理解对方的故事，只有一个方法，那就是怀着一颗好奇心去聆听。听完后，问自己："有哪些信息是他们有而我却没有掌握的呢？"而不是再像以前那样反问自己："他们怎么可以那样想？"我们要问自己："从他们的角度来说，这样看待事情是不是有什么别的意愿或意义呢？"而不是反问自己："他们怎么可以如此不理智呢？"对自我观点的确定就好比一把锁，它锁住了我们了解对方故事的大门，而好奇心恰好就是打开这扇大门的钥匙。

好奇心：进入对方故事世界的途径

让我们来看看托尼和他妻子凯蔻之间的不和是如何产生的吧。

托尼的妹妹刚刚生完第一个孩子。第二天，凯蔻准备好一切打算与托尼一起去医院探望她，可出乎她意料的是，托尼却说他不会和她一起去，他要留在家里看足球比赛转播。当凯蔻问他为什么不去的时候，托尼嘟囔着说这是一场"大赛"，然后又补充说："我明天就去医院看她。"

对此，凯蔻感到很不解，心情久久不能平静。她问自己："什么样的人会觉得足球比家人还要重要呢？这实在是太自私、太无理、太荒唐了！我从没听说过天下竟然还有这样的人！"不过，幸好，她的思绪并没有完全笼罩在对自我观点的确定之中。于是，她没有质问丈夫："你怎么能这样做？"而是从一种好奇的角度出发，展开了一番自我谈判。她想弄清楚究竟有什么是托尼知道而她却不了解的，以及从他的角度来说，这样做是不是有别的原因或意义。

事实上，在托尼看来，事情的确与凯蔻所想的不一样。在外人的眼中，托尼是为了看足球赛电视转播这么一件小事而放弃了探望妹妹，可对托尼本人而言，这却是一件关乎他精神生活的大事。一周下来，他每天都必须在承受着巨大压力的情况下工作十个小时。回到家，他还需要陪两个儿子玩耍，跟他们一起做他们想做的事情。好不容易把两个顽皮的小家伙哄睡觉之后，他还要将所剩无几的时间用来陪凯蔻，而绝大多数时候他都是在听她述说这一天发生在她身上的各种事情。做完这所有的一切之后，他已经筋疲力尽，在疲惫中昏昏睡去。因此，对托尼而言，只有在观看足球比赛的时候，他才能彻底地放松自己。在这几个小时里，他的压力渐渐散去，就好像已经进入了冥想状态。对他来说，这看似寻常的几个小时实则意义重大——他是否能够精力充沛地迎接下周的工作挑战全都取决于这几个小时。至于他是今天还是明天去医院探望妹妹，托尼相信，妹妹本人并不会特别在意。所以，权衡之下，他选择了先满足自己的精神需求。

当然，说到这里，事情尚未结束。凯蔻还需要将自己的想法告诉托尼。只有当两人将各自的观点都摆出来说明白以后，托尼夫妻俩才能一起找到解决问题的方法，圆满和谐地解决此事。可是，如果凯蔻从一开始就只是想当然地确信自己很了解托尼，那么，无论她对此有多肯定，这样圆满的结局也永远都不可能出现。

你的故事是什么

要将你的整个心态从简单的自我确信转变为从各种可能的角度看问题，方法有一个，那就是始终保持好奇心和求知欲，尽可能地去了解任何关于自己而你却不知道的信息。这一方法听起来似乎有些奇怪。毕竟，你即自己，难道还有比你更了解你自己的人吗？又有谁能比你更熟悉自己的视角和观点呢？

可是，答案偏偏就是肯定的。我们从审视世界到形成自己的故事的这一过程通常都不会很长，往往是在一瞬间就完成了，它的速度是如此之快以至于我们很难做到面面俱到，因此，在这一过程中，忽略或忘记某些影响我们观点的因素也就在所难免了。譬如说，在杰克与迈克的谈话中，我们了解了他的真实想法和感受，可是当他与迈克谈及此事时，他却只字未提任何关于停止供暖或是他的妻子因为约会临时取消而生气之类的信息。即使是杰克本人也根本没有意识到他的强烈反应其实是受到了所有这些信息的影响。

那么，什么才是他所重视的原则呢？一方面，杰克认为"我难以相信迈克竟然会如此对待我"，可另一方面，他却没有意识到自己的这一想法是建立在人们"应该"如何对待他人这一自定义原则的基础上。对此，杰克的原则是"不管情况如何，你都应该表示出对他人的赞许和欣赏"。我们许多人也许都认同这一原则，可我们必须意识到，这并不是真理，它只是一条个人的自定义原则。对此，迈克的原则可能是"好朋友也会因为工作而迁怒于对方，但应该做到公私分明，不能夹杂个人情感因素"。在这件事情上，问题的关键不在于谁的原则更好更合理，而在于双方的原则根本就不相同。然而，杰克却没能了解到这一差异，除非他开始考虑自己在评判这件事情的时候是基于一种什么样的原则。

还记得之前提到过的安德鲁和他的董叔叔在嘉年华上发生的故事吗？我们说安德鲁"对彩车很着迷"，而这一观点恰恰就是从他叔叔的角度出发而得出来的。董叔叔发现了"安德鲁如何如何"，可是，相对而言，他对自己在这件事上的认识就少多了。如果我们以董叔叔对彩车的喜好程度——他并不是特别喜欢彩车——作为衡量安德鲁的基线，那么，安德鲁实在算得上是对彩车很着迷。可是，如果从安德鲁的角度来看的话，他会认为董叔叔"对彩车小姐很着迷"。对一群四岁的孩子来说，安德鲁的这一观点似乎更能引起大家的共鸣。

聆听双方的故事："和"姿态

在现实世界中，当你心中已经有了自己的想法，此时，如果仍然让你怀着一颗好奇心去了解他人的想法，这的确是相当不易，尤其是在你认为只有一种可能性（对与错是绝对的）的时候，那就更难了。毕竟，你和对方的想法差距是如此之大，而且事情本身对你的意义又如此重大，面对此情此景，你又怎么能够做到平心静气地去聆听对方的故事呢？其实，想要始终保持好奇求知的状态并没有你想象中那么困难，这很大一部分取决于你自己，只要你能够始终铭记一个字："和"，一切就会变得轻松容易了。

我们通常都会认为自己与对方的故事无法共存，只能二者取其一，如果我们接受了对方的观点和想法，这就意味着我们必须放弃自己的。可是，看看之前的例子，杰克和迈克，奥利和希尔玛，以及邦妮和她的老板，孰对孰错真的是那么绝对吗？真的就那么泾渭分明？有的人喜欢开着窗睡觉，而有的人则喜欢关着窗睡觉，面对这两种人，我们能说第一种人就绝对是对的吗？

其实，这样的问题根本就没有正确答案，因为问题本身根本就毫无意义可言。不要强迫自己在两种故事中做出选择；你完全可以聆听对方的故事，同时也保留自己的。这就是我们所说的"和"姿态。

这种兼容并包的建议听起来就好像一句含糊其词的空话。这似乎是告诉我们"你可以假装把两个故事都当成是正确的"。但事实上，这个建议给我们带来的其实是一种完全不同的谈话姿态。你不用伪装也无需伪装；也不用为了思考究竟是该接受还是拒绝对方的故事而彷徨或担忧。你要做的只是理解——完全透彻地理解。这是一个很单纯的行为，仅仅就是了解对方的故事，仅此而已。所以，你根本不需要放弃自己原有的故事和观点。采用了"和"姿态之后，你就能更加深入而透彻地了解到这件事对双方的重要性，以及其间你们的感受对各自又有何意义。如此一来，你就能抛开种种顾虑，无需为自己接下来该做什么而踌躇，也无需介怀自己的故事是否会影响对方，抑或是自己是否会受到对方故事的影响，因为你很清楚，对双方而言，各自的故事都很重要。

"和"姿态的基础其实很简单，就是一个设想：世界很复杂。从中，你可能会受到伤害，会感到愤怒，也会被冤枉，而对方也一样，他们也会受伤，会愤怒，会被冤枉。他们可能已经竭尽全力，而你则可能认为他们做得还不够好。对于双方的矛盾，可能是因为你做了件愚蠢的事情，也可能是他们的某些言行导致了矛盾的产生。对于他们，你可能会怒不可遏，也可能会爱护呵护，欣赏有加。

站在"和"姿态之上，你无需否定他人的观点和感受，也同样可以证明自己的观点，并让他人了解你的感受。同样地，你可以在不放弃自己故事的前提下聆听他人的感受，从不同的角度看待事情。因为，这时的你可能已经获得了一些不同于之前的信息，又或是对信息有了不同的理解，所以你明白了你和他人的故事是可以并存的。

当你与对方分享各自的故事之后，由于获得了新信息或采用了不同的视角，你的故事可能会发生变化；也有可能你仍然坚持之前的观点。不过，那都没有关系。有时候，出于诚实的角度，人们难免会有不同的意见，尽管如此，我们必须明白，面对分歧，最有效的解决问题的疑问不是"谁是正确的"，而是"既然我们都已经真正理解了对方，那么，什么才是解决这一问题的好方法"。

两种例外

现在，你可能会认为上述建议——从肯定和争执转变为好奇与"和"姿态——就是解决谈话矛盾的万灵良药，可是，我很遗憾地告诉你，世事无绝对，这条建议也不例外。让我们来看两个看似可能会是例外的重要问题：一是有多少次我完全能够确定自己是正确的，二是"理解对方的故事"这一建议是不是适用于任何情况——譬如说，我已经怒发冲冠了，或已经与某人决裂了。

我真的是正确的

曾经有一个古老的故事，讲的是两个传教士为了如何才能完成上帝赋予他们的使命而争吵起来。开始，他们谁都无法说服对方，最后，其中的一位传教士妥协了，说："我和你看待事情的方法和角度都不同，好了，就让此事到此为止吧。我们根本无需达成一致意见。你可以继续按照你的方式完成上帝的工作，而我也会依旧按照我的方法为上帝服务。"

能够拥有这样的思维方式，这位传教士的确令人钦佩。很多时候，即使你很清楚对方的观点颇具洞察力，也了解对方的种种感受，你可能还是会固执地选择继续坚持自己的下一步行动，并且告诉自己，无论他们的观点或看法对他们有多么重大的意义，你仍然是"正确的"，而他们就是"错误的"。

例如，当你和女儿谈论她抽烟的问题时，你知道且十分确信吸烟对她不好，她越早戒烟越好。

客观公平地说，你的观点是正确的。可是，这也是你们之间摩擦之所在：这并不属于你们原本的谈话范畴。你们谈论的应该是各自对于她抽烟这件事情的感受，她应该如何对待这一问题，以及你在这其中应当扮演什么样的角色。事实上，你是想通过这次谈话告诉她，每当你想到她的身体可能会因此而受伤害，甚至变差，你就会感到很悲哀并十分担忧，所以你会为自己无法阻止她继续吸烟而迁怒于自己。与此同时，女儿则想借机告诉你，她现在需要的是一种独立的感觉，而"好女孩"的称呼就像一副枷锁，压得她简直就快要窒息了，所以她迫不及待地想摆脱这副"刑具"的束缚。其实，对于吸烟这个问题，她也感到很矛盾，一方面她很享受吸烟给她带来的那种自由独立的感觉，另一方面她也很害怕它带来的种种恶果。你和女儿之间的这次谈话原本谈论的应该是了解介于你和她之间关于吸烟的种种复杂且重要的事实，说出各自的感受，而不是争论吸烟是否有害健康。事实上，你和她对此的观点是一致的：你们都认为吸烟有害健康。

哪怕是在那些看似就是分辨对与错的纠纷当中，你也很可能会发现，即使你是对的，矛盾也不会因此而化解。你的朋友也许会否认自己酗酒，更不会承认饮酒已经影响到了他的婚姻。在这种情况下，即使全世界的人都站在你这一边，并试图帮你迫使他承认这一切，也依然于事无补——你的朋友并不会因此就欣然承认一切，并接受你的帮助。

与其如此，你倒不如告诉他，他饮酒对你造成了哪些影响，然后，你再慢慢地进入他的故事，了解他的境况。究竟是什么让他一直否认你的观点？对他而言，承认自己有问题究竟又意味着什么？究竟是什么横亘于你和他之间，阻碍你们之间的深入沟通？除非你能够完全了解他和他在这件事情上的境况，并将你的真实想法和感受告诉他并让他明白这一切，否则，你是不可能帮助他找到解决问题的方法，重新谱写人生的篇章的。在这种情况下，你也许是正确的，而你的朋友可能错了，但是，仅仅争论对错却不能解决你们的问题。

传递坏消息

当你不得不解雇某人，或是结束一段关系，又或是你需要通知某个供货商你要减少八成订单的时候，你该怎么做呢？在许多高难度谈话中，谈话的结果并不是你单方面就能够控制的。当你需要解雇某人，结束关系或是削减订单时,情况就是如此。这时,理智的做法就是首先考虑了解对方的感受是否仍然有助于你解决问题。

绝大多数关于解雇某人或结束关系的谈话难点就在于情绪对话以及自我认知对话,对此,我们将会在之后的章节中谈到。尽管如此,谈话中适时转变角度也同样很重要。请记住,了解和理解对方的感受和看法并不意味着你必须接受它们,更不代表你需要放弃自己的故事;而你愿意尝试着去理解对方的观点,也并不会削弱你执行自己的决定的力度,更加不会影响你对自己的决定的忠实度。

事实上,当你因为传递或执行坏消息而身陷高难度谈话中时,"和"姿态往往才是最有利的突围法宝。如果你与某人的关系破裂了,你可以说"我之所以和你闹翻完全是因为我应该这样做(这就是原因),而我也很明白你受到了多大的伤害,如果你认为我们应该重新来过的话,我能做的仍然和这次一样。你也许认为我应该早一点把心中的困惑说清楚,对此,我表示理解,可我认为这样做并不代表我就是个坏人。我知道我所做的一切伤害了你,可我也很清楚你的行为同样也伤害了我。我可能会因为这个决定而后悔,不过,我只能这样做……"

"和"能够帮助你始终保持一颗好奇心,也能帮助你把一切都弄明白,说清楚。

要想前进,首先弄清楚自己在哪儿

在学习如何更好地处理高难度谈话的过程中,你会注意到,有一个问题就像影子一样始终伴随着你:我们眼中的事实究竟是如何影响我们乃至我们的观点和决定?这个问题就仿佛海边的灯塔,无论你在哪儿,也无论你是为了何种难题而苦恼,你都可以求助于它,让它为你指点迷津。

当然,进一步了解对方和自己并不意味着你们的分歧就会消失,也不代表你就可以对真正的问题置之不理、逃避问题、不做抉择。与此同时,这样做也不代表你要一视同仁地对待所有的观点,而你坚持自己的信念就是错误的。这一建议起到的其实是一种客观评估的作用,当你获得新信息或对事情有了不同的理解之后，它会帮助你评估自己的坚持是否有意义，与此同时，它也会帮助你让其他人感受到这些观点的力量。

　　无论你想去哪儿——试想一下，你进入了对方的世界，站在他的角度来看问题——首先你必须先了解自己的想法，之后，你才能迈出第一步。在你尚未想清楚如何前进之前，你需要做的是弄清楚自己在哪儿。

　　在接下来的两章当中，我们将会进一步深入地探讨面对这一境况时我们通常会采取的另外两种立场。它们存在于我们所陈述的故事中，并且常常给我们制造麻烦——误解对方意图的倾向，以及着眼于责备对方的倾向。

第三章

不要设定对方的意图：让矛盾与意图无关

我们一旦陷入尴尬或艰难的境况，在陈述事实的时候，有关谁的意图如何的话题就成了双方故事辩驳的核心内容。意图，或者说目的，会在很大程度上影响我们的判断：如果某人有意想伤害我们，我们对他的态度往往都会比那些无意或偶然伤害我们的人要严厉苛刻得多。在面对他人给自己所造成的麻烦或不便时，如果他们能说出一个合乎情理的理由，我们通常都会愿意理解和接受，可如果我们认为他们丝毫不顾及自己的行为会对我们造成何种影响，那么，我们则很有可能会为此而恼怒或迁怒于他们。尽管两种情况的结果一样，但是我们的反应却相差十万八千里，就如同在一条双车道的窄路上，我们对待救护车的态度截然不同于对待宝马车的态度一样。

关于意图的战争

让我们先来看看萝莉与里奥的故事。萝莉和里奥已经交往了两年，其间，两人为了同一个问题争吵不断，这不禁让双方都感到很痛苦。

在一次朋友组织的舞会中，当萝莉正准备再去舀一勺冰激凌的时候，里奥见状说："萝莉，为什么你就不能克制一下自己，离冰激凌远一点呢？"其时正在为自己的体重问题而纠结的萝莉听后，什么都没说，狠狠地瞪了里奥一眼。之后，两人在舞会上都一直刻意地回避对方。在那一晚的晚些时候，事情变得更糟了：

里奥：我对待你的方式？你知道自己在说什么吗？

萝莉：我说的是冰激凌。你当时的表现就好像你是我的父亲或我的什么人一样。你就想牢牢地控制住我，打击我！

里奥：萝莉，我并不想伤害你。是你自己说的，你正在节食，而我只不过是想帮助你坚持这一目标，达成心愿。你的对抗心理实在太重。你把听到的每一句话都当成攻击，即使是我对你的帮助，也不例外。

萝莉：帮助？在你看来，当着我朋友的面羞辱我就是你所谓的帮助？

里奥：好吧，好吧，我说不过你。我说话，你认为是我有意要羞辱你，而如果我什么不说，你又会责问我为什么任由你胡吃海塞。我已经受够这一切了。有时候，我甚至觉得你是故意要挑起我们之间的这些争端。

这次谈话之后，萝莉和里奥都感到十分气愤，他们都觉得对方误解了自己的本意，并且伤害了自己。更糟糕的是，他们总是因为这个话题而反复争吵。

其实，萝莉和里奥不过是陷入了一场典型的关于意图的战争当中：萝莉认为里奥是故意伤害自己，而里奥却坚决否认。他们就像是陷入了一种他们自己也弄不明白的恶性循环，并且根本不知道如何才能打破这一循环。

两个至关重要的错误

对萝莉和里奥而言，走出恶性循环的方法有一个。其实，问题原本并非如此严重和复杂，是他们自己犯的两个至关重要的错误无限度加剧了这次谈话的艰难性——萝莉和里奥各犯了一个错误。当萝莉说"你就想牢牢地控制住我，打击我"的时候，她说的就是里奥的意图。而她的错误就在于她假设自己知道里奥的意图是什么，但事实上她并不知道。这是一个很容易犯（也很有杀伤力）的错误。我们常常会犯这样的错误。

至于里奥，他的错误就在于他认为每当试图向萝莉说明自己的意图，告诉她自己是出于好意的时候，萝莉总是要推翻他的说法。他向萝莉解释说他"并不想伤害"她，他只不过是想帮助她。当他解释完这一切之后，他认为事情就应该到此结束了。结果，他根本没有花时间去了解萝莉的真实感受或原因。正如同世事通常都不完美一样，我们也常常会犯这种错误。

幸运的是，只要我们稍加注意，就完全可以远离这两个错误了。

第一个错误：我们关于对方意图的假设通常都是错的

在分析"萝莉的错误"之前，我们首先需要搞清楚，我们的思想究竟需要通过怎样的运作才能构建出关于对方意图的假设；其次，我们还需要练就一双火眼金睛，从我们用于构建这些故事的诸多假设中识别出那些可疑的设想。如此一来，问题就出现了：就在我们深切关注且十分在意他人对我们的意图的同时，我们却并不知道他们的真实意图究竟是什么。事实上，我们也不可能知道。其他人的意图只会出现在他们的头脑和心绪之中，我们又怎么可能了解呢？无论在我们看来自己关于对方意图的假设是多么正确和真实，它们都不过是些不完整或者根本就是错误的设想。

假设源自于我们自身所受的影响。绝大多数的第一类错误都可以归结为一种基本错误：我们基于对方行为对我们所造成的影响，做出了关于他们意图的假设。我们感到自己受到了伤害，于是，我们就认为他们想要伤害我们。我们觉得受到了冷落，所以，我们就说他们有意冷落或轻视我们。我们的结论来得如此之快，以至于我们根本没有意识到自己的这一结论其实不过只是一种假设。我们彻底沉浸在自己所得出的故事之中，完全相信了故事中所描述的对方的意图，从而根本没有想过其实他们真的很有可能是另有他意。

我们做出的都是最坏的假设。当我们根据对方的行为对自己的影响做出结论时，我们很少能够做到宽宏大量。当我们和朋友约好看电影而他却迟到时，相对于"我敢打赌，他一定是遇到某个需要帮助的人了，所以才会迟到"这一想法，我们更有可能会认为是"真讨厌，他一点都不在乎我会因此而看不到电影的开头"。当我们因为某人的行为而受到伤害时，我们做出的通常都是最坏情况的假设。

玛格丽特就是如此。她刚刚接受了一次髋关节手术，为她主刀的医生医术高超，可是对待病人却很冷淡，而且还是个很难沟通的人。手术后，当玛格丽特一瘸一拐地回医院进行第一次复诊时，她却被告知那位医生突然延长了自己的假期，目前仍在休假中。获此消息，玛格丽特气愤不已，她想象着那位富有的医生此时此刻正与他的妻子或女友徜徉于加勒比海，狂妄自大的他只顾自己享受，根本没考虑要按计划回医院。想到这儿，玛格丽特不禁更加气愤了。

一周后，当玛格丽特终于见到这位医生时，她随口问了问他假期过得如何。谁知，他竟回答说棒极了。"我敢打赌！"她一边说，一边考虑是否应该把她的想法说出来，可是这位医生却丝毫没理会她，继续说道："其实，我也是寓工作于度假。我正在波斯尼亚筹建一家医院。那儿的医疗条件实在是太差了。"

在了解了医生度假的真实情况之后，虽然玛格丽特之前复诊不遇医生的遭遇并不会因此而改写，但当她知道医生的失约并不是他的自私和狂妄，而是因为一件与他自己无关的善事所致时，原本因为多等了一个星期而耿耿于怀的玛格丽特有些释怀了。

我们总是会将事情的责任归咎于对方的意图。随着工作和生活中信息化程度的不断提升，在与他人进行交流时——无论是处理公务还是私人关系——我们使用电子邮件、语音信箱、传真以及电话会议的频率也越来越高，因此，我们往往不得不认真地阅读这些信息，思考并体会字里行间所蕴含的真实意义。如果一名顾客写道"我并不是说你们已经得到了我的订单……"你可能会思考，他这样说是不是意在讽刺我们呢？还是他很生气？抑或是他试图告诉你他知道你很忙？在没有语音语调的帮助和指导下，我们很容易会做出最坏情况的假设。

我们对待自己总是会更加宽容。一方面，我们总是以一种很严厉的态度将过失归咎于他人的意图，而另一方面，在对待自己的时候，我们却会选择另一种衡量尺度和处理方法。如果你的丈夫忘记去取干洗店里的衣服，你会认为这是他不负责任所致；可是，当你自己忘记预订机票时，你会说这是因为自己工作过于操劳，压力过大。当一位同事当着全部门同事的面批评你时，你会觉得她是有意想打击你；而在同一个会议中，如果换做是你向他人提意见，那么，你会认为自己这是在帮助对方。

当我们扮演行动者的角色时，我们很清楚其实很多时候我们并不想去烦扰、侵犯或是怠慢对方。我们会将自己的顾虑和思考作为为自己开脱的保护伞，根本没有意识到自己的行为其实已经给他人造成了消极的影响。然而，反过来，当我们扮演接受者的角色时，我们就会在不知不觉中倾向于保护自己，对他人做出坏的假设和评判。

不良意图是否存在呢？当然，有时候我们的确会因为某人的故意而受到伤害。我们会遇到各种各样的人，其中不乏一些令人讨厌的或是丝毫不顾及他人、故意让我们难堪的人，又或是以不当手法窃取我们好友的人。只不过，这样的情况毕竟要比我们想象的少很多，而且在没有聆听对方的描述之前，我们是根本无法了解他们的真实意图的。

错误归结他人意图的代价是昂贵的。意图重要且关键，错误的猜测将会危及你与他人的关系。

我们认定，不良意图背后代表的是人的不良品性。因此，错误地假设他人对自己有不良意图的最大危险可能就是，我们会从"他们意图不良"的想法很自然地联想到"他们不是好人"。我们对他人品性的判断会为我们对他们本人的评价染上浓烈的感情色彩，而这一判断影响的不仅仅是我们之间的谈话，我们与他们的关系也必然会受此影响。一旦我们认为自己看穿了某人的想法，当我们再评判此人的行为时，就难免会不自觉地带上这副有色眼镜，而危机也就随之产生了。即使我们没有将自己对他的观点表露出来，由这一观点所产生的影响也不会消失。我们对某人品性的评价越差，就越容易产生有意回避他的想法，而我们在背后说他坏话的可能性也越大。

当你发现自己有了"交通警察想控制每一个人"或"我的老板控制欲过强"，或是"我的邻居简直无法沟通"此类的想法时，请你先问问自己：为何我会产生这样的观点？这些观点是基于什么事实形成的？如果你是因为感到自己无能为力，害怕受人操纵或是自己的计划失败而有了这样的想法，那么请注意：你的结论不过是以对方的行为对自己所造成的影响而形成的——事实上，这些事实并不足以帮助你确定对方的意图或品性。

错误地指责他人的不良意图会激起我们的防御心理。我们对他人意图的假设还会直接影响我们的谈话。质问对方是最容易同时也是最常见的表达这种假设的方法："你为什么想要伤害我？为什么你会如此忽视我的存在？我做了什么，竟让你认为可以完全不顾及我的感受，就这么忽视我？"

我们认为，这样做可以让对方了解我们所受到的伤害，我们心中的失落、愤怒以及困惑。我们试图这样做从而能在谈话结束时让双方可以取得更多的谅解，也许是纠正自己的不当行为，也许是为自己的错误向对方致歉。然而，对方可能会认为我们的所作所为是对他们的指责或污蔑，是想挑起更大的纷争。（换言之，他们也和我们一样，在评判我们的意图时犯了片面的错误。）再加上我们的假设往往也都是片面不完整的，有的甚至是错的，所以，对方愈发会觉得自己不仅受到了指责，而且是无理的指责，这也就不足为奇了。世上几乎再也没有比这更令人生气的事情了。

所以，面对来自对方的防御或是对抗，我们实在不应该感到惊讶。从他们的角度来说，面对那些错误的指责，他们为自己辩解根本就无可厚非，这是一种正当防卫行为——我们并没有错，至于你说的那些错误，它们实在是太微不足道了，根本就没有任何谈论的意义。如此一来，谈话的结果只可能是一团糟。谁也无法从谈话中了解对方的真实想法，更不会有人主动道歉，一切都与谈话前一样，甚至更糟。

萝莉和里奥的问题恰恰就在于此。里奥自始至终都在为自己辩解，最后，当他说他有时候甚至觉得是不是萝莉"故意要挑起他们之间的这些争端"时，他已经很明确地说出了自己对萝莉不良意图的指责。而这只会火上浇油，引起另一轮指责大战。事后，当他们回想到这次谈话时，萝莉和里奥都会觉得自己才是对方所谓的不良意图的受害人。他们会认为，自己是出于正当防卫的心理才说了那些话。事实上，这正是这一恶性循环式谈话的两大典型特征——双方都认为自己才是受害者，同时，双方也都认为自己的言语不过是在面对不当指责时为自己进行的一种辩护。换言之，这就是我们常说的好心办坏事：本意是好的，可结果却给自己惹来了麻烦。

指责可以成为一种单方面行为。我们对他人意图的假设即使最初可能是错误的，不真实的，但最终通常都会变为现实。你认为你的老板没有给你足够的工作任务，对此，你得出的假设是她不信任你，她不相信你有做好工作的能力。如此一来，你便失去了努力工作的动力，总觉得你无论做什么都无法改变老板对你的看法。渐渐地，你的工作开始出现问题，而此时，原本并不关注你工作的老板开始为你的工作状态而担忧。于是，她分配给你的工作任务就更少了。

当我们认为他人对自己有不良意图时，这种想法会直接影响我们的行为。结果，我们的行为也就随之影响了对方对待我们的态度和方式。于是，我们关于对方有不良意图的假设便在不知不觉中成为了现实。

第二个错误：好意与坏影响无法相互抵消

正如我们已经看到的那样，萝莉错误地认为自己知道里奥的意图，这个错误虽然看似很小，却会招致很严重的后果。现在，让我们再将话题转向里奥，在谈话中，他也同样因为自己的错误付出了惨重的代价。他认为，既然他的本意是好的，萝莉就不会因此而受伤。他的想法是这样的："你说我有意想伤害你。现在，我已经解释清楚了，我并不想伤害你。所以，你现在应该感觉好多了，如果没有的话，那就是你自己的问题了。"

他们真心想说，而我们不会听。 如果我们仅仅将关注的焦点集中在将自己的本意解释清楚即可，那根本无助于解决问题，因为我们将会因此而错过对方讲述内容中的重要部分。"当他们说'你为什么要伤害我'的时候，他们真正想传达的其实是两个独立的信息：其一，'我知道你想做什么'；其二，'我受到了伤害'。"如果我们是提出指责的一方，我们只会关注第一条信息，从而忽视第二条。为什么？因为我们感到有必要实施正当防卫。因为里奥一心只想为自己辩护，所以他根本就没听到萝莉关于自己受伤的陈述。他没有意识到这一切对她意味着什么，她受到的伤害有多深，以及为何这些事情会让她如此痛苦。

这时，努力了解对方陈述的内容及其真实含义就变得尤为重要，因为当某人说"你故意想伤害我"的时候，他真正想表达的意思其实并非如此。执着于理解字面含义只会进一步加深双方的困惑，让谈话在迷惑中结束。通常来说，当我们说"你故意想伤害我"时，我们真正想表达的意思其实是"你不够关心我"。这就是字面意义与真实意义的区别，这也是一个很重要的区别。

父亲因为工作过于繁忙而未能参加儿子的篮球比赛，他原本并不想让儿子因此而受伤。如果可以选择，他显然不愿意让儿子受伤害。不过，与他想工作的愿望，或工作的必须性相比，他不想伤害儿子的愿望就只能屈居第二了。作为他人行为的接受方，我们中的大多数人都无法分辨"他想伤害我"与"他不想伤害我，但却没有优先考虑我"之间的区别。无论是前者还是后者，"我"都受到了伤害。如果父亲在听到儿子的抱怨时，只是简单地回应说"我并不想伤害你"，他其实并没有发现儿子关注的核心是"你可能并不想伤害我，可是你知道自己的行为已经伤害了我，这是事实"。

向对方解释清楚你的意图是有帮助的，可问题的关键在于何时才是合适的时间。如果你在谈话刚刚开始就急于解释，这时，你尚未了解对方想表达的内容，所以解释的作用可能事倍功半，甚至于微乎其微。

我们忽视了人的动机的复杂性。认为好意和坏影响可以相互抵消，这一想法的另一个问题就在于人的意图往往都很复杂，并不是简单的"好"或"坏"就可以区分的。里奥的想法就真的那么单纯而美好？他真的只是想帮助萝莉坚持节食吗？很有可能是他自己也为萝莉暴饮暴食的倾向而感到有些狼狈，所以觉得不得不说点什么来制止她。又或是，他更希望她能够为了他，而不仅是她自己而减肥。如果他真的像他说的那样很在乎她，那他是不是应该更加能够意识到自己的话会对她造成何种消极影响呢？

事情往往就是这样，里奥的本意可能本来就很复杂，连他自己也许都未必清楚地知道自己的动机是什么。不过，相对于里奥的真实动机究竟是什么这一问题来说，他提出问题及寻求答案的意愿究竟有多强烈就显得更加重要了。面对萝莉的质问，如果他的第一反应是回答说："不，我的本意是好的。"那么，交流屏障便出现了。于是，他在屏蔽了那些通过谈话可能可以获得的信息的同时，也向萝莉传达了他的意向，"对我而言，我更关心的是为自己辩护，而不是探讨任何我们俩之间可能出现状况的复杂性。"

有趣的是，当人们开始认真思考自己的意向或意图时，这一做法反而会向对方传递出一条十分有利于化解矛盾的积极消息——你很重视与对方的关系。毕竟，只有面对那些你认为很重要的人时，你才会花心思和时间去思考这个问题。

我们的敌意进一步加深——尤其是面对群组。当我们身处于群组之中时——其中包括工作中的同事和管理者，以及他们所支持的开发商、行政职员和职业工作团队，甚至还有我和你的家人——上文所提到的将责任归咎于对方并提出指责的意向、自我辩护以及忽视自己的行为对他人的影响等这一系列对抗姿态就显得更为常见和突出了。在那些涉及到"差异"或者说"分歧"的情况中，譬如说种族、性别或性取向之类的话题，人们试图用辩解来抵消影响的意愿也就显得尤为寻常了。

几年前，一家美国报社就曾经历过一次因种族问题而引起的员工内部斗争。非洲裔美国人和西班牙记者抱怨，社论中反映少数种族观点和心声的文章实在太少了，为此，他们威胁报社，如果报社不采取行动改变这一现状，他们将发起联合抵制。对此，报社的高级编辑们召开了一次秘密会议，商讨对策。这次会议没有邀请任何少数种族员工。当少数种族记者获知这一消息后，顿时火冒三丈，报社里立刻炸开了锅。"他们再一次用行动告诉我们：他们根本就不在乎我们所说的话。"其中一名记者如是说道。

当一名白人编辑听闻此事后，她觉得自己受到了不公正的指责，并试图想向他们解释这次会议的意图："我明白你们为何会觉得自己受到了排斥。可我们的本意并非如此。这不过是编辑们为了商讨出一条好的解决方案而召开的一次普通会议，目的就是为了让更多来自少数种族的观点和心声能够得到充分及时地反映和表达。"这位白人编辑认为，既然她已经将会议的目的解释得很清楚，有关"会议意图"的任何争论和质疑应该也就此了结了。毕竟，所有事情都已经公诸于众，说得一清二楚了，可是，事情从来都不像人们想得那样简单。白人编辑们的意图固然重要，但无论他们是否想排斥其他人，他们的行为已经让其他人感到自己受到了排斥的事实也同样很重要。而对每个人来说，接受然后消化直至忘却这一感受都是需要时间和思考的。

避免这两个错误

避免犯第一个错误：让对意图的假设不再受到所受影响的干扰

如何才能让萝莉不再错误地将责任归咎于对里奥而言可能是"莫须有"的意图呢？首先，她需要认识到，里奥的行为对她所造成的影响与里奥原本的意愿之间是存在差异的。如果她无法让自己对里奥意图的推测摆脱自己所受影响的潜移默化，她就无法真正化解这一矛盾。

要想让自己对他人意图的假设不再受到自己所受影响的干扰，我们必须意识到自己在觉得"我受伤了"之后，会自动地将这一感受转化为"你有意想伤害我"之类的假设。而你则可以通过向自己提出以下三个问题来弄清楚这两者之间的区别：

第一，行动："对方事实上到底说了或是做了什么？"

第二，影响："他的言行对我产生了什么影响？"

第三，假设："在这一影响的基础上，我对他的意图做出了何种假设？"

把你的观点当成一种设想。当你已经明确地回答了上述三个问题之后，下一步需要做的就是确定你是否清楚地知道，自己对他们意图的假设只是一种假设。那是一种猜测，一种设想。

让对意图的假设不再受到所受影响的干扰

意识到	没意识到
我的意图；	他人的意图；
他人对我造成的影响。	我对他们造成的影响。

你的设想没有任何的事实基础；你所了解的只有发生了什么，以及对方说了什么。然而，正如我们在前文所举事例中已经看到的那样，这些证据并不足以为你的设想提供充分的支持。你的猜测可能是正确的也可能是错误的。事实上，你的反应也许就是滔滔不绝地说一些关于自己以及对方言行的事情。与此同时，你过去的经历则可能会"现身说法"，让你在不自觉中给对方的行动附加上某一特定的意义。例如，有些人会因为自己与兄弟姐妹之间的某些不愉快经历，而觉得有些揶揄和戏弄行为是不怀好意的，而另一些人则把

（适当的）揶揄和戏弄当成是与人沟通表达感情的方式之一。不过，即便如此，你也承担不起因为这些缺乏证据支持的指责所带来的严重后果。

告知对方你所受到的影响，询问并了解他们的意图。你完全可以用上述三个问题的答案开始高难度谈话：说说他们做了什么，告诉他们这些行为对你造成的影响，并且向他们解释你因此而对他们的意图所产生的假设。不过，关于最后一项，你要切记，一定要明确表明这仅仅只是你想验证的一种假设，而不是你已经确认的事实。

现在，让我们来想一想，这样的开头究竟会让萝莉和里奥之间的谈话发生什么样的变化呢？萝莉可以通过确认里奥的话及其对她的影响为话题开始他们的谈话，而不像之前那样，一开始就劈头盖脸地质问对方：

萝莉：你知道吗？当你说"为什么你就不能克制一下自己，离冰激凌远一点呢"的时候，我真的很难受。

里奥：是吗？

萝莉：当然。

里奥：我当时只不过是想帮助你坚持节食计划。这怎么会让你感到难受呢？

萝莉：你当着我们朋友的面那样说，让我觉得很尴尬。所以，我想知道，你这样说是不是有意想让我难堪呢？我不知道你为何要这么做，可当时的情况的确使我产生了这样的想法。

里奥：这个嘛，我当然不是有意想让你难堪了。我猜，应该是我没有想到自己的话会这么伤人。不过，对此我也有些困惑，如果我下次再看见你饮食不节制的时候，你想要我怎么说，说些什么……

谈话才刚刚开始，不过，这次的结果肯定会比上次要好。

不要假装你没有假设。请注意，我们并不是建议你应该尽可能地摆脱对他人意图的假设。

这是不现实的。同样地，我们也不建议你将自己的观点隐藏起来。相反，我们建议你应该认识到并承认自己的假设——仅仅把它们当成一种猜测，一种可以被修改或反驳的猜测。萝莉不会对里奥说"我没有想过你为何要说那些话"或是"我知道你并不是有意要伤害我"。这样的话在对方听来实在是有些虚伪。不过，在你将自己对他人意图的假设告之他们之前，务必先告诉自己：你只是想把自己的一些假设（猜测）告诉他们，而你这样做的目的就是为了验证这些关于他们的猜测是否属实。

有些自辩是不可避免的。 当然，无论你处理事情的技巧多么高超，你都很可能仍然会遇到来自对方的辩驳。意图与影响之间的关联很复杂，有时候，它们之间的区别几乎微乎其微。所以，我们最好能说出假设之前就预想到对方会进行自辩的可能性，从而做好应对准备——心平气和地向他们解释，自己这样做只是想更好地与他们沟通，而不是有意挑衅。

谈话中，你让对方感到越放松，让他们觉得需要自辩的要求越不那么迫切，他们反而就会越容易接受你的观点，并反思自己动机的复杂性。例如，当你说："你的意见让我感到很诧异。那听起来似乎不符合你的性格……"假如你说的是事实（那不符合他的性格），你的话就能够在你希望他接收的信息和他自身的认知之间起到一种均衡作用。如果他们说话时的确是怀着某种不良的意图，那么，通过均衡，他们将会更容易认同你的观点。

避免犯第二个错误：倾听对方的感受，反思自己的意图

当我们站在里奥的角度来看待整件事时——被指责怀有恶意——我们自然会萌生出一种很强烈的自辩意愿："那并非我的本意。"自辩的保护对象除了我们的意图还有我们的品性。可是，正如我们已经看到的，用这种方式来开始谈话只会让事情变得更糟。

略过指责，聆听感受。 请记住，对于我们怀有不良意图的指责通常由两个单独的观点构成：一是我们怀有不良意图；二是对方因此而感到失落、难受或尴尬。你不能假装没有听到第一个观点，因为对方恰恰希望我们对此做出回应。不过，即便如此，你也不应该就此忽略第二个观点。如果你能在谈话开始时先聆听，然后认可对方的感受，最后再回答对方提出的关于意图的问题，你们的谈话就会变得轻松很多，且更有建树。

敞开心扉，反思自己意图的复杂性。 当谈论到你自己的意图时，请不要

随口便说出"我的本意很单纯，绝无恶意"这样的话。我们经常会这样评价自己，而有时候这的确也是事实。不过，很多时候，正如我们已经在上文中看到的，意图远比我们想象得复杂。

我们可以想象一下，如果里奥能够按照我们的建议去做，他最初和萝莉的那次谈话又会如何发展呢？

萝莉：刚才在舞会上你竟然当着我们朋友的面那样对我，我实在很不喜欢你用这种方式对待我。

里奥：我对待你的这种方式？你指的是什么？

萝莉：就是冰激凌那件事。你表现的就像是我的父亲或我的什么人一样。你就是想控制我，或是打击我。

里奥：噢，听起来我说的话好像很伤人。

萝莉：当然，它让我很难受。这难道不正是你所期望的吗？

里奥：这个嘛……当时，我只想到你说过正在节食，我希望自己的提醒能够帮助你，让你的节食计划不至于半途而废。不过，现在回想起来，我才意识到当着众人的面那样说的确会让你很难堪。只是，当时我为什么就没想到这一点呢？

萝莉：也有可能是我让你感到尴尬了，所以你才觉得不得不说点什么。

里奥：可能吧。我就是觉得当时的你有些失控，你知道，我可不想看见你那样。

萝莉：的确如此。当时的我可能真的有些失控了。

里奥：不管怎样，真的很抱歉。我从来都不想伤害你。让我们想一想，下次再遇到这样的情况，我应该怎么做或说什么。

萝莉：好主意……

我们要想透过迷雾看清楚事情的本质，就一定要了解我们究竟是如何曲解他人的意图，进而让高难度谈话难上加难的——这相当关键。尽管如此，在"发生了什么"这个问题上，我们还有一个小问题亟待解决。它虽然小，可同样也会让我们麻烦缠身——谁才是那个应该承担责任、受到责备的人？

第四章

放弃指责：将归责系统图表化

你就职于一家广告代理公司。受公司派遣，你长途跋涉来到纽约，面见极限运动公司的领导高层。极限运动是一家刚刚起步且极具潜力的体育服饰公司，同时也是你们公司的一个重要客户。就在你准备开始自己的陈述时，你发现自己竟然带错了演示图板。面对眼前翘首以盼的顾客和那张错误的图板，你的大脑一片空白。于是，你一边颤抖着，一边完成了这次毫无重点可言的糟糕陈述。就因为你的助理在为你收拾公文包时的疏忽，几个星期以来的努力和准备全部付诸东流。

故事中，责任归属似乎一目了然

为此，你将责任全部归咎于你的助理，这不仅是因为她是你的助理，理所当然应该成为你宣泄不满和失望的对象。同时，也因为你想借此让大家知道是她而不是你搞砸了整件事，从而能让你的声誉也有所挽回。此外，还有一个更为重要却极其简单的原因，那就是：她犯了错。

当你和你的助理终于坐下来讨论这件事的问题究竟出在哪儿时，你面对的是两种处理方法。你可以清楚明了地指责她的错误，说一些诸如"我真是不明白，你怎么会让这样的事情发生"之类的话。或者，如果你不想如此直截了当地质问她（或是你知道指责他人无助于解决问题），你可以用较为含蓄的方式指出她的错误，说一些不那么严厉的话语，譬如说"下次努力做得更好"。可是，无论你采取何种方式，她得到的都是同样的信息：责任在她，她应该受到指责。

我们陷入了指责的"圈套"

在很多高难度谈话中，归责的问题都显得尤为突出。无论是究其表面，还是深入探讨，谈话的内容始终都没离开过"应该责备谁"这个问题。谁才是那个恶人？谁犯了错？谁应当道歉？谁可以理直气壮地生气、发怒？

专注于指责实在不是个好主意。因为这本来就是一个难以启齿和展开的话题，更何况它还会损害我们与他人的关系，给人们带来痛苦和焦虑。这样的话题不仅难以开展讨论，而且还会牵连出许多潜在的消极影响。可尽管如此，我们还是不可避免地会谈论到它，只因为它很重要。

之所以说专注于指责不是个好主意，还因为它一方面会压制我们了解导致矛盾的真正原因的能力，并阻止我们做出补救措施；另一方面，单纯的指责往往都是不公正的，而且也根本无助于解决矛盾。谈话时，我们之所以会迫不及待地指责对方，原因其实有二：与对方就某事发生了争执；担心自己受到指责。在绝大多数情况下，指责成功扮演了"恶人"的角色——我们往往会借指责间接地说出自己的感情受到了伤害的事实。

可是，"不要指责他人"的建议却并不是解决这一问题的答案。在你没有了解何谓指责，我们又是为何要相互指责，以及如何才能在高难度谈话中找到有助于实现你的谈话目的的要素这三个问题之前，你根本无法做到不指责他人。而"有助于实现你的谈话目的的要素"就是归责。归责与指责之间的差别通常都很难辨认和区分，不过，它却是提高你处理高难度谈话能力的关键一环。

区分指责与归责

从本质上来说，两者的差别就在于指责是评判，而归责是理解。

指责是评判，是向后看

当我们提出"谁才是那个应该承担责任、受指责的人"这一问题时，其实，我们不过是将三个问题合并成一个提了出来。第一个问题，制造问题的是不是这个人？是不是你助理的作为（或不作为）使你拿错了演示图板？第二个问题，如果第一个问题的答案是肯定的，按照某一行为准则，你应该对她的这一行为做出何种评判？这是否说明她不称职，不可理喻，或是缺乏职业道德？第三个问题，如果评判的结果是否定的，那她应该受到怎样的惩罚呢？你是否应当对她大发雷霆？还是警告她？甚至更严重些，解雇她？

当我们说"这是你的错"时，实际上就等于用这句话简单而概括地回答了上述三个问题，意在告诉对方：你才是罪魁祸首，你应当为自己的这一错误行为受到惩罚。面对内涵如此"丰富"且来势汹汹的诘问，毫无疑问，我们在稍有察觉之后便会立刻展开全面的"正当防卫"行为，这丝毫不足为奇。

当指责开始大行其道时，你可以预计到的结果除了防御和抵抗，大概就只有激动的情绪和接连被打断的谈话，以及关于什么才是"好秘书"，如何才能做一个"惹人爱的好配偶"或"任何通情达理的人"，应该/不应该做什么之类的争论和辩驳。当我们指责他人时，我们为对方提供的角色只有一个"被告"，所以，他们的反应自然也就和法庭上指控的被告一样：竭尽所能地为自己辩护。如果我们能够了解其内在危险，自然也就会明白，为何当人们用手指着对方训斥时，其姿态竟会显得如此不堪入目。

归责是理解，是向前看

归责会提出一系列与指责相关却又完全不同的问题。第一个问题就是："事情发展到这般田地，我们双方各应该承担怎样的责任？"换言之："我们双方究竟做了或没有做什么才让事情变得一团糟？"第二个问题是"在了解了归责体系之后，我们究竟怎样做才能改变它？我们能做点什么让事情有所转机呢？"简言之，归责将会帮助我们了解到底发生了什么，从而协助我们改进双方的合作方式。然而，无论是面对工作还是个人关系，当我们致力于了解和改变时，在更多的情况下，指责却成了我们的首选。

为了更好地说明这一点，让我们还是回到最初关于极限体育公司的那则故事中，试想一下，你和你的助理之间可能发生的两种截然不同的谈话。第一种谈话的焦点在于指责，而第二种则关注于归责。

你：我想和你谈谈我在极限体育公司做陈述的事情。你在整理文件时放错了演示图板。当时的局面简直就糟糕透顶，而我更是不知所措，尴尬不已。对待工作，我们不能这样敷衍了事。

助理：我知道了，真的很抱歉。只是，嗯，我知道，你可能根本不想听我的解释。

你：我只是不明白你怎么会让这样的事情发生！

助理：我真的很抱歉。

你：我知道，你肯定不是故意这样做的。发生这样的事情，你也很难过，可是我实在不想看到这样的事情再度发生。你明白我的意思吗？

助理：不会的，决不会再发生了。我向你保证。

上述谈话为我们展现了指责的三大要素：你制造了事端，我对你做出了消极的评判，同时也暗示了我所说的正是你将会受到的惩罚，尤其是如果你再犯的话。

相比较而言，一次以归责为焦点的谈话则可能会如下所示：

你：我想和你谈谈有关我在极限体育公司的那次陈述。当我到达那家公司时，我才发现公文包里的是一张错误的演示图板。

助理：我知道。对此，我很抱歉，也很难过。

你：不错。我也觉得很难过。让我们回想一下之前的准备步骤，然后思考一下这一切究竟是如何发生的。我觉得，导致这一事故的原因可能是双方面的，有你的，也有我的。从你的角度来看，这一次，我是否有些与众不同呢？

助理：我也不是很肯定。我们几乎是在同一时间内接了三个客户的计划书，而在做极限体育公司的计划之前，我们正在赶制另一份计划书。当我问你，你这次出差要带哪些演示图板的时候，你很生气。我知道，了解你的工作需要是我的职责，可是有时候，当工作一忙起来，有些事情就变得令人困惑了。

你：如果你不能确定，你就应该问清楚。不过，听你这么一说，帮我做事似乎并不是件轻松的差事。

助理：这个嘛，我只是有时候会觉得有些无奈。如果你已经很忙，这时候，我就觉得你似乎很不愿意受到打扰。你走的那天正是如此。我试图尽量不去打扰你，因为我实在不想再加深你的烦恼。原本我计划是在你讲完电话后最后再核实一遍你需要带的演示图板，可不凑巧的是，那时正好有些文件急需复印。于是，我就没能完成最后的核查。在你走了之后，我才想起来，不过，当时我想你一向都会自己核查一遍文件的，所以我就想当然地认为应该不会有什么问题了。

你：是啊，我通常都会仔细检查一遍文件，可这一次，我实在太忙了，也就给忘了。我想，我们以后最好都仔细检查一遍，双保险。至于我自己，我承认有时候我的确有些情绪化。我也知道，每当这时，与我沟通就会变得很困难。我需要训练自己，培养自己的耐性，尽量不让自己的情绪有太大太突然的变化。不过，我需要你做的就是当你不能肯定时，无论我的情绪如何，你都要大胆地提出问题。

助理：也就是说，你希望我能够提出问题，哪怕我认为那样会烦扰你？

你：是的，而我也会努力让情绪尽可能地保持平静。你能做到吗？

助理：好的，这样一来，我的工作就变得简单多了。我认为，开诚布公地沟通真的很重要。

你：有需要时，你甚至可以重提我们的这次谈话。你可以说："我知道你现在压力很大，可是你曾经许诺过我可以问你……"或者，你就直接说："嘿，你可是说过尽量做到不情绪化的哦！"

助理（大笑）：好的，我没问题。

你：也许，我们同时还可以想一想，你如何才能更加明确地跟进各个项目，弄清楚它们和各个预约之间的联系……

在第二段对话中，你和你的助理已经有了归责意识，开始思考各自在这件事情上的责任。同时，你们也已经意识到自己的反应方式其实不过是整个归责体系中的一部分。因为一个即将到来的演示陈述，你有些焦虑，而且难以集中精神，于是，你对助理的态度也就差了很多。这不禁让她觉得自己最好与你保持距离，不去烦扰已经有些心烦意乱的你。而就在这时，事情办砸了，强烈的挫败感让你的心情变得更差，而你甚至已经开始为下一次工作的准备而担忧，因为你已经不再相信助理能够助你一臂之力了。于是，你也就变得越来越情绪化，越来越难以接近，而你和助理之间的沟通也随之变得越来越困难。结果，错误与日俱增。

在这个示例中，归责体系其实是一个由你和助理共同创造的互动系统，一旦了解了双方的责任，你们就能轻松地发现各自需要做什么才能规避或改变不好的结果。与第一段对话相比，我们不难发现，第二段对话更有可能会产生一种持续性的效用，从而改变你和助理的工作方式。事实上，第一段对话其实是在冒着加深矛盾的危险下展开的。既然在这一归责体系中，你也占据了一席之地——你的情绪阻碍了助理希望与你沟通的意愿，因为她不想再火上浇油——那么，一场以指责为焦点的谈话只有可能会加剧你与助理之间的沟通障碍，绝不会有助于问题的彻底解决。如果你一意孤行，坚持选择第一种谈话方式，她最终会得出一个结论：你是一个无法共事的人；而你最后对她的评价则是：不称职的助理。

归责是合作，是互动

同时着眼于老板和助理，双向归责——寻求理解而非评判——是相当重要的。这不只是一种良好的习惯，也是一种更加贴近现实的解决问题的方法。通常，当人际关系出现问题时，每个人都应当承担一定程度的责任。毕竟，俗话说，一个巴掌拍不响。

当然，我们所能体会到的归责通常却并非如此。对归责意义最常见的一种误解就是单方面归纳责任——事情出现了问题，要么将责任全部归咎于我的错（更常见），要么就全部归咎于对方。

其实，只有在电影中，事情才会变得如此简单。在现实生活中，造成问题的原因往往更加复杂。现在，我们有了归责系统，而这一系统会从双方面归纳和总结责任。就拿板球运动中的击球手和投球手来说。如果击球手错过了一次击球，他可能会解释说，因为视线不佳，所以他没能完全看清楚球飞行的弧线，或是他由于受到了腕伤的困扰所以错过了击球。然而，对此，投球手却会说"我早就知道他的腿部技术不过硬，所以我故意向下瞄准让他接不住"，或者说"我就知道，我的底线吊球会打他个措手不及，因为他根本赶不及回底线"。

谁的说法才是正确的呢？击球手，还是投球手？当然，答案自然是双方都是正确的，至少从某一部分来说就是如此。无论是击球手错过了一次击球，还是击中了一个底线球，这都是他和投球手共同合作的互动结果。从你的角度来看，你很可能会只将目光集中在他们其中的某一个人身上，但你有没有想过，最后的结果其实是双方共同作用的产物。

在高难度谈话中，情况也同样如此。除了某些极端情况，譬如说虐待儿童，几乎所有引发高难度谈话的境况都可以看成是归责体系作用的结果，即双方"通力合作"的结果。将责任归于一方只会让谈话前景愈加昏暗不明；要想让谈话的前途一片光明，双方归责才是明智之举。

指责的代价

我们需要指出的是，在有些情况下，指责不仅很重要，而且也是事件的核心。我们建立法制系统就是为了分配责任，其中既包括刑事责任，也包括民事责任。面对那些明确违反了法律规定或道德约束的行为，我们公开地分配责任，其目的就是为了宣扬正义，告诉人们什么样的言行才是社会能够允许和接纳的。

当指责成为目的，理解就成了牺牲品

不过，即使是在那些需要明确责任的情况下，我们也会因为单纯的指责而付出代价。一旦惩罚的劣根性开始崭露头角——法制或其他情况——了解事实真相就会变得愈加困难。人们开始变得不那么友善，不再像之前那样乐意敞开心扉，愿意认错道歉的意愿也变得不那么强烈了，而这一切其实都是可以理解的。例如，一次车祸之后，被起诉的汽车制造商很可能会拒绝对产品的安全性能做出改进的要求，因为制造商担心，接受这一要求似乎也就意味着公司应该在车祸发生前就采取行动，加强产品的安全性能。

于是，分配责任和获取对事实真相的了解就成了两件商品，两者是等价的，可以被用来相互交易。而正是因为有了这样的交易，"真理的佣金"便产生了。面对他人的诚实，我们往往会回报以仁慈和宽容，这就是真理的佣金。譬如，在南非，如果人们自始至终都只采用刑事调查和审判作为了解种族隔离系统的惟一方法，很多已知的事实也许就会从此销声匿迹或尘封于世了。

专注于指责会阻碍解决问题

当小狗失踪了，谁应该承担这一责任呢？开门的人，还是那个没能抓住项圈的人呢？我们现在需要做的是争辩责任，还是寻找小狗呢？当浴缸里的水溢出来，浸湿了楼下客厅的天花板时，我们是应该将责任归于那个健忘的沐浴者呢？还是在楼下给沐浴者打电话的他（她）的配偶呢？又或是说，我们应该将责任归于建造者，因为他设计的排水管道过小？如果这样的话，那个没能及时提醒我们的水管工是不是也应该受到指责呢？问题的答案是，他们通通有责任。如果你的实际目标就是想找回小狗，修好天花板，并且防止同样的事情再度发生，那么，专注于指责不过是浪费时间。这样做既不会帮助你回过头来了解问题的症结之所在，也不会帮助你向前看解决问题。

指责会留下一个隐藏的坏系统

尽管惩罚看似正确，可是用它来取代思考和领悟症结之所在及其产生原因仍然无异于一场灾难。一间日用品公司决定新建一个制造工厂，从而提高生产利润，对这一决定，公司的总经理十分赞同。然而，新工厂建成后，不仅没能像预期的那样增加公司的生产利润，反而还因为扩大了市场补给而使得公司利润有所下降。其实，当新建工厂的决定刚刚提出时，许多人私下里就曾谈论并预计到了这一点，只不过大家都很有默契地选择了保持沉默。

为了应对这一不利形势，公司解雇了总经理，并从国外调来了一名新任战略策划人。当公司用一名"更出色的"决策人替代了之前做出错误决定的领导者之后，人们都认为，公司的管理问题应该已经得到了妥善解决。然而，从归责体系来看，公司这次"换血"只是从局部着眼，完成了体系运作的部分工作，却并没有从整体上来观察和处理这件事。为什么那些事前已经预见到这一结果的人会选择沉默？是不是公司的某种机制鼓励了这一不作为行为？是什么样的机构、政策以及程序催生了这些不利决策，它们是否还会继续鼓励这种决策的产生？如何才能改变这一局面？

替换系统里的某一成员，有时候的确能够对解决问题起到一定的作用。但是，如果你想偷懒，企图以此就一劳永逸，而不再花费精力从整个归责体系的角度去思考解决问题的方法，那么你必将为此付出高昂的代价。

了解归责的好处

从根本上来说，指责就好比火上浇油，它只会让高难度谈话难上加难，而了解归责体系则好比救火队，它能帮助高难度谈话走出困境，而且能让谈话更有建树。

归责其实并不难

约瑟夫在一间跨国公司的海外办事处担任主管。工作中，他常常因为无法与总部保持有效或直接的沟通而苦恼不已。往往都是总部变更了政策之后良久，约瑟夫才获知这一信息；又或是，他经常要从客户那儿（有一次，甚至是从报纸上）了解自己所在区域内公司的工作情况。经过一番思索，约瑟夫决定和总部谈谈这个问题。

在采取行动之前，约瑟夫手下的一名经理指出了产生问题的原因。其实，之所以会与总部沟通不畅，约瑟夫也应该承担一定的责任。约瑟夫安装了一套与总部系统不兼容的电脑体系。与此同时，对于那些可能应该由他来提出的问题，他却鲜少会主动发问。然而，不幸的是，约瑟夫却没有在同事的建议下将自己的行为也放到归责体系中，从整体的角度出发来考虑此事。相反，他的思想已经完全被"指责"的思维模式所束缚，开始琢磨犯错的真的是他，难道就不是总部出了问题？不过最终，约瑟夫并没有向总部提及此事，而他的烦恼也依然如旧。

人一旦陷入"指责"的思维模式，就会背负上一种很难摆脱的负担。你不得不信心十足地告诉自己，错的是别人，自己才是正确的；同时，你还必须信心满满地为自己的这一观点自圆其说。然而，正如我们之前描述的那样，一个巴掌拍不响，通常来说，矛盾往往都是双方作用的结果。因此，在"指责"模式的引导下，你的谈话可能会毫无建树，无法切中要点。这实在令人感到很遗憾，因为你原本可以借此机会了解为何你们的沟通会出现问题，并找出提升沟通质量的方法，可你选择了指责，所以你只能错失良机。

归责能够促进了解和改变

试想一下，一对夫妻，妻子有了不贞的行为。很快，她便受到了类似于指责式质问般的诸多谴责。作为外人眼中的受害者，她的丈夫尽管痛苦万分，但最终还是选择继续维系这段婚姻，惟一的条件就是妻子决不能再有任何不贞的行为。这是一种最显而易见的解决方案，可是，对于示例中的丈夫和妻子，他们各自又能从这段经历中学到什么呢？

从表面上来看，在这件事当中，妻子似乎应当承担所有的责任，但实际上，还是那句话：这一结果是婚姻双方共同作用的结果。除非婚姻双方都清楚地认识到自己在此事中的责任，不然，导致不贞事件发生的症结就会继续存在并不时作祟，而婚姻双方所采取的不正确的相处模式也得不到适时地纠正。于是，我们需要提几个问题：丈夫是否倾听了妻子的倾诉？他是否经常加班到深夜？他的妻子是否曾经感到悲哀、孤单、备受冷落？如果这一切属实，为何会这样？

为了理解这一归责体系，这对夫妻还需要进一步问更多的问题。如果丈夫没有聆听妻子的倾诉，妻子又做了什么进一步加剧了这一矛盾呢？妻子是否做了或说了什么促使丈夫将她拒之门外或对她退避三舍呢？当妻子感到沮丧时，她是否会用每个周末都工作或逃避的方式来对待自己的丈夫呢？他们的感情是如何在两人的这种关系中起作用的呢？如果想找出导致不贞事件发生的所有因素，这对夫妻就必须认真对待并回答这些问题——他们必须绘制出一张清晰完整的归责图。

对于归责的三种误解

关于归责,有三种很常见的误解。正是因为它们的存在,人们在了解归责这一概念时才会受阻,进而无法充分享受归责的利益。

误解一:我应该只关注自己的责任

我们建议人们应当从双方的角度来考虑问题的症结所在。然而,有时候,这一建议却会被误解为"你应当忽视他人的责任,而仅仅关注自身的责任"。这显然是错误的。无论从哪个角度来说,发现自己的责任并不意味着就必须要以忽视他人的责任为代价。造成一片混乱的人是你们,而不是你,因此,要想结束混乱,你们也必须合二人之力才能成功。

当我们说,你需要认识到矛盾双方都需要对矛盾的产生负责时,这并不意味着每个人所承担的责任都是均等的。你可能只需要承担百分之五的责任,而剩余的百分之九十五的责任则由对方来承担——这同样也是共同担责。当然,量化责任并不是件容易的事,而且在绝大多数情况下,这样做也不会对解决问题产生很大的积极作用。因此,我们的目标是了解,是理解,而不是将一切量化。

误解二:放弃指责就意味着对我的情绪置若罔闻

尽可能地理解归责体系而不再专注于指责,这并不意味着你就必须放下所有强烈的情感、情绪。事实上,恰恰相反的是,当你与对方开始各自思考自己是如何让矛盾进一步激化的时候,其基础就是与对方分享自己的情感、情绪。

的确,指责的源动力通常都来自于双方没有表露出来的强烈情绪。当你获知自己的妻子有不贞行为时,你想说的是:"是你破坏了我们的婚姻!你怎么能够做出如此愚蠢且伤害我的事情?"在这里,指责不仅是你思维和话语的焦点,同时也是你那受伤的感情的代言人。事实上,更加直接地将强烈的情绪表达出来——"对我而言,你所做的一切无异于一场灾难"或"我再也不能信任你了"——的确能够对你意欲指责的冲动行为起到缓冲作用。随着时间的推移，当你向前看时，说出你的情绪还能带给你一种自由的感觉，让你能够在更加舒适的环境下归纳责任，并进而让你归责得获得更高的产出。

如果你发现自己深陷指责的泥潭而无法自拔，或是无法抑制住心中想要让对方承认自己错了的欲望，也许，你能够通过向自己提问的方式获得一些解脱："我在宣泄情绪时是否有所遗漏呢？对方是不是已经认可了我的情绪呢？"当你仔细思考并回答了这些问题之后，你会发现，不知不觉中，自己的思维模式早已由原来的指责转变为归责了。到那时，你便会了解到，理解和认可才是你一直在真正寻求的东西。你其实想从对方那儿听到的并不是"这不是我的错"，而是"我知道自己伤害了你，真的很抱歉"。二者的区别就在于，前者是一种评判，而后者是理解。

误解三：探求归责意味着"指责受害者"

当某人指责受害人时，他们其实是在暗示说，受害人不过是"自作自受"，这样的结果完全都是他咎由自取，甚至说自我牺牲正是他想要的结果。无论是对受害人来说，还是对另一方而言，这样的观点都是很不公平的，而且会对双方都造成伤害。

从任何角度来说，双方归责都与指责没有任何联系。让我们设想一下，深夜，当你独自一人在街上行走时，你遭遇了袭击。这时，"指责"会问："你是否做错了什么？你犯法了吗？还是做了不道德的事情？你是否应当受到惩罚呢？"答案自然是否定的。你什么都没做错，你本不该受到袭击。遭人袭击并非你的错。

同样的情况，如果换成归责，所提的问题就会大不相同："我做了什么促成了此事的发生？"即使是在那些你无需承担责任的情况下，如果你选择了归责，也同样能从自己身上发现责任的踪影。作为被袭击者，你其实责无旁贷。为什么？因为是你选择了夜晚独自一人在街上行走。如果你当时在另一个地方或是和一群人在一起，你受人袭击的可能性就会大大降低。如果我们希望看到有人能够对此事负责并受到应有的惩罚，我们可以惩罚袭击者。如果我们期望能够让你感觉到自己更强大了，那么，我们会鼓励你学会归责，学会在每件事情当中发现自己的责任。你也许无法改变他人所应承受的责任，但是你却能够经常地借助于归责来改变自己的责任。

对此，纳尔逊·曼德拉在他的自传《漫漫自由路》当中曾举例说明，他向我们描述了那些遭受了巨大磨难却始终不忘从自己身上寻找问题根源的人们究竟是如何学习并利用归责来帮助自己走出困境的。以下便是他如何从一位南非白人身上参悟了这一道理的经历：

安德烈·斯杰弗神父是南非荷兰归正宣教会的一名牧师……他常常会说一些冷笑话，并喜欢以此取笑我们。"你们都知道，"他说，"在这个国家里，较之于黑人而言，白人肩负着一项更艰巨的任务。无论何时，只要出现了问题，我们（白人）就不得不找到解决问题的办法。可是，同样情况下，你们黑人却只需要找到一个借口就万事大吉了。你们完全可以简单地说一句'Ingabilungu'就算交待了"……Ingabilungu 是柯萨人（居住在南非开普省的牧民）的一句常用语，意为"都是因为白人"。

神父的这番话说的正是我们常常会把事情的责任归咎于白人。他想表达的意思很简单：我们必须从自己身上找原因，并且为自己的行为和观点负责。对此，我举双手赞成。

曼德拉并不认为黑人应当为自己的处境承担责任。他认为，如果南非想成功地发展壮大，那么，对于国家的诸多问题，黑人就必须从自己身上寻找原因，并且承担起相应的责任。

当你通过识别自己的行为成功地帮助自己走出困境时，你将会了解并掌握四两拨千斤的奥妙——如何借这一看似微不足道的小作为影响整个归责体系。这时，你只需要稍稍改变自己的一些行为，就可以得到一些足以影响问题发展的作用力。

找准自己的位置：四种不易察觉的责任

你也许会说"引入归责的概念的确有利于解决矛盾"。可即便如此，一旦使用的对象换成是你自己，而面对的又恰好是最令你不安的情形时，刚刚还对归责赞许有加的你也许就会眉头紧锁了。这时，你也许就会说："面对这一特定的情况，我实在看不出自己有什么责任。"事实上，只要稍加练习，你就会发现,"自揭其短"其实也并不是那么困难。不过,如果你能像如数家珍般牢记四种最常见同时也是最容易被忽视的责任,那么,一切就会变得更加容易了。

一直逃避至今

矛盾中最常见同时也是最容易被忽视的责任之一就是逃避。面对问题,你将顺其自然当做处理问题的方式,在你的"纵容"下,问题愈演愈烈,直至一发而不可收拾。如果你能早一点关注并正视它,这样的结果就不会发生。譬如说,在过去的两年里,你的前夫在接孩子时每次都迟到,可是你却从未跟他提过这件事。又或是,自从四年前你开始为你的老板工作,她就一直无视你的自尊,并且任意凌辱你,可你却从未在她面前提及她的这一做法对你所造成的消极影响。

你手下的一名店长在工作中犯了大错,应该受到警告或被解雇。可是,翻看他的档案,多年来,他的工作业绩却"一向"良好。为何会这样?也许,有一部分原因正是因为你想回避一些小问题,不愿花费精力将它们记录在案。不过,最主要的原因仍然是你和其他主管不想和一个能言善辩的人就此展开一次高难度谈话。换言之,容忍下级的小错和回避这样的谈话已经成了你们公司的潜规则,所以经理们才会不约而同地就此达成共识。

逃避的一大特征就是向第三方抱怨,而不是直接找那个让你不悦的人倾谈。抱怨会让你的情绪得到舒缓,却会让第三方变成夹心饼干,而这样做丝毫无益于问题的解决。一方面,第三方通常都不会走进你的阵营,为你辩护,而如果他们这样做了,旁人则会认为这一问题已经极其严重,以至于你根本无法直接与当事人探讨此事。另一方面,如果他们保持沉默,那么,他们得到的只是一种是否应当加入你的阵营的思想负担,以及一个并不完整的故事版本。

请注意,我们并不是不赞同人们向朋友求助,获取让高难度谈话得以继续的建议。只不过,对此,我们的意见是,如果你选择了求助于朋友,那么你就应该将这次高难度谈话后自己情绪的变化也同样如实反馈给这位朋友,从而不让他在一个失衡的故事当中纠结。

处处设防，难以接近

有时候，人们会主动选择回避；有时候人们这样做却是出于被动，而导致这一情况出现的原因大都与人际交往有关。试问，面对一个咄咄逼人的"刺儿头"，又有几个人敢于单刀直入呢？造成这一局面的原因也许是因为你的无动于衷，喜怒无常，或是你的火爆脾气；也许是因为你对人对事总是妄加评判，严加打压，又或者过于敏感；也许是因为你过于能言善辩，不够友善。当然，你是否果真如此或意欲如此都并不重要，重要的是如果你这样做了，人们主动与你攀谈的可能性就会降低，而这也是你们逃避问题的部分原因。

交集差

导致交集差产生的原因很简单，两个人的生活背景、偏爱、沟通方式的不同，以及各自对两人关系的定位的不同都能产生交集差。托比和英格·安结婚四个月了，而他们之间的争吵恰好可以作为说明交集差的范例。托比通常都是谈话的发起者——谁应该多承担一些家务，为什么英格·安不在她的母亲面前为他辩护，她究竟是该将年终奖金存起来还是花掉等。当两人的讨论逐渐进入白热化之后，英格·安往往会用这样一句话来结束他们的谈话："你看，我就说了，现在不想谈论此事。"然后便转身离去。

当英格·安结束了谈话或转身离开，留下托比一个人的时候，托比就会有一种被抛弃的感觉，他觉得英格·安丢下他一个人去面对和解决他们俩的问题，丝毫不加以援手。于是，他向朋友抱怨说："英格·安根本就不懂得该如何对待感情，无论是她自己的还是我的，都是如此。即使是一件芝麻大小的事情弄错了，她都会反驳。"面对两人在处理问题上（或者说是在双方沟通上）的无能，托比变得越来越沮丧，也越来越失落。

与此同时，英格·安则把自己的妹妹当成了倾诉对象："托比把我逼得就快窒息了。在他看来，每件事情都十万火急，每件事情都必须立刻拿出来讨论。他根本就不体谅我的感受，也丝毫察觉不出我此时是否愿意谈论此事。明明我第二天就要向董事会做一个非常重要的演讲，可他偏偏要在前一天晚上为了我们账户里 3 美元的差额兴师动众，非要将差额的来源查清楚！他总是会把那些微不足道的不和放大成亟待解决的大问题,还要让我和他一起花几个钟头的时间商量对策。"

最后,当托比和英格·安开诚布公地谈论此事时,他们这才意识到,双方过去的经历造成了他们在处理沟通和二人关系时的交集差,从而引发了种种矛盾冲突。由于母亲酗酒,托比的童年很快就结束了。于是,家人们便将早熟的托比当成了惟一的倾诉对象,家里无论发生了什么事,他们都会对他说。一方面,面对父亲与妹妹的不和,夹在中间的托比只能装成一副若无其事的样子;另一方面,对于母亲的各种怪诞的行为,他也只能视而不见。毫无疑问,在这样的环境中长大的他自然会下意识地抱有一丝希望,希望终有一日这一切都能变好。然而,他的希望最终破灭了。也许正是因为这个原因,托比一直深信,他和英格·安要想始终保持一种健康积极的夫妻关系,就必须在发生问题后立刻提出来并解决问题,这对两人的关系具有至关重要的作用。

而英格·安的家庭则大不相同。她的弟弟是个智障儿,因此她们家的生活完全是按照弟弟的时间表,以满足他的需求为中心而展开的。英格·安很爱弟弟,可尽管如此,面对围绕弟弟而产生的种种情感上的困扰和忧虑,以及照看他所带来的情绪上的压力,有时候,她难免会萌生出一种希望,希望能够暂时逃离这一切,从而让心灵得到片刻的安宁。于是,久而久之,她学会了一种"自我麻醉"式的生活方式:面对任何潜在的问题,她不会马上做出反应,思考对策;面对精神时刻保持高度紧张的家人,她会努力让自己与他们保持一定距离。她小心翼翼地保护着自己的这一心灵间距,而托比在面对他们之间的不和时,快速而剧烈的反应恰好威胁到了她一直努力保护的这一心灵间距。

两种不同的世界观相互影响,最终衍生出了交集差系统,而这一系统的作用最终形成了托比和英格·安一进一退的处事方式。如果从指责模式出发,托比最终的结论就是,英格·安应该为两人之间的沟通障碍承担全部责任,因为她总是"反驳",并且"不懂得该如何处理情绪"。与此同时,英格·安则认为,两人沟通之所以会出现问题,全是因为托比的错误造成的,因为他总是一惊一乍,"小事化大",并且"就快把我逼得窒息了"。通过转换思维方式，采用归责模式，这对夫妻最终得以了解到导致他们争吵的真实原因，并且开始就此商量对策。从这一刻开始，他们的沟通也有了质的飞跃。

托比和英格·安是幸运的，因为他们及时地明白了两人之间的交集差，并采用了正确的方式来对待它。不然，最后的结果必然会对两人的夫妻关系造成灾难性的打击。事实上，对待交集差方式的正确与否恰恰决定了许多关系最后的终点究竟是死亡，还是维系。

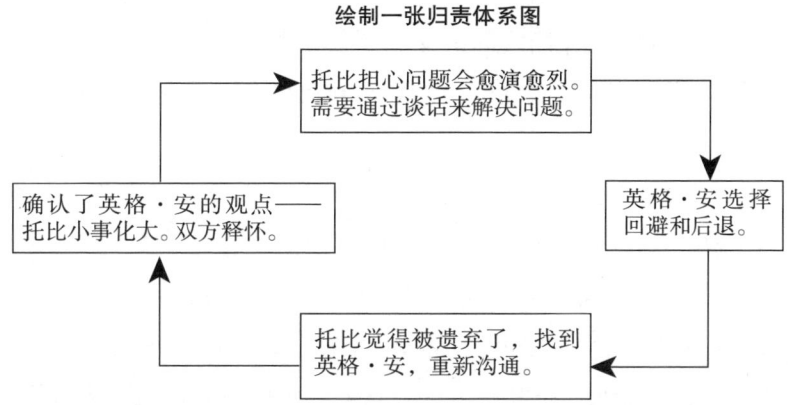

绘制一张归责体系图

当一段恋情刚刚开始时，澎湃的激情会蒙蔽双方的心灵，使他们看不到对方的任何缺陷。之后，随着两人感情的加深，恋爱双方会从对方的行为方式中察觉到对方的一些令人不悦的小缺点，不过，他们并不会为此而感到焦虑。我们假设，这时候，恋爱中的一方都会一边观察对方，一边学会向对方展示更多的关爱和欣赏，同时更加主动，或者说更多地表现出对于未来一起生活的关注之情。

然而问题就在于，尽管如此，一切都不会改变，因为两人都在等待对方的改变。于是，久而久之，恋人们便会产生种种疑问："他对我的感情是不是还没有深到愿意为我而改变的程度呢？他是真的爱我吗？"

只要恋人中的一方始终把这些疑问当成关乎二人关系的是非大事，而不是从交集差的角度来对待它们，二人的感情最后就只能以破裂告终。与此相反的是，成功的人际关系——无论是我们的私人关系，还是我们与同事之间的工作关系——都是建立在同一个认识基础上的：没有人需要为人际关系中的交集差承担责任，更无需因此而受到指责。如同世上没有完全相同的两片树叶一样，也没有哪两个人是完全相同的。差异是客观存在的，如果我们希望能够与某人长时间地和谐共处，有时候，我们就不得不做出让步，在对方与自己的偏好间找到一个折中点，以此作为维系两人关系的平衡点。

关于问题角色的假设

最后一种难以察觉的责任与假设有关。通常情况下，你都会对自己在某一局势中所扮演的角色做出一种下意识的假设。当你与他人就这一问题所做出的假设出现差异时，你们之间的交集差便由此而产生，正如上文中的托比和英格·安。不过，即使双方说出了对于自己的角色假设，问题有可能也依然存在。

例如，乔治的家人们都很清楚各自在家庭里所扮演的角色。七岁大的乔治有时候会做出一些令人不悦的事情，譬如说用汤匙将狗食碗敲得砰砰作响。最后，乔治的母亲对她的丈夫说道："你难道就不能让他停下来？"听闻此言，乔治的父亲立刻冲着乔治大吼了一声："别敲了！"父亲的吼声把乔治吓得跳了起来，不一会，他便开始哇哇大哭，这时，他的母亲回过头来又对丈夫说："这么一点小事，值得你对孩子大吼大叫吗？"父亲听了，叹了一口气，什么也没说，继续看报。不一会儿，乔治又发现另一种吸引大人注意的方式，和上次一样，他的行为再次惹怒了大人，于是刚才的一幕便再度上演。虽然这个家庭里并没有谁特别享受这一往复的相处模式，但是它却的确能够帮助他们建立一种情感上的联系。

显然，这种联系模式——通过争吵来表达爱意——有其局限性。然而，让我们感到惊讶的是，无论是在家中，还是在工作环境当中，这样的模式，以及许多其他并不理想的动态联系模式却是普遍存在的。为什么会这样？首先，尽管这些模式都或多或少地存在缺陷，但是熟悉的模式总能给人以舒适轻松的感觉，而群组中的每位成员也会努力地在这一模式的基础上扮演好各自的角色。其次，要想改变一套归责体系，所需的不仅仅是发现责任以及意识到该体系的局限性。牵涉其中的人们还必须找到一种方法，以此证明或展示改变旧体系能够让所有人受益。在上文的事例中，乔治和他的父母就需要找到一种更好的相处模式——既能够展示亲情，又能够将家人们紧密地联系在一起。这样的改变很可能需要所有人在各自的情绪和自我认知对话中做出巨大的调整。

同时，上述原因也解释了在一间公司里，即使人们已经发现了常见的角色假设存在局限性——譬如说"领导就应该制订策略，下级则负责实施"——为何要想改变现有的工作模式也仍然会困难重重？要想改变人们的相处模式，就必须让所有人都认同这一可选择性的模式比旧模式更好，而且还必须让所有人都掌握至少能让新模式像旧模式那样运作的技巧和方法。

两件测定责任的工具

如果你仍然无法看到自己的责任所在，那么，你可以尝试下面两种方法。

角色反转

问问你自己："在他们看来，我的责任究竟在哪儿呢？"假装自己就是对方，然后用第一人称"我"来回答这个问题。转换视角，从他人的眼中来观察自己，这一方法能够帮助你理解自己在归责体系中究竟扮演了怎样的角色。

旁观者的视角

当你遇事止步不前时，不妨后退一步，从一个客观的旁观者的角度来看待这一问题。试想一下，你是一名顾问，在当事人的邀请下，来帮助他们更好地了解他们的谈话为何会受阻。在这种情况下，从一名中立的旁观者的角度出发，你会如何描述——请注意，是描述，而不是评判——双方的责任呢？

如果你始终都无法彻底摆脱自己的主观思想，不妨请一位朋友来帮助你扮演旁观者的角色。如果朋友描述的内容让你大吃一惊，请不要立刻就予以反驳或拒绝。这时，你可以尝试着想象他所说的都是真的，然后问自己事情是如何演变成这样的，而这一局面又意味着什么呢？

从指责到归责——一个事例

将你的姿态从评估责任转变为探寻责任，这并非一朝一夕便能做到的事。它需要你的付出和努力，同时还需要持之以恒的毅力。在这一过程中，你会发现，不知不觉中，自己和对方很可能会不断地重蹈覆辙——回到最初的指责模式当中。因此，你需要时刻保持警惕，随时纠正误入歧途的自己。

悉尼就是在一次率领一组工程师在巴西执行咨询工作时了解到这一点的。作为项目组的负责人，她不仅是这个项目组当中惟一的一名女性，而且也是组里最年轻的成员，其他的工程师至少都比她大 15 岁。因此，她的领导能力常常会受到来自项目组其他成员的质疑，其中有一位名叫米盖尔的工程师表示尤为不服。不过，最终，悉尼还是凭借实力和领导才能赢得了米盖尔的信任和尊重，而她所采用的方法也很简单——安排他和自己一起完成各种工作任务。结果，他们俩出色地完成了多项工作。于是，在越来越适应彼此的工作方式的同时，悉尼和米盖尔也越来越信服对方的能力。

一天晚上，他们在酒店的旅馆中愉快地一边就餐一边探讨工作，一切都一如往昔。就在这时，米盖尔的某些言行突然打破了他们之间原本的平衡："你真美！"米盖尔对悉尼说，"而现在我们在一起，都远离家乡。"说话的同时，他的身子也开始向前倾，并伸出手去抚摸她的头发。米盖尔的举动让悉尼感到有些不适，于是，她建议他们"再看看这些数据"。她刻意回避他的眼神，并迅速地将话题引回到了工作上。

在接下来的几天当中，米盖尔并没有就此收敛，反而继续着这种令悉尼感到不悦的行为。他会故意和悉尼站得很近，明显地对她投以更多的关注，并且积极寻找任何可以和她单独相处的机会。尽管他从未明确地从两性的角度向她发出过任何邀请，但是悉尼一直在思考，这是否就是他下一步的打算。

最初，和我们大多数人一样，悉尼陷入了指责模式的泥沼。她认为米盖尔行为不当，并且觉得自己正是这一不当行为的受害者。可是，伴随指责而来的还有诸多疑问。一方面，她很想鼓足勇气告诉米盖尔他的行为是不正确的，可另一方面，悉尼又担心是自己反应过度，或是误解了他的行为内涵。也许这一切不过是文化差异的产物。

与此同时，悉尼也担心，单纯地指责米盖尔只会将事情弄得更糟。"这一局面虽然让我感到很不舒服，但仍在我能够控制的范围内。"她想道，"如果我对米盖尔说他行为不当，他很可能会勃然大怒，而这有可能会让团队陷入混乱，或是危及项目工作，而作为始作俑者，我就必须承担这一系列的风险。对我而言，项目的顺利完成永远都应该摆在第一位。"悉尼的思维受到了指责框架的束缚，她始终觉得与米盖尔谈及此事存在巨大的风险——这样做会把这件事情上升到一个她无法控制的高度。

绘制归责体系图

转变指责模式的第一步就是重新确定你对当前局势的思考方式。这就像看病一样，第一步你需要弄清楚自己的病症是什么。为此，你可以从分析归责体系开始，具体的做法就是仔细寻找每个人（包括自己）在这件事情上的责任。我们当中的有些人在面对问题时，时而清醒——能够很快地发现他人的责任，时而糊涂——可偏偏就是看不到自己的。他们就像"转换插座"，当事情出现问题时，他们往往会把责任统统转嫁于他人，把自己当成是无辜的受害者。可是，还有一些人却恰恰相反，他们总是过于清醒，常常会把一切消极的结果都归咎于自己的行为。面对困难，在他们的眼中，他人的责任实在是微不足道，自己才是罪魁祸首。他们就像一台"吸尘器"，将所有的责任统统揽上身。

了解了病症，下一步就是对症下药。因此，当你弄清楚自己究竟属于哪一类人之后，要想弄清楚每个人在这件事情上所应担负的责任就变得容易多了。不过，说到理解归责体系，你必须首先理解体系的各个组成部分。

他们的责任在哪儿？ 在上文的事例中，米盖尔的责任识别起来相对更容易一些。他想向悉尼表达一种浪漫的感情，但是却没能明确地表明自己的意图，或者说没有把握好表意的尺度。他选择了一系列表达感情的方式：和悉尼站得更近，在她身上花费更多的时间和精力，刻意与她谈话而忽视小组中的其他成员，以及向她暗示自己十分渴望能够拥有她。与此同时，他也选择了（可能是有意识地，也可能是下意识地）忽视悉尼所传递过来的非语言信号：她转换了话题，改变了小组工作的人员分配。她在他靠近时选择了离开，尽管他执着地跟随。整个过程中，米盖尔做出了很多选择，却惟独没有选择去征询悉尼的意见，了解她对这一切的感受。

米盖尔也许并没有意识到这一切会让悉尼感到不适，或者，也许他也已经意识到了。他的行为是否应当受到指责，而他本人是否应当为此而受到惩罚，这都很难判定。不过，在归责体系中，这些都是一个个独立的问题。在这儿，我们需要弄清楚的同时，还有最重要的一点，就是这些看似很难回答的问题都来自米盖尔。

我的责任是什么？ 一旦我们从指责的框架中跳出来，悉尼的责任便开始浮出水面，逐渐变得清晰起来。她过于关注米盖尔在团队里的利害关系，并且总是为他创造与自己一同工作的机会。米盖尔很可能会把这一切都当成是她对自己感兴趣的信号。悉尼一直在逃避，不愿告诉米盖尔——至少没有直接明确地表示——他的行为让她觉得很不舒服。我们姑且不论悉尼这样做是否真的像她所想的那样是正确而且可以被人所理解的，但事实上，她的这些作为和不作为恰好促成了她与米盖尔之间尴尬局面的产生，因为正是她的这些行为让米盖尔为自己的我行我素找到了理由，或者说，借口。

双方责任清单

我的责任	他的责任
从一开始就特别关注他； 继续按照一对一的模式与他一同工作； 没有告诉他，我感到很不舒服。	告诉我他喜欢我，想私下里与我独处； 没有清楚地表明自己的意图； 没能收到或者说忽视了我传递的间接信号； 没有问我，我是否能够泰然面对他的建议。

还有谁也牵涉其中？ 通常，归责体系中还会有其他重要的责任人。例如，在托比和英格·安的故事中，他们的家人就扮演了重要的角色。在悉尼的事例中，项目组里的其他成员也许曾经无意中鼓励了米盖尔的行为，或是放弃了帮助悉尼的机会。当我们在探寻归责体系的时候，应当认真思考是否有其他责任人的存在，这对于正确归责也是相当重要的。

尽早承担自己的责任

在谈话中讨论归责远比你想象中的要容易许多，但是，帮助对方从指责模式转变到归责体系却十分困难。对此，最好的方法之一便是暂时放下"谁应该受到指责"这个问题，转而尽早在谈话中承认自己的责任。譬如说，悉尼可以这样对米盖尔说："如果在事情变得一发而不可收拾之前，我能够及时地和你谈论此事，也许情况就不会变得这么糟糕，为此我向你道歉。同样地，在项目启动之初，为了改善我俩之间的工作关系，我做出了安排我俩一同工作的决定，现在我也已经意识到，虽然这一决定的出发点是为了工作，但事实上它也许已经向你传递出一种错误的信号。你觉得呢？"

除此之外，悉尼还可以问米盖尔："我是否还做了其他一些让你觉得暧昧的事情，或是让你认为我另有他意的安排呢？"如此一来，悉尼将了解到许多有关米盖尔所受到的影响的重要信息，并且为与米盖尔讨论他的责任做好了铺垫。

对此，你也许会担心这样做——首先承担起一部分责任——将会使你在接下来的谈话中处于易受攻击的劣势。如果对方仍旧死死抱住指责不放手，看到你首先缴械投降，承认错误，那自然是高兴万分（称"我也同意都是你的错"）。届时，他必然会将自己的责任推卸得一干二净，那你岂不是搬起石头砸自己的脚？

这样的顾虑不是没有道理的，同样也是很重要的，尤其如果你是一个"吸尘器"式的责任人。你在承认自己的责任的同时的确也需要承担一定的风险。可是，不承认自己的责任也同样有风险。如果悉尼在谈话伊始便指出米盖尔的责任，米盖尔很可能会立刻摆出一副防御性的姿态，同时他还会产生一种感觉，觉得这次的谈话带有明显的偏颇性，是不公平的。这时，在米盖尔看来，与其承认自己的错误让对方来攻击自己，倒不如转而攻击对方，而最简单的进攻方式就是指出悉尼在此事上的不当行为。因此，首先承认自己的责任可以阻止对方将它当做挡箭牌，以此拒绝和你讨论双方的责任所在。

当你觉得自己成为了谈话惟一的焦点时，你可以这样说："要想解决问题，仅仅看到我的责任显然是不够的。在我看来，事实也并非如此。我想从双方的角度来看待这一问题，而我也正尝试着这样去做。是不是因为我做了什么，使你很难从自己身上发现问题呢？"

帮助他们了解自己的责任

在运用归责体系的时候,除了承担自己所应担负的责任,你还可以帮助对方在归责体系中找到他们的位置,认清自己的责任。

清楚明确地说出你的观察和推理。从而确保你和对方能拥有相同的信息,并且都理解对方对于这些信息的阐释——你们应当清楚地让对方知道他之前做了什么、说了什么,才让你有了后面的反应,说得越详细越好。例如,悉尼也许会说:"当你抚摸着我的头发,或是问我能不能私下里和你一起去海滩时,我觉得很困惑,因为我不知道你想要的究竟是什么。同时,我也开始担心,如果你想要的是一种浪漫的感情,那我恐怕真的无法满足你。"

又或者,托比可以这样对英格·安说:"昨晚,我们谈话谈到一半,你一怒之下夺门而出时,我真的有一种被遗弃的感觉,而且感到很气愤。我想,正是因为如此,今天早上我才会借题发挥,为了橘子汁和你吵了起来。我不想我们俩就这样一言不发,我想和你进行交流,哪怕是你冲我大喊大叫都行。"通过告知对方这些引发你行动的事情,你就可以开始对归责体系中的种种行为和反应做出正确的判断和归纳了。

澄清你想让他们做什么。在解释完你为何会如此反应之后,你应当准备好告诉对方,你希望他们将来做什么,以及如何去做——这也将会帮助你重塑自己的行为。上文中那位试图原谅不贞的妻子,让婚姻重新步入正轨的丈夫可以这样说:

"将来,我会更加努力地聆听你的倾诉,再也不会一口拒绝你了。不过,我也希望你能帮助我做到这一点。你可以在与我谈话前先问问我今天过得怎样,现在是否想和你聊天。有时候,我正被工作烦得焦头烂额,你却跑来向我诉说你和老板之间的问题。于是,已经是超负荷运转的我自然就会摆出一副拒你于千里之外的姿态。还有些时候,我会觉得你根本就不关心我,这也让我感到很气愤,因此我才会不想听你说话。所以,如果你在和我谈话前先征询我的意见,我想我一定会努力调整好状态,聆听你的倾诉。你觉得这对你而言有困难吗?"

清楚具体地告知对方该做什么和怎样去做不仅能够帮助他们改变自己在

这件事情上的责任，同时也能起到帮助你调整自己行为的作用。因此，这的确是帮助对方明白事实（是自己的行为产生并激化了矛盾）的最有效的方法。而这恰好也正是理解归责体系的核心目的——问题双方该如何改变自己的行为，并以此影响和改善目前的不利局面。

无论你谈论的话题是什么——与对方截然相反的故事，你的意图或是你的责任——其目的都不是为了获得对方的认可。你这样做的真正目的是为了更好地了解你们之间究竟发生了什么，只有这样，你才能就下一步的行为开始有建设性的谈话。

不过，除了阐明"发生了什么"对话，我们还必须揭开另外两层对话的密码。在接下来的两章当中，我们将会探讨情绪和自我认知对话。

情绪对话

第五章

掌握情绪——不然，它们将会成为你的主宰

妈妈听到客厅里发出一声巨响，立刻跑了过去，结果发现四岁大的儿子手持球棒站在那儿，他的身边是一堆砸得粉碎的花瓶残骸。"发生了什么事？"她问道。儿子面露悔色，将头偏向一边，回答说："没事。"

当我们需要承认一些难以面对或认可的情绪时，我们通常都会像上文中那个小击球手一样，选择逃避。如果我们否认这些情绪，也许，我们就能躲过由这些情绪所带来的种种后果。那个小男孩尽管很懊恼，但仍然试图说服妈妈一切正常；和他一样，我们也会寻找机会将自己的情绪隐藏起来。只不过，情绪的力量实在是太强大了，所以，要想平静地将情绪隐藏起来或控制住实在是太难了。如果我们想绕开情绪，或是向情绪撒谎，情绪必然会阻碍我们的沟通，让原本简单的对话变成无比复杂的高难度谈话。

情绪很重要：它们往往是高难度谈话的核心所在

没有情绪，人与人之间的感情和关系将会变得平淡而单一。情绪，就像激情和骄傲，愚蠢与热情，以及嫉妒、失望和愤怒，是它们的存在让我们真切地感受到自己是一个活生生的人。

与此同时，管理情绪也是一件极其充满挑战性的事情。你也许不曾想到，很多高难度谈话都是由于我们管理情绪失败——没有及时地认可和讨论

情绪——所造成的。此外，如果我们不能公开妥善地对待情绪，作为报复，它们就会降低我们人际关系的品质，甚至于彻底摧毁一段原本和谐的人际关系。

女儿朱莉结婚在即，于是，身为父亲的马克思便和她一同商量这次婚礼的开销问题。这仅仅只是父女间一次关于钱的谈话吗？如果是的话，那么马克思和朱莉只需要简单地列出所需物品的清单，然后协商好如何购买就足够了。"就这样吧。租用和布置宴会厅需要 2000 英镑，聘请乐队是 500 英镑，还有购买食品所需的 7200 英镑……"而谈话也就此画上了句号。

可事情却并非那么简单。无论是对父亲还是对女儿来说，这都是一次充满压力的高难度谈话。谈话中，双方都觉得有些不耐烦，而且还有些敏感，总是想从对方身上挑出些毛病来。毕竟，这并不是一次单纯的关于钱的谈话，谈话中，情绪占了很大的比重。譬如说，一想到女儿就要结婚了，马克思自然是百感交集，又悲又喜——悲，是因为从此以后朱莉对他的关注自然会有所减少；喜，是因为女儿已经长大成人，成为了一名成熟出色的女性。对马克思而言，策划婚礼是朱莉最后一次以女儿（而不是他人妻子的身份）和他展开对话的机会。他很希望朱莉在谈话时能像小时候那样不断地向他提出问题，真诚地征询他的建议。

无论这些情绪正确与否，除非马克思明确地将它们表达出来，不然，谈话都无法顺利进行。为什么呢？因为只有化解了最基本的话题危机，你才能拥有一次高效率的谈话，而在这对父女间的谈话当中，复杂的情绪正是话题危机的核心。在商讨婚礼的花销问题时，无论这对父女的谈话技巧多么高超，只要他们在谈话时闭口不谈情绪，最后的结果就不会令他们感到满意。

我们试图将情绪置于问题之外

最初，马克思是这样描述他的问题的："我和女儿在决定婚礼的花销问题上遇到了麻烦。她对婚礼有自己的一些想法，对此，我表示尊重，可是，我始终相信一定会有更廉价的备选方案。"然而，我们在和他进行谈话之后，这才发现真正导致他和女儿谈话受阻的原因是双方在这件事情上所产生的复杂情绪。

　　这种谈话模式很常见：我们会将谈话中遇到的问题置于谈话之外，当成一个独立的问题来解决，而且我们相信，如果我们能提高自身解决问题的能力和技巧，所有难题就一定会迎刃而解。在我们看来，解决问题似乎比谈论情绪要容易得多。

　　当我们无法在逃避和面对之间做出选择、进退两难时，我们往往会将自己的情绪置于矛盾之外，以此当做应付之策。分享情绪后所带来的潜在代价会让我们觉得谈论情绪就好比一场豪赌。当我们将情绪作为筹码押出去的同时，巨大的风险也随之产生：我们可能会伤害到其他人，也有可能会让我们的人际关系毁于一旦。更重要的是，当我们将情绪抵押出去的同时，我们也将自己放到了容易受伤的位置上。如果对方并不在乎我们的情绪，又或是用一些我们不想听到的话语作为回应，那我们又该怎么办呢？所以，看起来，只有不扔出情绪这张牌，我们才能降低这方面的风险。

　　然而，问题就在于当情绪成为事件的核心时，它们就成了一张不得不打的牌，要想忽视它们几乎是不可能的。在许多高难度谈话中，问题往往就藏在情绪背后，惟有触及情绪才能解决问题。将情绪置于谈话之外，其后果很可能是矛盾双方都不满意最后的结果。真正的问题丝毫没有起色，而更糟糕的是，情绪有一种很神奇的能力，它们能够自己找到重返谈话的方法和渠道，而通常这些方法大都不会对谈话产生积极的影响。

　　未说出口的情绪将会在谈话中泄露

　　凯西向执行委员会表示，她认为艾玛还不够成熟，尚不具备升职后新职位所要求的能力和责任心。而一直以来，艾玛都把凯西当成是良师益友，当她获知这一消息之后，简直惊呆了。"我觉得自己被出卖了，而且这种感觉十分强烈。"艾玛说，"凯西的这种想法严重地伤害了我，而她直接将这一想法告知管理层，而不是我，这样的做法更加让我感到愤怒。"不过，在对此事进行了深入的思考之后，艾玛也感到有些不自信了。"如果我真的没有准备好，那该怎么办？"她有些担心。

　　于是，那天下午的晚些时候，艾玛和凯西就这件事进行了一次简短的对话：

艾玛：我听说，你对执行委员会说我并不能胜任新职位的要求？

凯西：请等一下，我并没有说你不能胜任新职位的要求。我只是认为对你的提升有些过快。我不想因为他们的决定而导致你的失败。

艾玛：那么，如果你有疑问，你也应该先对我说。

凯西：我原本是打算和你谈谈此事的。可是，你知道，我有义务向管理层汇报工作和自己的观点。

艾玛：你也有义务在向他们汇报前先和我谈谈呀。我不敢相信，你竟然会做出这种破坏我职业生涯的事情。

凯西：艾玛，我一直都很支持你的工作！我从没反对过给你升职，只不过，我认为现在的时机不合适而已。

谈话中，艾玛并没有将自己的情绪告知对方，反而和凯西就职业沟通规则展开了争论。

由始至终，尽管艾玛只字未提"我觉得很受伤""我感到很生气"或"一想到你可能是正确的，我就觉得很担忧"之类的情绪话题，但是这些情绪却对她们的谈话产生了巨大的影响。

未说出口的情绪可以通过很多方式为谈话染上一层浓厚的感情色彩。它们会改变或影响你的音调和语气；也会通过你的身体语言或面部表情来表达自我；还会借助于话语中的长时间停顿或莫名其妙的偏见等形式来展示它们的存在。结果，你可能会变得有些不耐烦，富有攻击性，又或者你会摆出一副防御的姿态，对他人冷嘲热讽，或是干脆变得让人捉摸不透。研究表明，尽管很少有人能够一眼识破对方的谎言，但是当对方刻意扭曲、制造或控制情绪时，绝大多数人却都能够很快察觉出来。这是因为，当宣泄的渠道受阻时，你的情绪便会寻找任何可能的出口，一点一滴地向外渗透。

的确，未说出口的情绪会制造出许多难以控制的压力：你不愿与某一位同事合作，因为你和他之间存在许多尚未解决的情绪问题；或者，因为悬而未决的情绪问题，你和配偶、孩子以及朋友之间出现了隔阂。

未说出口的情绪将会在谈话中爆发出来

对我们当中的有些人而言,问题的关键就在于并不是我们不能将情绪表达出来,而是我们必须将情绪表达出来。我们感到愤怒,便会用某种令人尴尬或是极具破坏性的方式将这一愤怒的情绪宣泄出来。于是,我们会在本该平静或镇定的情况下突然号啕大哭或大发雷霆。当然,我们可以用很多理由来解释自己的眼泪或愤怒,而这其中就有许多都与我们的心理有关。不过,其中有一条常见的理由却和我们所想的恰恰相反:我们的哭泣和愤怒并不是因为我们想将内心的情绪宣泄出来,而是因为平时我们表达情绪的机会实在是太少了!这就好比你反复地摇晃手中的碳酸饮料,最后,当你将它打开时,瓶中积聚已久的二氧化碳喷射而出,结果自然是溅得到处都是,落得个一发不可收拾的局面。

爱德华就有一个很不好的习惯,当他感觉失落或沮丧时,他就会冲着妻子大吼大叫。他告诉我们,他正在努力学习控制自己的情绪。他告诫自己,无论妻子的行为多么令他沮丧,他都必须压制住内心的感觉,不能将它们释放出来。可最终,他还是失败了。对于自己的这一习惯,爱德华的解释是他过于情绪化。对此,只要他能增加"自控"就一定能改变这一习惯,然而他的"自控"却让这一习惯愈演愈烈。

未说出口的情绪让聆听变得困难

除此之外,未说出口的情绪还会在谈话中制造出第三种更不易察觉的障碍。在高难度谈话中,最难完成(同时也最重要)的两项沟通任务就是表达情绪和聆听。通过观察和指导实践,我们发现这两项技能之间存在着一种不易察觉的关系。当人们遇到聆听障碍时,通常情况下,这并不是因为他们不懂得该如何聆听,而是因为他们不知道该如何表达。这听起来似乎有些匪夷所思,可事实就是如此。未说出口的情绪会妨碍我们聆听的能力。

为什么会这样?因为良好的聆听往往需要你怀着一种公开且诚实的好奇心去了解对方,愿意且能够将全部注意力都集中在对方身上。被刻意隐藏的情绪则会将我们注意力的焦点重新吸引回自己身上。如此一来,我们脑海里反复思考的就不再是"如何才能让他们的话语变得有意义"和"让我们更多地了解对方"，而是我们自己的情绪："他实在是太令人感到气愤了！""我觉得她似乎根本就不在乎我。""我觉得自己实在是太脆弱了，谁都可以攻击我。"当我们的情绪得不到共鸣时——即使造成这一局面的原因是我们自己选择了沉默——聆听他人的述说就会变得异常困难。一旦我们将心中的情绪淋漓尽致地表达出来，我们的聆听能力就会在瞬间突飞猛进。

未说出口的情绪有损于我们的自尊和人际关系

当某些重要的情绪未能表达出来时，你也许会觉得自尊心受到了打击，于是，你会问自己为何不为自己辩护呢？如此一来，你也就剥夺了同事、朋友和家人们了解你的情绪，并及时做出改变的机会，而最重要的是，你们之间的关系很可能会因此而受到伤害。事实上，如果你始终都将情绪置于你们的关系之外，你就无法全身心地投入到这段关系当中。

走出情绪的束缚

要想解决情绪问题，方法有很多。只要你刻意为之，那么，让情绪融入到谈话当中通常都会有助于谈话的顺利进行。刻意回避情绪则必然会阻碍谈话，而表达情绪虽然也有可能阻碍谈话，但这些障碍却是可以消除的。如果你能巧妙地让对方了解你的情绪，那么你不仅可以无需承担因为表达情绪而带来的种种潜在代价，而且还会得到一些意外的收获。这就是走出情绪束缚的方法。

只要你能按照以下这些关键的步骤循序渐进，你就可以巧妙地将情绪融入到谈话和人际关系当中，其间你不会对任何人造成伤害，而最后的结果也一定会让所有人都满意。首先，你需要了解自己的情绪并加以梳理；其次，你需要与自己的情绪就下一步的行为进行协商；最后，你需要诚实地与对方分享你真实的情绪，其中不能掺杂任何你对他人的评判和对此事的观点。

发现你的情绪：了解情绪的藏身之处

绝大多数人都认为了解自己的情绪就像了解自己的冷暖一样简单。我们了解自己，不是吗？可事实上，我们通常都并不了解自己的感受。许多人对自身情绪的了解就像他们对一座初次游玩的城市的了解一样，并不透彻。我们也许能记住一些路标，却无法跟上这座城市日常生活的微妙节拍；我们可以找到那些主干道，却常常会在小街小巷中迷失方向。在向目的地出发之前，我们必须首先弄清楚自己现在身在何处。在情绪这座大城市里，绝大多数人都会迷路。

对自己的情绪缺乏了解，这并不是因为我们说不出来，而是因为认识情绪的确是一件富有挑战性的工作。情绪比我们通常所想象的更加复杂而微妙。此外，情绪还是位易容高手，十分擅长伪装。那些让我们感到不适的情绪往往会把自己伪装成易于接受和处理的情绪；而一堆杂乱且对立的情绪则会利用面具，将自己装扮成一种单纯而和谐的情绪；最重要的是，情绪还会将自己转化为你的各种评判、指责以及观点。

探寻你的情绪脚印

伴随着成长，我们每个人都会衍生出一种个性化的"情绪脚印"，这其中包含了我们可以接受和表达以及我们不愿面对的诸多情绪，而这些情绪反过来又决定了"情绪脚印"的形状和大小。回想一下自己的成长历程吧。你的家人们都是如何处理自己的情绪的呢？有哪些情绪是可以随意拿来讨论，而又有哪些情绪会让人们假装视而不见呢？你觉得对你而言，向谁承认和表达哪些情绪是能够轻松做到的，又有哪些情绪让你难以启齿呢？随着你逐一考虑并回答这些问题，你的情绪脚印的轮廓便渐渐显现出来。

我们每个人都有自己独一无二的情绪脚印。你也许可以坦然面对心中的渴望或悲伤，但是愤怒的情绪却会让你感到不安。对我而言，要将心中的怒气表达出来也许并不困难，但是面对羞愧或失败，我却会感到无能为力。事实上，让我们感到为难的不仅仅是这些所谓的消极情绪。对有些人而言，说出心中的失望并非难事，可是，要将内心的感情、自豪或感激之情表达出来却相当困难。

一方面，你的情绪脚印有其固定的形式和内涵，另一方面，它在不同的关系中又会呈现出不一样的姿态。换言之，对象不同——母亲、最好的朋友、老板或是飞机上坐在你身边的陌生人——你对自身情绪的了解程度和表达能力就会不同。因此，借助于形形色色的关系来探寻自我情绪脚印的真实轮廓，将会帮助你更加透彻地了解自己的情绪及其产生的原因。

接受那些情绪是一件正常而自然的事情。我们中的有些人会用一种假设来限定自己的情绪脚印：从本质上来说，有情绪就是错误的。已经退休的法官瑞克就是这样认为的："在我的家庭里，我们从小便被告知不要谈论自己的问题，或是那些伴随问题而生的情绪。"对有些人来说，只要心中有情绪——任何情绪——就应当为此而感到羞愧。

有时，情绪的确会给我们惹麻烦，可是这完全取决于我们处理它们的方式是否正确，而且不管怎样，情绪并不会消失。从这种意义上来说，情绪就好比我们的胳膊和腿。如果你打了或是踢了他人，制造问题的胳膊和腿自然是难辞其咎，可是，你难道就为此要壮士断腕吗？一个人四肢健全并没有任何错，相反，这实在是再正常不过的事情了。所以，有情绪并不是你的错。

你必须认识到，好人也会有坏情绪。我们用来限定情绪脚印的第二个假设就是，作为一个"好人"，有些情绪是不能染指的：好人不会冲着他们所爱的人大发雷霆；好人不能哭；好人不能失败，而且他们从来都不能成为他人的负担。如果你是一个好人，那么，我们有一些好消息要告诉你：每个人都会生气，每个人都会有想哭的冲动，每个人都有可能失败，每个人都需要其他人的帮助和关心。

你的情绪有时候也会让你大失所望。例如，你认为在哥哥的葬礼上你一定会很悲哀，可事实上你发现除了愤怒，你感觉不到一丝悲哀。你原以为，当你最终找到了一份梦寐以求的工作时，一定会激动万分，可是你没想到自己竟然会泪流满面而不知所措。无论这些情绪是否如你所想，它们的存在是不争的事实。面对母亲，如果你只有那些好情绪，那自然是一件令人感到无比欣慰的事情，然而，你发现即使是面对最亲的亲人，自己也同样会感到恼怒和羞愧，甚至于怨恨。我们都曾经历过关于情绪的思想斗争，而这一切都和你是不是个好人没有任何关系。

有时候，否认情绪的存在还会产生更深层次的心理作用：在面对某些极端焦虑、恐惧、失败或伤痛的情况时，刻意忽视由此而产生的消极情绪可以帮助你更好地应对接踵而来的日常生活。在不明就里之前，最好的处理方法就是保持沉默。与此同时，我们也必须认识到一个事实，被否认的情绪最终会对沟通产生潜移默化的影响。世事皆平等，因此，最好的方法就是克服伤痛，努力了解自己的情绪。当然，你也可以求助于临床心理医生或值得信赖的朋友。当你开始认识到其实情绪一直都存在，并且开始着手处理产生这些情绪的潜在原因时，你与他人的互动——包括高难度谈话——就会随之而变得简单起来。

明白一个道理：你的情绪和他人的情绪一样，都很重要。我们有些人之所以看不到自己的情绪，都是因为我们一直认为相比较而言，他人的情绪更加重要。

譬如说，你觉得当父亲年老体衰时，你就应该将他接来和自己一起生活。可是，伴随着父亲的到来，他那无穷无尽的要求以及古怪偏执的性格也开始影响你的家庭生活，尤其是他的药物治疗和医生的频繁复诊让你感到不胜其烦。筋疲力竭的你感到无比沮丧，于是你开始想到，为何你的兄弟不愿意替你分担，帮你照顾父亲呢？尽管如此，你并未向父母和兄弟提及此事。"这的确有些艰难，不过尚不至于无法承担。"你思量道，"而且，我也不想再乱上添乱了。"

这时，你接到了女朋友的来电，被告知她周五晚上不能赴约了。她问你，约会能不能改到周六，因为她的一个朋友来了，想和她周五去看场电影。你说："好吧，只要你高兴就行。"虽然你同意将约会改在周六，但实际上周六你并没有时间，因为你早就计划要去看一场足球比赛。想了想，你最后决定还是决定去见女朋友，于是你放弃了足球赛。

每一次，你都选择将他人的情绪放在第一位，所以你只能牺牲自己的。这样做有意义吗？父亲的失落感，还有兄弟的宁静真的比你自己的情绪更重要？女朋友想和朋友看电影的渴望就一定比你想看足球赛的渴望更加重要？

为什么每次都是他们说出自己的情绪和喜好，而你却只能迁就他们而委屈自己？

你之所以会选择尊重他人的情绪——即使这意味着你必须放弃自己的情绪——原因有很多，而你这样做所遵循的潜规则就是：你应该将他人的快乐摆在第一位。在你看来，如果你的朋友、爱人或是同事的愿望无法达成，他们就会感到悲哀，届时，你将不得不处理由此而产生的各种后果。如果果真如此，这也许是事实，可是这对你而言却是不公平的。你的愤怒和他们的气愤相比，并没有孰对孰错、孰好孰坏之分。

"最好最简单的办法就是息事宁人。"你认为，"我不喜欢他们板着脸对我生气的样子，更不愿看到。"如果你是这样想的，那你就大大低估了自己的情绪和利益。你的朋友、邻居和老板都会意识到这一点，然后他们便会开始把你当做一个"好对付"的人。当你对他人的情绪倾注更多的关注而忽视自己的情绪时，你同时也在暗示或者说教导他人：你们也可以忽视我的情绪。因此，有一点需要提醒你的是：你不愿提及此事的原因之一是因为你不想破坏你们之间的关系。然而，你选择了保持沉默，但这并不代表你对此并无怨意。久而久之，你心中不满情绪与日俱增，最终，它们将会对你们的关系造成致命性的打击，正所谓我们常说的冰冻三尺非一日之寒。

透过简单的标签牌，发现隐藏在后面的真实情绪

布莱特常常会因为找工作的事情与母亲发生争执。母亲频繁地给他打电话，催促他多发简历，多面试，并让他多在网络上寻找职位信息。从自身的角度出发，布莱特本人对此却并不积极。每当接到母亲的电话，他要么草草结束谈话，要么就努力地转变话题。

布莱特将这一问题告诉了他的一个朋友，这位朋友建议他不要一味地退却，应该将自己的想法和感受告诉母亲。"这样做有什么好处？"布莱特问道，"我就觉得很生气。她简直就快把我逼疯了。"可是，布莱特的朋友却坚持己见，并且鼓励他仔细想想，除了愤怒，他的心中是否还藏有其他的情绪。最终，布莱特接受了朋友的建议。而就在那个晚上，他列了一张清单，清单上列出了他的全部感受——关于找工作这件事的，关于他的母亲的，还有关于

他自己的。

面对这张清单，他感到很吃惊。对于找工作，他发现自己竟然感到绝望、困惑以及害怕。所以，在他看来，拖延找工作其实正是回避焦虑情绪的一种方法。对于母亲，他的感受就有些复杂了。一方面，母亲咄咄逼人的敦促的确让他感到烦恼，感到厌恶；另一方面，他也能从中感受到母亲对自己的关心和爱护，而这对他而言实在是太重要了。

至于自己，羞愧是布莱特最大的感受。他认为自己辜负了母亲，而且，至少到现在为止，他实在是愧对曾经接受过的大学教育和自己的潜力。不过，尽管他觉得羞耻、惭愧，但或多或少，他仍然有些骄傲。他的一些朋友已经找到了从事管理培训的工作，而他应该也可以找一份差不多的工作，可是那并不是他想要的。只要最终能够找到一份更加适合他的工作，他完全愿意承受找工作所带来的诸多压力。与此同时，他现在正在做一些零工。一直以来，他从未向母亲要过一毛钱的生活费。

列完这张清单后，布莱特惊讶地发现，原来除了愤怒，他还藏有这么多的情绪。朋友的建议就好比一束光，照亮了他的心灵，也为他审视自我提供了一个更加有利的视角。最初，他的眼中只看到了一种情绪，可是现在，他却能发现全部的情绪——表面的以及深藏不露的。

在很多情况下，我们常常会被某一种强烈的情绪所蒙蔽，进而忽视了其他情绪。在布莱特的例子中，他就是因为愤怒而一叶障目。在其他具体的事例中，因为每个人都各不相同，所以影响我们的情绪也有所不同。

逐渐熟悉那些难以察觉的情绪将会帮助你更好地认识自我。在下一页当中，我们将会列出部分我们十分熟悉但有时候却很难识别或表达的情绪。

不要让隐藏的情绪阻止其他情感的宣泄。另一种常见的对待情绪的误区就是，某种情绪，虽然我们并没有意识到它的存在，但是它却依然能对我们的各种经历产生干扰作用。

对杰米拉而言，向丈夫表达爱意就显得异常困难。"我知道我很爱他。"她说，"他很宽容，能忍受我的一切，包括缺点。他是一位好丈夫。可是，我发现开口向他表达爱意却是一件非常困难的事情。"一定有什么阻碍了杰米拉表达爱意，而她却对它一无所知。

最初，杰米拉常常会责备自己："也许，这正是我无能的一种表现。一名出色的妻子完全能够坦然地告知丈夫，她很在乎他。"当杰米拉求助于我们时，我们向她提出了一个问题：你是否曾经向丈夫表达过其他感情？我们很想知道她是否曾经在丈夫面前表达过气愤或失望的情绪。"你们弄错了。"她打断了我们的问题，"我正在尝试着学会表达爱意。如果你问我谁有权利感到气愤，那一定是我的丈夫，因为他一直都在默默地忍受我这个不称职的妻子。"

从她的这番话里，我们似乎有所发现。在任何一段婚姻或关系当中，每个人至少都会有过被对方惹怒的经历。"你的丈夫是否曾经激怒过你？"我们问道。"我想，有那么一次吧。"

一份关于那些有时难以察觉的情绪的清单

爱：
感情浓烈，关心，封闭，自豪，激情澎湃

愤怒：
失落，激怒，恼怒，愤慨

受伤：
辜负，背叛，失望，贫乏

羞愧：
尴尬，内疚，后悔，羞耻，厌恶自己

害怕：
焦虑，恐惧，担心，困扰，多疑

缺乏自信：
不称职，不值得，无能，缺乏动力

欢乐：
高兴，热情，完美，兴高采烈，心满意足

悲伤：
失去，渴望，不快乐，沮丧

嫉妒：
羡慕，自私，贪婪，苦恼，向往

感谢：
赞赏，感谢，安慰，钦佩

孤单：
忧郁，寂寞，空虚，渴望

最后，她终于承认。于是，我们继续问道："如果你能够彻底地放松自己，向你的丈夫发泄一次——说出你的全部想法和情绪——而无需顾忌后果，你会对丈夫说些什么呢？"

沉思良久之后，杰米拉说出了一番令人震惊的话："的确，我并不是一位最出色的妻子，可是只要有机会，我就会努力地向这个目标靠近。你总是喜欢摆出一副受害者的模样，整天忧心忡忡，抱怨不断，这一切都让我厌恶至极。我也许并不完美，可是你也绝不是圣人。你有没有想过，你那宛如滔滔江水般绵延不绝的嘲讽会对我造成什么样的伤害？"

话音未落，杰米拉又补充说："当然，我永远都不会对他说出这样的话，而我也真的不知道这样是否公平……"其实，对杰米拉而言，这是否公平，或者说合乎情理，并不重要，重要的是这样的想法和情绪的确存在。你完全可以想象得到，每当她试图向丈夫表达爱意或任何其他情绪时，这些隐藏的愤慨之情会对她的表达能力产生怎样的影响。她将这些愤怒的情绪隐藏得很深很深，甚至于她自己有时候都忘记了它们的存在。但是，客观存在的它们却阻碍了她表达其他情绪。杰米拉最后也意识到这一点："如果我能够将部分的愤怒情绪早点发泄出来，我也许就能更加轻松地向丈夫表达爱意了。"

让我们暂时先不考虑是否应当将愤怒的情绪宣泄出来，以及该如何宣泄。现在，我们要做的是以这一事例为基础，探讨如何与你的情绪进行协商。

发现潜伏在归因、评判以及指责后的情绪

正如花生并非坚果，鲸鱼也不是鱼，西红柿更不是蔬菜，归因、评判和指责都不属于情绪的范畴。

揭开归因和评判的面纱。正如我们已经知道的，随意假设他人意图危机重重，其一就在于这样做会招致对方的误解和防卫；其二则在于这些假设，或者说归因，一旦占据了我们的思想，我们就很难发现意图的真正驱使者——隐藏在意图后的情绪。

艾米莉在与朋友罗兹的交往中就遇到了这样的问题。"罗兹总是不够热情。"艾米莉解释说，"我帮助她走出了离婚的阴影。在那段时间里，当她感到孤单时，我会和她聊天；当她需要人帮助时，我会陪伴在她身旁。而自始至终，她却从没对我说过一声谢谢。"艾米莉宣称她已经把自己的感受告知了罗兹，而对方却仍然无动于衷。

那么，艾米莉到底对罗兹说了些什么呢？"我把自己的感受一五一十地告诉了她。我很诚实。我曾经跟她说过，有时候，她会完全以自我为中心，丝毫不顾忌他人的感受。听了我的话，她依然我行我素，并且毫不留情地反驳了我，说我实在是过于敏感了。当你和罗兹这样的人谈论情绪时，最后的结果必然是一无所获。她根本就不值得你这样做。"

> **我们会充当翻译的角色，将情绪译为评判**
> "如果你是我的好朋友，你就应该随时陪伴在我的身边。"
> **归因**
> "你为什么想伤害我？"

个性描述
"你实在太不善解人意了。"
解决问题
"方法就是应该更频繁地给我打电话。"

在这里,我请大家留意一下艾米莉与罗兹沟通的内容。她说:"你完全以自我为中心,丝毫不顾忌他人的感受。"这全都是艾米莉对罗兹的评价,而并非她的情绪和感受。在这一观察结果的刺激下,艾米莉才终于能更专注于自己的感受:"我想,我觉得受到了伤害。对于我们之间的友谊,我感到很困惑。罗兹的做法让我有些生气。从某种程度上来说,我又觉得有些尴尬,我为了我们之间的友谊付出了很多,可是她显然并不像我这样重视这份友谊。我真是个彻头彻尾的大笨蛋!"

有时候,评价和情绪之间的差异实在是太细微,以至于我们很难区分。当我们将对他人的评判说出来的时候,听起来就好像是我们在陈述自己的情绪和感受。事实上,对他人的评判恰恰源自于我们心中的种种情绪和感受——愤怒、失落、受伤——而听到这些评价的人也很清楚:我们确实产生了一些情绪。不幸的是,他们很可能无法确定这些情绪的内容,而更重要的是,他们会将注意力集中在一个更不幸的事实上:我们正在评价,归咎责任,以及指责他人。这是一个很自然的结果。

尽管"你完全以自我为中心,丝毫不顾忌他人的感受"和"我觉得你伤害了我,并且让我感到很困惑,很尴尬"这两句话听起来有些相似,但它们在本质上却存在着巨大的差异。要想将自己的情绪巧妙地融入谈话,关键的一步就是找到那些隐藏在愤怒的归因和躲在评判周围及其背后的情绪。

以指责的欲望为线索,找到那些重要的情绪。当我们鼓励人们放弃指责,转而从各自的角度分别寻找矛盾的根源时,人们常常会向我们抱怨说,接下来的谈话常常让他们感到心有不甘。这就好比他们原本想要一杯真正的冰激凌,可最后拿到手的却是一碗脱脂酸奶。结果,不甘心的他们得出了一个结论:谈论归责根本无济于事,指责对方才是他们真正需要的结果。

其实,真正让他们感到不满的并不是指责他人不成功,而是表达情绪失败。当人们在归责过程中受到情绪干扰时,指责他人的渴望便会油然而生。

归责一旦受到那些未说出口的情绪的阻碍便无法继续了。这时，人们很自然地便会想到说："承认吧，这本来就是你的错。"我们应当认识到，这种指责的欲望恰恰正是一条重要的线索，它将会帮助我们找到那些尚未表达出来的情绪。有时候，不满足感会伴随着归责谈话的深入而出现，只不过，我们不应该将它当成指责的借口，而是应该在它的刺激下进一步搜寻那些隐藏得很深的情绪。一旦这些情绪得到了充分的表达（"这是我的责任，这是我所认为你应当承担的责任，最重要的是，我再也不觉得被遗弃了"），指责的欲望自然也就偃旗息鼓了。

勿将情绪当成神训：和它们谈判

我们的一位同事有两条表达情绪的原则。他首先向我们解释了第二条原则：尝试着将你的全部情绪和感受融入到谈话中。绝大多数人听到这条原则可能都会不寒而栗。的确，我们都认为有些情绪还是不表达出来为佳。而这恰恰引出了这位同事的第一条原则：在将所有的情绪都表达出来之前，首先和你的情绪进行一场对话。

绝大多数人都认为，我们的情绪是静态的，没有任何可商榷的余地，因此，如果我们想诚实地将它们表达出来，就必须"有一说一"。其实不然，我们的情绪都是建立在感知的基础上，而我们的感知是可以协商并进而改变的。当我们看世界的方法发生改变时，我们的情绪自然也会发生相应的改变。于是，我们在表达情绪之前，先和它们协商好就显得十分重要了。

何谓和自己的情绪进行协商？从本质上来说，这就是帮助我们了解情绪是如何在思想的作用下应运而生的。试想一下，当你正在海中潜水时，忽然，一条鲨鱼游进了你的视线。马上，你的心开始怦怦直跳，内心的恐惧感瞬间急速膨胀。你很害怕，而害怕正是你在感知的刺激下所产生的一种最自然同时也最能让人理解的情绪。

现在，让我们继续想象。通过之前学过的海洋生物学知识，很快，你判定这是一只礁鲨，而这种鲨鱼一般都不会危及人类。想到这儿，刚刚还急速膨胀的恐惧感立刻消失了。相反，你甚至感到十分兴奋，并且很想实地观察一下鲨鱼在水中的行为。从恐惧到兴奋,你的情绪发生了180度大转变,造成这一巨大改变的不是鲨鱼——鲨鱼仍旧是之前那条鲨鱼——而是你对整件事情的感知。在任何情况下,我们的情绪都是随着思想感知的改变而改变的。

这就意味着,改变情绪的惟一途径就是改变我们的想法。正如我们在"发生了什么"对话中所看到的那样,我们的想法常常会被误导,而误导的因素和方式是完全可以为我们所预知的,而这正好为我们与自己的情绪进行协商奠定了基础。

首先,我们需要认真地审视自己对事情的认识——即我们的故事。我们究竟向自己讲述了一个怎样的故事,从而引发了我们的哪些感受和情绪?故事中是否遗漏了什么呢?他人的故事又是怎样的呢?在大多数情况下,随着对他人想法的了解逐渐增加,我们的情绪通常也会随之而改变。

其次,我们需要深入了解自己对他人意图所做出的种种假设。我们对他人意图所做出的缺乏根据的假设,究竟对我们的情绪产生了何种程度的影响?对方的这一行为是否也许根本就是无心的,还是意图很复杂而且充满了矛盾?我们对他人观点的看法,究竟是如何影响我们的感受的呢?我们自己的意图又是什么呢?促使我们这样做的原因是什么?我们的行为会对他们造成怎样的影响呢?而这些影响是否会改变他们的感受或情绪呢?

最后,我们应当考虑归责体系。我们是否能够发现自己在这个问题上的责任?我们是否能够不受指责欲望的干扰,客观地指出对方的责任?我们是否知道,事件双方的责任究竟又是如何相互作用,最终导致了矛盾的产生?而这又是如何影响我们的情绪?

对于所有这些问题,我们并不需要一一给出确定的答案。毕竟,在我们与对方进行谈话之前,我们只能做出假设。可是,对我们而言,能够做到提出这些问题并仔细思考,同时从各个角度观察我们的情绪,这就已经足够了。如果我们的思考卓有成效,如果我们诚实以对,如果我们能本着公正公开的态度接近这些问题,我们的情绪就必然会发生转变。我们的怒火也许就会渐渐熄灭,我们所受的伤害也会有所减轻;我们的种种情绪——或羞愧,或焦虑——也会逐渐回到我们的掌握之中。

现在,让我们回到杰米拉和她丈夫的故事上来。通过向我们发泄,杰米拉终于第一次认识到了自己的愤怒。不过，愤怒并不是她惟一的情绪，通过反思，她并不认为自己就是受害者，而丈夫的遭遇也不完全值得同情。当她从丈夫的角度来考虑整件事，当她问自己丈夫为何要这样做，当她不再只关注于指责丈夫，也开始思考各自的责任时，杰米拉对整件事情的描述便开始变得复杂起来，一如她的情绪。

她终于开始采用"和"姿态，同时思考多件事，并且也开始敞开心扉，和丈夫分享这一切。"我知道，对于我俩之间的问题，我需要承担一部分的责任。"她对丈夫说，"你的一些做法让我倍感气愤和沮丧，于是，在愤怒和失落的驱使下，我将注意力更多地投向了问题而忽视了我们的力量。可是，当我平复心态，回过头仔细思考时，我清楚地意识到，我很爱你，我真的很希望事情能好转起来。"杰米拉意识到，只要将心中的愤怒情绪表达出来，她的表达爱意之路立刻就变得畅通无阻——尽管速度可能很慢，但是最后的成功是属于她的——当初驱使她向我们求助的大难题终于得到了圆满解决。

不要随意发泄：小心地描述情绪

当你发现了自己的情绪，并和它们进行了协商之后，你现在面对的任务就是决定如何处理这些情绪。有时候，你会觉得和对方分享你的情绪根本没有必要；有时候，你又会觉得这样做根本无助于事。当然，无论怎样，你的情绪都将会成为谈话的核心。

很多时候，我们明明已经清楚地表达了情绪，却依然表现得十分情绪化。每当这时，我们就会感到很困惑。事实上，情绪和情绪化之间并不能画等号。你可以平静地表达情绪而无需表现得情绪化，你也可能会表现得十分情绪化而谈论的内容其实与情绪无关。巧妙而清楚地表达情绪需要深思熟虑。在表达情绪时，你可以参考以下三条指导方针，它们应该可以帮助你消除内心的焦虑，完成一次高效率的谈话。

第一，就问题论情绪。巧妙表达情绪的第一步其实很简单，你只需要记住情绪很重要就足够了。几乎所有的高难度谈话都伴随有强烈的情绪。要做到抛开情绪去描述问题并不是不可能，但要想抛开情绪去解决问题就几乎不可能了。既然情绪是问题的一部分，我们就应该正视情绪。

即使是不合理的情绪，也一样可以表达出来。你认为自己的确不应该有这种情绪，可这一想法并不会改变你有这种情绪的事实。你的情绪（至少在那一刻）已成为你们关系当中一个重要的组成部分。在表达情绪之前，你可以先让对方知道自己因为这些情绪而倍感不安；或告诉对方，你并不确定将情绪表达出来是否有意义，但你想和对方分享它们。你这样做的目的就是为了暂时将情绪搁置。如此一来，你就可以决定稍后如何处理这些情绪。

第二，全面透彻地表达情绪：一个都不能少。让我们重新回到布莱特和他的母亲关于他找工作的谈话当中。我们很容易就能明白，当布莱特意识到自己只有一种情绪，那就是愤怒时，为何他会在决定是否表达情绪时显得犹豫不决。他明白，当他告诉母亲自己很生气时，母亲只会用同样的话回敬他。如此一来，谈话最好的结果就是一事无成，最后的结果也很有可能是进一步加剧双方的怒气。

可是，如果布莱特能够花时间，更加全面地表达自己的情绪呢？他可以不说"妈妈，你就快把我逼疯了"，而是取而代之以——"每当你问我工作找得怎样时，我真是百感交集。我感到气愤。我想，那大概是因为我已经跟你说过很多次不要再问了，可是你却总是那么锲而不舍。不过，我也并不是一无是处，我有信心一切都会变好。我明白，你寄期望于我，也很关心我，但请给我时间，好吗？"

当母亲问他为何不能在找工作时表现得积极一点，而不是仅仅对她说"不要烦我"时，布莱特可以回答说："对我而言，和你谈论这个问题实在是太难了。无论何时，只要一想到它，我就感到无比羞愧，我觉得自己辜负了你的期望，又或者，我觉得自己正在浪费生命。"

随着被引入谈话的情绪越来越充分，布莱特逐渐改变了谈话的本质。这已经不再是一场关于愤怒的战争。布莱特将他和母亲的谈话引入到了一个更深更复杂的层面，并且为母亲提供了思考的信息。借此，她将对儿子的行为动机有更深入的了解，同时，她也会更加清楚自己的行为对儿子造成怎样的影响。布莱特的情绪表达并不是谈话的结束，恰恰相反，一切才刚刚开始。全面透彻地表达情绪也许并不会化解谈话中的矛盾，但是，它却能消除其中的争吵因素，让谈话双方更加深入地了解彼此，投入到解决问题的讨论当中。

最重要的是，它将会为他们指出一条"康庄大道"，沿着这条光明之路，他们将会发现一种不同于以往但却更加高效的沟通方式。

第三，不做评价——仅仅分享而已。在你开始梳理自己的情绪之前，有一个很关键的步骤：让每个人的情绪都得到充分的表达和聆听。如果你说："我觉得受到了伤害。"对方会说："你这是小题大做。"于是，双方的沟通就此被打断，既无法进一步了解对方，也无法继续商讨问题的解决之策。过早地对他人的情绪做出不成熟的评价将会阻碍他们表达情绪，并最终妨碍双方的关系。对此，你可以借助于以下原则，在心里建立一块无评价的"情绪真空"地带：单纯地分享情绪（不妄加评判，也不随意归因和指责）；暂不考虑解决问题；不要搞一言堂，而应当倡导"百家争鸣"。

单纯地表达情绪，不妄加评判，也不随意归因和指责。人们常说："我已将情绪毫无保留地表达出来了，结果却引发了一场战争。"艾米莉和罗兹的故事中，艾米莉告诉罗兹，她认为她"完全以自我为中心，丝毫不顾忌他人的感受"，而原因就是艾米莉在罗兹离婚时尽心尽力地照顾她，可最终罗兹并未表示感谢。面对这样的控诉，罗兹生气并奋起反击完全是意料之中的事。

在意识到自己表达的是一种评价而非情绪之后，艾米莉说道："和上次不同的是，这一次我并没有对她做出任何评价，只是向她解释，自己受到了伤害，而且对于我俩之间的友谊充满了疑惑。让我惊讶的是，听了我的话，她表现得十分懊恼，并且不停地感谢我曾经为她所做的一切。"

要想成功地将情绪表达出来，你必须十分谨慎，绝不能在情绪中添加任何评价，也不能由此随意地归因和指责对方。表达情绪时，你必须仔细斟酌每一个字词，从而确保自己表达的内容正确而准确。例如"你实在太不值得信赖了"这句话就是对他人性格的评判，其中没有包含任何与说话人情绪有关的内容。"我绝对值得信赖！"如果对方用这点反驳那也一点不足为怪。

相反，如果说话人换一种说法："我觉得很沮丧。你根本就没有把信发出去。"如此一来，对方不仅不会觉得受到了指责，而且还会将注意力转移到说话人的情绪上。这种表达方式并不会让之前的问题凭空消失，但是它却能够引导双方进入一种高效率的谈话当中。

同样地，我们在表达情绪的同时，往往会下意识地融入指责的因素，从而在不知不觉中为谈话的顺利进行设置障碍。"你没有像约好的那样给我打电话。因为你的错误，我受到了伤害。"这句话的确表达了"我"的情绪——"我受到了伤害"，但同时也包含了一种指责——我受到伤害是因为谁的错？于是，对方很有可能会将注意力集中在你正在指责他的事实上而忽略了你的情绪。因此，更好的表述方式是先说情绪——"当你没给我打电话时，我真的很伤心"，然后再从双方身上寻找各自的职责（不是指责）。

不要搞一言堂：谈话双方都怀有强烈的情绪。如果你和其他人一同去杂货店买东西，购物篮里的商品不会只属于你一个人。恰恰相反，你们俩会各自挑选自己中意的商品，然后放进购物篮。在探讨情绪时，道理也一样。你迟到了，你的老板感到不悦，说了你几句，为此，你有些生气。与此同时，你的老板也正因为你没有准时将备忘录准备好而有些气愤。如果你因为情绪而激动，对方也很有可能和你一样。正如矛盾的两种情绪并不会因为矛盾而使彼此消失，对方的情绪也不会因为你有情绪而消失，反之亦然。所以，在你试图解决问题之前，你应当让谈话双方（包括自己）充分地表达各自强烈且可能相矛盾的情绪，这很重要。

一种简单而有效的提示法："我感到……"让人感到惊讶的是，许多人宁愿什么都不说，也不愿说出简单的三个字："我感到……"尽管如此，这三个字却能够对你的听众产生巨大的影响。

"我感到……"不过是一个简单的开场白，但它却能给你带来许多额外的收获。它会让双方的焦点始终凝聚在情绪上，并且让对方清楚地意识到，你只是在从自己的角度出发，就事论事。这也就避开了评判或谴责所造成的理解误区。例如，对于争吵而言，"为何你总是要在孩子面前破坏我的形象"实在是一个相当不错的开场白。很显然，你的配偶感受到了你的愤怒或失望，可是，从你的话语当中却丝毫找不到任何情绪的踪迹——能够找到的只有你对配偶意图及其为人父母技巧的评价。如果你换一个开场白，"每当你当着孩子的面反驳我的育儿观点时，我都觉得很泄气，而且很担心这一信息会对孩子造成不利的影响。"面对你的情绪陈述，你的配偶无法反驳。于是，她（他）紧张的防御心理也许会有所缓和，并且很有可能会和你就你的情绪、她（他）的情绪以及你们的育儿方式进行一次深入的沟通。

认可情绪的重要性

在通向解决问题的道路上,描述情绪是你迈出的第一步也是很重要的一步,可你却并不能在描述情绪之后,一蹴而就,直奔终点——解决问题。事实上,在你出发前,问题各方的情绪都必须得到对方的认可。认可他人的情绪是一个不能被忽略,也无法跳过的步骤。

何谓认可他人的情绪?意思很简单,即让对方知道他们的话对你产生了一定的影响,而你很在乎他们的情绪,也正在努力地理解它们。你可以说"我从来不知道你还有这样的感受"或"我想到了你会有这样的感受,而我也很高兴你愿意和我分享这些情绪",抑或"这听起来对你真的很重要"。你需要让对方知道,你认为了解他们的观点很重要,而你也正在尝试着这样做:"在我说出自己的观点和感受之前,我想听你说说更多你在我对你颐指气使这件事情上的感受。"

跳过麻烦的情绪,直捣黄龙,这样的想法的确很有诱惑力。我们想继续谈话,想讨论问题,想让一切都变得更好。因此,我们常常会通过"修补"情绪的方式借机摆脱它们:"这样吧。如果你觉得孤单,我想我会尝试着花更多的时间来陪伴你。"或甚至说:"你是对的。我能说什么呢?"面对你的情绪,这也许是对方最诚实的反应。而他们能够将其表达出来固然很好,但这一切也实在是太快了,快得让你甚至无暇做出反应。

为了不让沟通就此停滞不前,你需要将话题重新引回到理解的目的上:"我并不是说你故意要伤害我。我不知道你是否做了伤害我的事情。对我而言,重要的是,我希望你能明白,当你在全部门同事面前批评我的工作时,我有何感受。"在转向解决问题之前,无论是对你,还是对他人,你都有责任保证对方认可这一话题对你的重要性,同时确保他们的确已经了解了你的情绪,并且十分赞赏你愿意与他们分享自己情绪的这一做法。如果他们并不了解此事对你的重要性,而你也没有旗帜鲜明地将其表达出来,那么你的这一做法无异于作茧自缚。

对任何关系而言,认可情绪都是至关重要的,在那些被称作"老大难"的问题中,情况更是如此。曾经有这么一个事例,因为种族因素的原因,某个临时组成的团体显得气氛有些紧张。结果，一个简单的认可情绪的行为却帮助人们化解了这一紧张气氛。情况是这样的：来自各行各业的人们聚在了一起，就最近发生在警察和少数种族成员之间的一件事而展开了讨论。谈论的人群里有警察、政治家、商人以及附近的居民。最后，当被问到"你认为自己的话是否会改变其他人的观点"时，一个黑人小伙子泪流满面地回答说："你们不会明白的。我根本就没打算改变任何人的观点。我只是想和大家分享自己的故事。我不想听到任何人说一切都会变好，也不想听到你们说这不是他们的错，我更不想让其他人对我说他们的故事也和我的一样可怕。我只是想说出我的故事，和大家一起分享我的感受。那么，我为什么会流泪呢？因为我现在知道了：他们都很在乎我，所以才会聆听我的述说。"

有时候，情绪就是决定成败的那一环

当准新娘的父亲马克思和女儿分享了他那失落和骄傲的情绪之后，原本因为婚礼花销而产生的问题自然也就变得简单了。之前隐藏在他们谈话中，给他们惹麻烦的潜台词（马克思对婚礼的抗拒情绪以及女儿对于马克思想控制自己而产生的怨恨心理）终于可以开诚布公地说出来，不再扮演阻碍他们解决问题的绊脚石的角色了。最重要的是，父女之间形成了一种新的健康的关系——双方都知道并理解了自己在对方心中的定位，终于可以坦诚地面对自己和对方。

然而，情绪有时尽管很关键，但却并非问题的全部。有时候，情绪本来就是一个困难而麻烦的问题，而你还需要绞尽脑汁将其他因素通通考虑进来，或是想尽办法巧妙地将其提出来。建立和维护人际关系，以及解决你所面对的问题都需要经历一个漫长而艰难的过程。尽管如此，这却是一种至关重要的能够帮助你和他人（就你的情绪和问题）进行有效沟通的方法。

自我认知对话

第六章

管理自我认知：问问自己，什么受到了威胁

> 我已经在其他公司找到了一份新工作，现在，我需要做的就是告诉老板，我要走了。我并不需要任何推荐信，也不需要未来工作计划书，没有人能够影响我的决定。可尽管如此，一想到我就要告诉老板这件事，我就有些害怕。
> ——本，软件公司副总裁

从外界的角度来看，本似乎没有什么好担心的；毕竟，在这件事上，他占尽先机。尽管如此，本仍旧夜不能寐。

为此，他解释说："我的父亲在一家公司里干了一辈子，他对公司的忠诚让我极为敬佩。我也很想像他那样，一生只效忠于一家公司，对我而言，这很大程度上是因为我想忠实于身边的每一个人——我的父母、妻子、孩子以及我的同事。要向老板提出辞职，我首先需要面对的就是忠诚问题。一直以来，作为我事业上的'导师'，老板对我的工作给予了极大的支持。正是因为这一切，我感到有些疑惑：我真的像自己所认为的那样，是一名忠实的士兵吗？还是只是一个为了个好价钱就不惜出卖任何人的贪婪的混蛋？"

高难度谈话威胁到了我们的自我认知

为什么有些谈话会变得如此举步维艰？本的困境似乎为我们揭示了其中

的奥妙。导致我们如此焦虑的原因并不是我们不得不面对他人，而是我们必须面对自己。即将进行的谈话很可能会颠覆我们之前对自己的认识，或者说，它会照亮我们心中对自己的期望，但同时也会让我们忧心忡忡：如果我们辜负了自己的期望，那该怎么办？谈话就好比唇枪舌剑，而受到威胁的对象就是我们的自我认知——从自己那儿听来的关于自己的故事——而自我认知受到威胁，这的确是一件让人烦不胜烦的事情。

三大核心认知

毫不夸张地说，这个地球上有多少人，就有多少种自我认知。不过，有三种认知似乎最常见，而且绝大多数高难度谈话都与它们有关：我称职吗？我是一个好人吗？我值得他人的关爱吗？

我称职吗？ "我一直都在为是否应该向上司要求升职而苦恼。最后，在同事的怂恿下，我说了。结果，我还没开始陈述自己的理由，我的上司就开口了，'你竟然会要求升职，这的确让我感到很惊讶。事实上，我对你今年的表现感到很失望。'这样的结果让我倍感失落。也许，我并不是自己想象中的那个聪明能干的药剂师。"

我是一个好人吗？ "那晚，我本来打算和桑德拉分手。最初，我很委婉地表达了自己的想法，可尽管如此，当她明白过来之后，立刻哭了起来。看到她如此伤心，我很难受。对我而言，最困难的事情莫过于伤害那些我关心的人。无论是从精神上还是从感情上来说，眼前的一切都颠覆了我以往对自己的认识。我实在无法承受因为伤害他人而带来的种种痛苦。于是，不一会儿，我就放弃了原来的打算。我告诉她，我很爱她，我们之间的所有问题都是可以解决的。"

我值得他人的关爱吗？ "我和哥哥就他对待妻子的方式进行了一次对话。他和她说话时，总是摆出一副盛气凌人的模样，为此，嫂子感到很烦恼。谈话时，我极其紧张，紧张到连话都说不好。结果，他听完我的话以后立刻冲着我嚷了起来，'你以为你是谁，竟敢来教训我该怎么做？到现在为止，你都还没有谈过一次真正的恋爱！'听到这儿，我有一种窒息的感觉，一句话都说不出来。当时，我只有一个想法，那就是马上离开这里。"

突然之间，在谈话当中，我们之前对自己的认识就受到了质疑。

认知的动摇让我们失去了平衡

在我们的内心世界里，自我认知对话一直都没有停止过——"也许是我太普通了。""我怎么会成为那个伤害别人的人？""哥哥是对的。至今为止，还没有一个女人爱上过我。"每一次谈话，我们的内心世界仿佛都遭遇了一场大地震，脚下的土地瞬间分崩离析，而引发地震的就是这些看似和我们有关的谈话。

地震使你失去了失衡；面对失衡，你的身体必然会做出一系列的连锁反应。然而，让你万万没有想到的是，你的这些本能的反应竟会让本来就举步维艰的谈话彻底崩溃。自我形象和未来就好比你内心世界里的两根擎天柱，动摇它们将会对你的内心认知造成致命性的打击，而这必然也会让你愤怒，焦虑万分，或者会让你在逃跑心理的驱使下慌不择路。内心的平静被打破了，取而代之的是一片混乱；希望变得渺茫，绝望却在不知不觉中占据了一席之地；你的力量逐渐消失殆尽，恐惧的心理油然而生。就在你的内心世界发生巨变的同时，你正在试图完成一项极其棘手的任务——清楚有效地与对方进行沟通——自始至终，从未放弃。你的上司说出了你没能升职的原因，而你却无暇顾及，因为你正疲于应付内心世界里的那场危及自我认知的大地震。

没有所谓的"快速修复法"

面对内心世界的大地震，你的自我认知束手无策，因为你没有为它配备任何防震设备。认知一旦动摇，我们的生活和成长经历也必然会随之受到致命的牵连。面对这一挑战，任何爱、成就以及技巧都只能望洋兴叹。因此，当你告诉丈夫不想再要第二个孩子的时候，你只能默默地看着他哭泣；当你和教练谈论训练队里区别对待学员问题时，你只能默默地接受教练的教训："成熟一点！"每当这时，你都将面临严峻的考验，而考验的对象就是你对自我的认识和定位——在这些关系当中，以及在这个世界上。

并非所有面向认知的挑战都会让你的内心世界山崩地裂，可有的却的确威力无穷。一次高难度谈话结束之后，你可能会被迫放弃自我认知当中最宝贵的一部分内容，而这一损失将会让你真切地体会到一种切肤之痛，宛如失去了亲人或爱人一般。对此，你也许会安慰自己：很快，一切都会变好；或是给自己打气：经此一役，你的心理绝不会再度失衡；只要掌握了一些关键技巧，即使面对的挑战再艰巨，你也一样能够战胜它们！然而，事与愿违，这种做法不过是自欺欺人，白费力气。

不过，世事无绝对，好消息总还是有的。当自我认知遇到攻击时，你完全可以通过提高认知能力来化险为夷。你应当对自己做出明确而诚实的评估，在谈话当中，这一认知将会帮助你降低焦虑程度，并且为你后来的"绝地大反攻"奠定坚实的基础。

脆弱的认知：极端综合征

要想提高管理自我认知对话的能力，首先，我们需要了解自身的弱点——我们的心理为何失衡，或者说是如何失衡的。导致自我认知易受攻击的一大主要因素就是思考方式过于极端：我要么很称职，要么就根本不称职；我不是好人就是坏人；我要么值得人关心，要么就死不足惜。

极端的思考方式的最主要的危险就在于，它会让我们的认知时刻处于一种极不稳定的状态之中，对任何反馈都表现得极其敏感。面对关于自身的否定信息，极端的思考方式只会为我们提供两种处理信息的方式：要么完全否定这些与自我认知相悖的信息，要么全盘接受，并将它们置于至高无上的地位，奉若神明。谁都能看得出，采用这两种方式的任一种，都无异于自找麻烦。极端的认知就好比两条腿的凳子，看似无比稳固，可是如若只有一条腿，瞬间便会倒塌。

否定

在极端的认知观念当中，积极认知和消极认知就好比一对冤家，根本无法共存。如果我认为自己能力超群，绝不会犯错，那么，一旦有反馈信息暗示我犯了错，问题也就随之应运而生。为了维护我的自我认知，惟一的方法就是否定反馈信息——挖掘一切信息和证据,证明为何它是错的,为何它无关紧要,为何我的行为不能算是错误。

就拿那个要求升职的药剂师来说吧。她的老板回应说:"你竟然会要求加薪,这让我感到很惊讶。而事实就是,我对你今年的表现感到很失望。"对此,药剂师必须当机立断,确认这对她的自我认知意味着什么,并且决定该如何消化和吸收这些信息。如果她选择了否定,她的回应可能是:"老板对经商的确很在行,可是他却并不了解化学。他并不知道我的工作究竟有多重要。我真希望能找到一个懂得欣赏我这种好员工的伯乐老板。"在高难度谈话中,努力排除否定或消极信息的做法是不现实的,这就好比既想游泳又不想让身体被打湿。当我们打算进行高难度谈话,或是面对生活中的挑战时,我们就必须做好准备,迎接那些和我们有关却让我们感到不悦的信息。否定这些信息需要投入极大的精力,但迟早有一天,正在疲于应付否定信息的我们会发现,自己的故事已经岌岌可危了。面对这一切,我们希望自己的故事是真的,可与此同时,我们也很害怕那些信息是真的。随着希望与忧虑之间的差距逐渐加深,我们内心的平衡开始失守。

放大

面对不利信息,如果你觉得否定它们太累且效果不佳,那不妨考虑它的对立面——带着放大镜看信息。在极端认知思想里,接受否定信息意味着你不仅需要不断地调整自我形象,而且还需要有技巧地超越它。在能力超群和完全没能力之间,我只能二选一:"也许,我并不像我所认为的那么富有创造力,那么特殊。很有可能,我将一事无成。我甚至极有可能被解雇。"

我们任由他们的反馈信息来定义自己。当我们选择了放大信息,我们就会把他人的反馈意见当成有关自己的惟一信息。我们把一切都想得很简单,并且任由他人的意见来左右我们对自己的认知。前100次,你也许都准时地完成了备忘录,但是在第101次,你没能及时完成,面对他人的批评,你会对自己说"我总是会把事情办砸"。于是,这条信息便主宰了你的自我认知。

这个例子看起来似乎有些荒谬,可是有时候,即使面对的是一些生活琐事,又或者我们并没有受到伤害,我们也依然会这样认为。当女服务员在收小费时流露出一种异样的表情时，你会想，自己是不是太过吝啬了？当你没有帮助朋友粉刷房子时，你会认为自己太自私。当你的哥哥说你不常去探望他的孩子时，你会觉得自己是个不关心侄子的姑姑。不难看出，选择接受并放大关于自己的不利信息只会进一步削弱你的心理抵抗能力。

捍卫你的认知

要想提升管理自我认知对话的能力，你可以分两步走。首先，你需要熟知那些对你很重要的认知问题，只有这样，你才能在谈话中迅速发现它们。其次，你需要学会用一种健康的方式吸纳新信息，并将它们融入到你的自我认知当中——在这一步当中，你必须放弃之前的极端的思考方式。

第一步：了解你的认知问题

很多时候，在高难度谈话中，我们甚至根本没有意识到谈话已经涉及到了我们的认知问题。我们能够清楚地感受到种种情绪——焦虑、害怕或试探他人；也能够察觉到我们的沟通能力尚有待加强。然而，让我们感到意外的是，原本口齿伶俐的自己突然就变成了结巴；在本应该及时转移话题的时候，我们却突然失控，不仅总是打断对方，而且还据理力争，咄咄逼人；明明知道应该保持冷静，但是我们就是无法抑制住心中的熊熊怒火。面对这一切，我们自己都感到很纳闷，为什么会这样？话题与自我认知之间的联系通常都很隐蔽，不易察觉。因此，我们往往都会这样认为："我和哥哥谈论的是他该如何对待自己的妻子。这和我自己有什么关系？"

同一件事，对你而言，它可能会彻底动摇你的自我认知，但对他人而言，它也许不过是件芝麻小事。我们每个人的敏感度不同，敏感的对象也不同。为了更加熟悉自我认知，你不妨仔细观察，是否有某种方式或某件事会让你在高难度谈话中认知失衡，而后再问问你自己，这是为什么。什么样的行为会让你觉得认知受到了威胁？这对你又意味着什么？如果你的担忧成为了现实，你的感受又会如何呢？

这的确需要一定的"钻研"精神。就拿吉米来说。在成长的过程中，吉米逐渐形成了一种冷漠的性格。得益于这一性格的帮助，面对家庭生活中的诸多情绪炸弹，吉米总是能够全身而退。任何让其他人都"闻风丧胆"的难题，在吉米看来不过都是小菜一碟。面对问题，他总是能够保持理性的思考。

然而，随着岁月的流逝，吉米变了。他开始注意到认可和分享情绪的重要性，并且意识到了解朋友和同事的感受，和他们分享情绪会让他的生活更加丰富多彩。他很想将自己的这一变化告知家人，但是他却不敢说。长期以来，他和他们之间早已形成了一种固定的相处模式，这种模式虽然不够完美，但是却能让大家和谐相处。他超然于一切的漠然虽然会让双方都有所损失，但是双方也都已经接受并习惯了他的漠然。

于是，他将这些担忧告诉了一位朋友。结果，朋友向他提出了几个让他很难回答的问题："你真正害怕的是什么？它的不利因素是什么？"对此，吉米的第一反应是，他担心他将不能再履行自己在家中的义务："我们家需要一个理智的人。不然，一切就会陷入混乱。这就是我们家人间的相处之道，至少，这可以让一切都正常运转。"

吉米说的没错，不过，他并没有停下来，反而决定更进一步，继续深入地思考朋友提出的问题。最后，他发现了真正让自己感到害怕的原因，而从某种程度上来说，从一开始，他就已经意识到了它："如果他们拒绝我呢？如果他们付之一笑呢？如果他们想，'他究竟是怎么了？'我该怎么办？"吉米知道，如果他的父母对此做出不好的回应，他的自我认知将会面临十分严峻的考验，而他却并不确定自己是否愿意冒此风险。

吉米对自我认知的了解加深了，可是故事却没有因此而结束。他决心在家人面前表达强烈的情绪。最初，事情的进展并不是很顺利。有时候，他的这种行为会让自己和家人都觉得很尴尬，而他的一些家人也对他的"怪异"表现感到很疑惑。不过，吉米坚持了下来，并最终用一种更加真诚的关系取代了之前他和家人相处的旧模式。

第二步：让你的自我认知复杂化（采纳"和"姿态）

当你知道自我认知当中的哪一部分更加重要，或哪一部分更容易受到攻击之后，你就可以开始着手修改你的自我形象了。这一次，你不再需要在

"我很完美"和"我毫无价值"之间二选一,你需要做的就是画一幅自我肖像,当然,越细致的肖像画才越逼真。对每个人而言,真实的自我其实都是一个复杂的混合体:好行为与坏行为并存,高雅与低俗同在,时而明智,时而愚蠢。

即使针对的是十恶不赦的坏人,抑或是圣人,极端的认知观也无法帮助我们准确而真切地认识他/她。"我总是守在孩子身边。""每逢约会,我的判断力就会下降。""我一直都是一个善于聆听的人。"没有谁能够始终如一地保持一种状态。我们每个人都是各种品质和性格的综合体——有积极的,也有消极的——面对生活所呈现出来的各种复杂情况,我们需要不断地做出回应,而谁都无法保证自己能够按照所设想的那样,"总是"表现得很称职,很有能力,又或是"一直"富有同情心,充满激情。

本找到了另一份工作,却不敢将此事告知现在的老板,他的恐惧心理就是最好的例证。本究竟是忠臣还是叛徒呢?事实上,本与生活中形形色色的人之间有着千丝万缕的联系和互动,仅用这两种结论来归纳他的生活无疑过于单一化,而且也没有把握住这些互动的复杂特质。他为自己的家庭和老板都做出了牺牲。他周末加班,拒绝了许多其他的工作邀请;同时,为了帮助公司吸纳更多精英,他一直兢兢业业。的确,能够体现本忠心的业绩真的有很多很多。

现在,为了一份收入更高的工作,本马上就要离开了。对于他的老板而言,被抛弃的感觉难免会油然而生。不过,这并不意味着本就是一个坏人;也不意味着本是因为贪欲而做出了这个决定。毕竟,他也想让自己的孩子读大学;而这么多年来,他的辛勤付出并没有得到相应的回报,可是他却从没有抱怨过。

那么,本的底线究竟在哪里呢?对本而言,他的底线就是没有底线。一方面,对于自己的很多决定和行为,本自我感觉很良好;另一方面,他也会为自己的某些选择和行为感到矛盾和懊恼。除此以外,在任何一个理智的人看来,生活实在是太复杂了。的确,面对如此复杂的生活,只有健康而精力充沛的自我才能游刃有余,因为只有这样的自我形象才是认知的最佳立足之地。

需要你接受的关于自己的三件事

毫无疑问,每个人都对自己有所不满,于是,终其一生,许多人都在与自己所不满意的那一部分自我作斗争。当我们审视自己的内心时,见到的并不都是让我们喜闻乐见的"自我",而且很快我们就发现,接受那一部分自我绝对是一项"艰苦卓绝"的大工程。不过,随着我们的自我认知从极端转向一种更加复杂的角度,我们逐渐发现,接受之前曾给我们带来无尽麻烦的那部分自我似乎并没有我们想象中的那么困难。

在高难度谈话中,有三个尤为重要的观点,只要接受了它们,你就能接受自我。事实上,你承认自己有错的态度越爽快,表明自己复杂的意图的决心越坚定,以及认可己方责任的姿态越高,在谈话中,你内心的平衡感就会越好,而谈话取得突破性进展的几率就越大。

你会犯错误。在谈话中,如果你无法接受自己有时也会犯错的事实,你就很难理解和接受对方观点中的合理部分。

让我们来看看丽塔和以赛亚之间发生的故事吧。"对我而言,我是否值得信赖——我是否是一个朋友愿意与之倾诉的人——是一件很重要的事情。"丽塔解释说,"而这也是好朋友关系的构成要素之一。以赛亚是我的同事,他向我吐露了他酗酒的秘密,并且告诉我,他正在努力地戒酒。对此,我向他保证绝不会告诉任何人。不过,我有一个朋友曾经有过和以赛亚同样的遭遇,于是,我就把以赛亚的事情告诉了她,希望能够从她那儿获得一些建议来帮助以赛亚。"

"结果,这件事被以赛亚知道了,他十分生气。起初,我不断地向他解释,希望他能明白我这样做是为了帮助他,而我的朋友将会为他提供许多宝贵的经验,可我的解释无济于事。最后,我终于意识到,自己之所以会如此费力地辩解,完全是因为一个简单而直白的原因:我无法承认自己做错了。我没有信守诺言。当我接受了自己做错了的事实后,我和以赛亚的谈话立刻有了实质性的进展。"

当你用极端的认知作为衡量标准时,即使是一个小错误,在你看来都是灾难性的,因此,你几乎不可能会主动承认错误。如果你一心只想证明自己

"无错,无瑕疵"的认知观是正确的,你就永远无法真正投入到有意义的学习型谈话中。而这样做的结果只有一个,你很可能会再次犯同样的错误。

人们不愿承认错误的原因就在于,他们害怕会因此而背上"意志薄弱"或"没能力"的恶名。然而,事实却恰恰相反,人们往往会给那些主动承担错误责任的"能人"们冠以自信、可靠的美名,并美其名曰:"人无完人";至于那些死不认错的人,在人们看来,他们一点都不可靠,并且缺乏信心。正所谓,群众的眼睛才是雪亮的。

你的意图是复杂的。有时候,我们之所以会为即将到来的谈话感到紧张,完全是因为我们"心里有数":我们过去的有些行为并不都是出于好意。

萨利和她的男朋友埃文就遇到了这样的情况。萨利想和埃文分手,可是她却担心埃文会指责她利用自己来度过心理上的孤独期。在此之前,萨利一直都说,自己完全是出于感情才和埃文在一起的,而她也应该诚实地考虑他们俩现在的状态和将来。尽管萨利从来都没有想过要伤害埃文,并且也从来没有过任何这方面的行为,但是萨利很清楚,她的行为动机里至少存在着些许的自私。

在行为动机的复杂性这个问题上,萨利决心诚实以对。于是,在双方的谈话中,她便占据了一个更加有利的位置,即使对方指责她意图不良,她也能够从容应对。她完全可以用一种真诚的方式来面对来自对方的指责:"当我想到这个问题时,我发现你说的有些话的确很有道理。我的确感到孤单,不过在你的引导下,我发现那并不是我选择和你在一起的惟一原因。我真的希望能够和你在一起,结束孤单。我会做出这样的抉择,真的是很多原因共同作用的结果。"

问题发生了,你也有责任。为了捍卫自己的认知,你需要完成的第三个关键的步骤就是评估并承担自己在这件事情上应负的责任。

这并不是件容易的差事。最近,沃克得知女儿安妮·梅的饮食出现了失调。学院的老师给沃克打电话,告诉他安妮·梅已经住进了校医院。于是,沃克给女儿打电话,想了解她的病情,并示以关心。然而,谈话的最终结果却并没能突破日常问候的界限,双方在说了些"你最近怎样啊?""我会好的,爸爸。"之类的话后,谈话便草草结束了。

沃克想要的是一种更深层次更加真挚的谈话，可同时他也感到有些心虚。他怀疑，在安妮·梅正在处理的一些事情当中，至少有部分是与他们的关系有关的。他猜测，安妮可能认为他并不是一个好爸爸，而他担心谈话一旦深入，她很有可能会第一次向他挑明这一点。一想到这儿，心存顾虑的他就退缩了。

直到现在，沃克也没能弄清楚女儿的确切想法，而他则继续生活在自己的希望当中——他是一个好爸爸。此时此刻，他最想听到的就是女儿也如是认为。可是，理智也告诉他，事实可能会更加复杂。毕竟，他陪伴在女儿身边的时间并不多，而他也没有像一名好爸爸那样随时给予女儿支持，尽管他曾向女儿做出过承诺，可始终都没有兑现。

摆在沃克面前的是两种选择。他可以小心翼翼地和女儿谈话，并将希望寄托在女儿身上：希望她不会提及他在处理父女关系上的失职，更不会告诉他，她的病其实也和他的失职有关。或者，他可以事先仔细思考一下自己的认知观，然后从心底里接受自己在双方矛盾关系中所应承担的责任。

这其实很难。事实上，这很有可能会是沃克做过的最困难的事情。不过，如果他最终能够如实地接受自己和自己的行为，并真心实意地承担相应的责任，随着时间的流逝，当他再和安妮谈话时，他会发现一切都变简单了。而更重要的是，沃克发现，他再也不用隐藏自己的想法。当他和安妮谈话时，他不再会因为"自己究竟是或不是个好爸爸"而纠结不已。他可以对女儿说："我真希望自己过去能多陪陪你。对不起，我没能做到这一点，为此，我也感到很伤心。"然后坦然地接近女儿，向她表达自己的关爱之情，而无需再心虚，再心存忧虑了。

谈话进行中：学会重获平衡

合气道的创始人植芝盛平正在与一名技艺娴熟的拳击手进行搏击。在观察了一段时间之后，一名年轻的学生向这位大师请教："您似乎从来都不会失去平衡。您永葆平衡的秘诀是什么？"

"你错了！"植芝盛平回答说，"我会不断地失去平衡，而我的技巧就在于我能够不断地重获平衡。"

大师的这一道理也同样适用于高难度谈话。围绕自我认知所展开的思考将会让你受益匪浅。不过，谈话总是充满了意外，而与此同时，它还会以一种出乎你意料的方式来考验你对自己的认知。因此，问题的关键并不是你是否会被这些考验所击倒，而在于你是否能够像不倒翁那样，迅速找回平衡，并引导谈话继续朝着有成效的方向发展。

在高难度谈话开始之前以及进行中，你可以通过四件事来保持或重获平衡：放弃想要控制对方反应的想法；做好准备迎接他们的回应；畅想未来从而获得关键的视角；以及如果你失去了平衡，不妨稍作停顿。

放弃想要控制对方反应的想法

在谈话中，尤其是在那些涉及重要认知问题的谈话当中，你很有可能会感到进退两难或羞愧不已，于是，你便会很自然地生出一种逃避的欲望，想回避由对方的不佳反应所造成的额外的压力。"无论发生了什么，"你想，"我都不想让他们为此而感到烦恼，更不想让他们因为我而烦恼。"你的自我感觉已经糟糕透了，而此时，如果他们有任何不佳反应，那无疑是火上浇油，只会让你彻底崩溃。于是，阻止对方在谈话中做出任何不佳反应就成了你主要的谈话目标之一。

你不想伤害他人，或在传达了坏消息之后，你仍然希望对方能够继续喜欢你，这样的想法本身并没有错（而且相当正确）。但是，在谈话中，如果你将这一想法当成自己的目标，那么，它只会给你带来麻烦。就像你无法控制其他人一样，你也无法控制他们的反应——这样的想法本身就是错误的。

当你告诉孩子们，你和他们的妈妈正在办理离婚，他们很可能会感到很伤心，并为此而烦恼不已。他们怎么可能不伤心，不烦恼呢？你很关心他们，所以，你自然希望能够将离婚给他们带来的伤害降低到最小程度。可是，即便如此，你的这一愿望也难免会受到自我保护意识的影响："我只是希望听到消息后，他们不会哭，不会生气，也不会逃避或争吵。"你之所以会这样想，有一部分原因是他们的这些反应会影响你的自我感觉："也许，我是一个很没用的爸爸，同时也是一个不称职的丈夫。"从某种程度上来说，人们似乎认为一旦控制了他人的反应，就可以无需面对并接受自己在这一问题上的责任——同时也就无需顾虑由此对自我认知所造成的冲击及其所带来的痛苦感受。

然而，试图掩饰或压制对方反应的做法只会让事情变得更糟。你希望给孩子们造成一种感觉：离婚也并不完全就是件坏事；你希望能够说服员工，对她而言，解雇也当做是一种机会，她完全可以借机找到一份更适合自己的工作。坦白说，你的这些想法有一定的道理，也能够为人所接受。但是，哪怕你的这些希望在不久之后真的成为了现实，此时此刻，你都必须顾及到对方的感受，不然，后果将会不堪设想。也许，你的本意是想让对方明白"一切都会好的"，可是，这一信息到了对方那儿，很可能就变成了"我不明白你怎么会有这样的感受"，或更糟，"你决不能因此而感到沮丧"。

当你向他人传递坏消息时——的确，在任何高难度谈话中都如此——你应当放弃控制对方反应的想法，转而采纳"和"姿态。你可以通过谈话告诉孩子们离婚的消息，并让他们知道你是多么地爱他们，关心他们，用你的真诚让他们明白为何你相信一切都会变好。同时，给他们以足够的空间，让他们自己去感受整件事，并且让他们知道自己有这样的感受并没有任何不妥，而你也很重视他们的感受。如此一来，你就能控制好你所能控制的一切（你自己），同时也给对方留出了足够的空间，使他们能够诚实以对。

这一方式也同样适用于在工作中宣布坏消息。当你解雇某人时，对方很有可能会表现得很沮丧，而且也很有可能会把怨气撒在你身上。不要将对方是否沮丧当做衡量此次谈话是否成功的标准。他们完全有权利沮丧，烦恼，这是他们的正常反应。这时，更好的谈话方式是转变谈话目的，由最初的告知坏消息，变为主动承担你在这件事上的责任（仅此而已，无需更多），向对方表达你对他们感受的关切之情，以及愿意帮助他们走出困境的意愿。

当你明白了自己无法控制他人的反应，以及这样做的可怕后果之后，你将会感到如释重负。这不仅为对方提供了做出反应所需的空间，而且也让你的压力大减。从对方的反应当中，你将会获得许多关于自己的信息。不过，如果你真的做好了"学习"的准备，你就不会再迫不及待、千方百计地压制他人的反应，也无需再煞费苦心地钻牛角尖了。

做好准备迎接他们的回应

我们不应该试图控制他人的反应,相反,我们应该做好准备迎接他们的回应。在谈话开始之前,你不妨花一点时间设想一下谈话的情景。不过,想象的焦点应该是你能从对方的反应中获得什么信息,而不是专注于对方究竟会做出多么坏的反应——当你在深夜思索这一问题,考虑是否应当将问题提出来的时候,这很有可能会成为你的"噩梦"。他们会哭吗?还是会生气或退缩?我是不是该假装一切正常呢?他们是会采取反击,还是拒绝我呢?

在此之后,你应当思考,这些反应的影响是否会波及到你的自我认知呢?如果答案是肯定的,你可以为他们设想一种最极端的表达方式,然后问自己:"我会怎样看待他们的话呢?"如此一来,你就能事先为自我认知穿上一件防弹衣:"如果我把某人惹哭了,我能接受吗?我会作何反应呢?如果他们就此攻击我的性格或动机,我又该如何应对?"在面对他人可能做出的种种反应时,你的准备越充分,你就会越镇定。如果在对方的反应波及到你的自我认知之前,你早已经考虑到并做好了准备,届时,你就不会因为自我认知而失去平衡了。

想象一切都是三个月后,甚至十年后的事情

当世界变得阴暗,而你又被困惑、沮丧、失恋或失业所包围时,审视自我也会随之而变得困难起来。这时候,你不妨畅想未来,想象一下那时的你,当你发觉对于未来而言,今天所发生的一切不过是过眼云烟,一切都会好起来的时候,原本灰暗的心情马上就会被未来照亮,而你的自我感觉也将慢慢恢复。

此外,畅想未来——以一种未来的眼光回顾现在——还有指点迷津的作用。如果现在的你正身陷困境,痛不欲生,那么,你不妨想象一下:30年后,当你回想现在的"惨景"时,你会作何感想呢?你能从这次经历中汲取怎样的教训呢?你认为自己的处理方式合适或者说正确吗?如果可以的话,30年后的你能够给现在正沉浸在痛苦中的你哪些建议和意见呢?

稍作停顿

有时候，你可能会发现，当自己与问题的接触过于频繁，距离内心认知"震中"太近时，强烈的震感将会使你根本无法集中精力，继续谈话。由于所处位置的不利，你已经很难再收集信息或表达思想。于是，你与对方的交流陷入停滞，而这样的情景对任何一方而言都是有百害而无一利的。

这时，你可以向对方要求，暂时停止交流，思考一下你刚刚听到的话语："你的反应着实让我感到吃惊，我想我会花时间思考一下你的话。"哪怕只有十分钟，短暂的停顿也会对你有莫大的帮助。你可以站起来，四处走走，呼吸一下新鲜空气，借此机会，你可以反思自己刚才是否曲解了对方的意思；与此同时，你也可以充分利用这段安静的时间，仔细权衡他们对你的观点所进行的攻击，以及在面对有关你的信息时所采取的傲慢而专横的态度。回顾他们说过的每一句话，然后思考：换一个角度，也许他们的话也是正确的呢？此外，你不妨将事实放大，如果那样，最坏的情况又会怎样呢？你现在又可以做些什么扭转这一不利局面呢？

也许，有些人会觉得这种"中场暂停"的谈话方式会让双方都感到尴尬。可是，如果不暂停谈话，失去平衡的你很可能会需要面对更加糟糕的局面，假如此时的尴尬可以化解之后的困境，那我们又何乐而不为呢？

他们也同样难逃认知危机

当我们一心一意地为自己的自我认知对话穿上防弹衣的时候，很难会想到与此同时，对方其实也正在因为自我认知问题而纠结不已。当沃克一心只想和女儿谈话，了解她的病况时，安妮也正在全神贯注地思考她的认知。住院接受治疗本来只是因为身体有恙，可是对安妮而言，她心中最大的恐惧却因此而得到了证实——她总是不够好，或者说，总是无法达到父亲的要求。

对此，沃克能够为女儿做的就是帮助她摒弃这种极端的思维方式。他可以让女儿知道：其实每个人都会有需要帮助的时候，并以此帮助她重新找回自我平衡。同时，他还可以通过提醒的方式，帮助安妮意识到她的闪光点以及其对自己的重要意义：他完全可以对安妮说"你会向我求助，这让我感到很自豪"。除此以外,他还可以告诉女儿,他之所以爱她,并不是因为她总是能在考试中拿"A",而是因为她是他的女儿,而这是一个恒久不变的事实。

清楚明确地提出认知问题

有时候,你认为很重要的认知问题其实与对方(或你们之间的关系)并无太大关联。新来的一名同事让你想起了你的前男友,以及你和他之间那段糟糕的性经历,可你却无需将这一切告之这位新同事。意识到认知问题的存在的确能够助你一臂之力,可是,开诚布公地将它说出来却不一定会让你们的谈话走得更远。从意识到认知问题的存在,到最后找到解决方法,你完全可以静静地在心里完成这一思索过程。

有时候,揭开自我认知对话的面纱却能够帮助你们直接切入谈话的核心问题:"在这件事情上,我觉得问题的核心就在于我到底是不是一位合格的丈夫。你是不是也这样认为?就是因为没有在父亲的葬礼上说点什么,一直以来,我都很懊恼。这也是为何我坚持要在母亲的葬礼上发言的原因,因为这对我真的很重要。""对于批评我写作风格的评论,我向来都很敏感。我知道我需要反馈,可是,在完成这些备忘录的同时,我们双方都必须意识到,这是我们共同的工作。"

当谈话涉及到自己时,人们往往会不遗余力地反复地对谈话内容进行包装,尽可能不让对方触及到自己的软肋。

找到求助的勇气

有时候,生活也会给我们出难题,要想解决难题,仅仅依靠自己的力量是远远不够的。与此同时,每个人所面对的难题又都是不同的。也许,它是一件可怕的事情,如同战争;又或是一件破坏力极大的事情,比如强奸案;也许,它是一场生理或心理疾病,譬如染上毒瘾,或遭受巨大损失;也许,它只是一件小事,小到不会烦扰任何人,除了你。

我们常常会将勇士的称号授予那些默默承受伤痛的人。但是,当伤痛延续或阻碍了我们的生活目标时，面对这样的伤痛，也许就连勇气也只能望洋兴叹。无论是什么伤痛，当你发觉自己费尽心力却仍然无法战胜时，我们的建议是：求助。求助对象可以是你的朋友、同事、家人，甚至专业的咨询人员。总而言之，你可以向任何能够帮助你的人求助。

对许多人而言，这并不是一件容易的事。在自我认知对话中，"我"会大声并清楚地告诫我们：不能求助——那只会使我们蒙羞，只有弱者才会选择求助，成为他人的负担。这种想法无疑具备很强大的震慑力，可是扪心自问：如果某个你爱的人（你的叔叔或女儿，你最要好的同事）身陷困境，你难道觉得他们不应该求助吗？为什么你一定要选择一套完全不同的标准来要求自己呢？

如果你的部分认知告诉你，你不需要帮助，对你而言，向他人求助就会变得无比困难。而当你真的向他人寻求帮助时，并不是所有人都会向你伸出援手，于是，你便不得不面对这一痛苦的事实。可是，你也应当看到，仍然有很多人向你伸出了援手。基于信任，你向他人求助，与此同时，对方也得到了一个特别的机会，一个能为他们所关爱的人付出的机会。总有一天，你也会得到一个这样的机会，一个去回报那份关爱的机会。

Part 3

第三部分

创造学习型对话

第七章

你的目的是什么

高难度谈话有很多种,你不可能每种都能遇上。人生太短暂,而需要做的事情又太多。所以,你该怎样决定何时谈话呢?是将它摆在第一位,还是放到后面再说?至于那些你不想再提及的事情,你又该如何潇洒地放手呢?

当隔壁的狗吵得你夜不能寐时,你的心灵也因为这些问题的拷问而备受折磨。此前,我们已经用了本书一半的篇幅来讨论你该谈什么,接下来,我们将会用剩下的篇幅来探讨该如何谈。不过,在此之前,我们还是先来谈谈"时机"。

提出来,还是放下?如何抉择

如果有一条必须遵守的原则可以告诉我们何时应该将问题提出来,何时又应该保持沉默,也许,一切就会变得简单了。譬如说,诸如"吃饭时不谈政治""无论你做了什么,早晨八点之前务必保持沉默"以及"永远和老板站在同一条战线上"之类的规定似乎清楚地阐明了一切,可与此同时,这样的规定也相当于一纸空文,不会给我们带来很大的帮助。

至于你是否应当和他们(你的丈夫、代理或维修工)提及此事,除了你自己,没人能够帮你做决定。因为每件事的具体情况都各不相同,所以我们无法给出一条简单的原则,指导你做出明智的决定。我们能够做的就是给你提出一些问题和建议，以此帮助你决定是否应当开始谈话，以及谈话该如何开始。

我如何才能知道自己的选择是正确的

当我们在犹豫是否该提起某一个话题时，通常都会这样想："我真希望自己在做决定的时候能够表现得更加果断。假如我够机灵，就不会像现在这样为难了。"然而，事实就是，"正确的决定"根本就不存在。我们无法预知事情的结果会如何。所以，请不要再浪费时间去寻找所谓的正确答案——怎样做才是最明智的？那样的答案不仅毫无用处，而且还有可能会破坏谈话。

相反，当你需要慎做决定时，你应当保持头脑清醒。对于大多数人而言，要做到这一点并不困难。

依次完成三层对话

在任何情况下，你首先要做的就是竭尽全力依次处理好三层对话。面对情绪，关键的认知问题以及感知中可能出现的曲解或差异，你需要谨慎对待，力求尽善尽美。其次，保持清醒的头脑，对自己所知道的（你的情绪、经历、故事以及你的自我认知）和不知道的（他们的意图、感知或情绪）有清楚而明确的认识。

这一方法将会帮助你更好地掌握沟通进程，并获得一种能够透视谈话的洞察力，从而找到使你们谈话陷入困境的真正原因。有时候，当原因昭然入目时，解决问题的方法也随之呈现于眼前："提出问题的确很重要，而我现在也已经知道该如何去做了。""现在，我已经开始明白，为何谈话有可能会无功而返了。"

三种毫无意义的对话

就在你考虑是否应该采取行动的同时，你可能会发现，有时候发起谈话是明智之举，而有时候却恰恰相反。是否应该发起谈话？在回答这一问题之前，请你先回答以下三个关键的问题。

真正的矛盾是在你身上吗

有时，解决问题之所以会变得如此困难，更多是因为你本人，而不是因为你与他人之间所发生的一切。在这种情况下，我们如果仍然只关注互动，最后，谈话的结果很可能是一事无成或事倍功半；除非，你先和自己来一次详细的对话。

因为与孩子有关的各项职责，例如接送孩子上下学，带孩子看病以及上钢琴课，卡门与丈夫之间纷争不断。最终，在反复审视了自己的自我认知对话之后，卡门终于解决了和丈夫之间的矛盾：

尽管我和汤姆选择了我主外（我外出工作，挣钱养家），他主内（他在家照顾孩子）的家庭模式，可是我在工作之余仍然需要为孩子的事情而奔波。我觉得汤姆并没有尽到他应尽的责任。正如我所看到那样，他总是"掉链子"；而我则不得不频频为他善后，以确保事情能够顺利进行。

然而，当我开始梳理自己的自我认知对话时，我这才猛然发现，我一直都没放松过对孩子生活的控制权——这也许是因为自始至终，我都在全职工作和照顾孩子之间摇摆不定。我很喜欢自己的工作，而事实上，我也干得相当出色，且收入很可观。可是，我却无法克制住内心那种因为抛弃孩子而产生的罪恶感。有时候，当我看到女儿在遇到问题时首先会向汤姆求助而不是向我寻求帮助时，我甚至会有些嫉妒汤姆。

卡门逐渐意识到，自己之所以不愿放下为孩子规划生活的责任，完全是因为只有这样，她才觉得自己仍然是一位合格的母亲——仍然在孩子的幸福生活中扮演着不可替代的角色。于是，从此之后，当家中的事情再度陷入混乱时，她渐渐能够抛却怨恨的情绪，平静对待了："我会努力将事情交给汤姆处理，并从另一个角度来看待这些责任。毕竟，是我自己选择了接管事情，而不是因为他撒手不管。"

除了谈话，还有更好的解决方式吗

随着你越来越了解自己的情绪或责任，事实也越来越清楚地摆在眼前：

你现在需要做的并不是发起一次关于双方互动的谈话,而是改变自己的行为。有时候,行动比语言更有效。

围绕家庭农场这个话题,沃特已经和母亲有过多次谈话,但每次谈话不是不了了之就是没有任何成效,有时甚至是不欢而散。沃特向我们讲述了他的故事:

自从父亲去世后,就一直是我的兄弟们在帮助母亲打理农场。无论何时,只要我一和她谈话,母亲就会问我什么时候回家,和兄弟一起打理家庭农场——或接替老丹尼,成为一名小镇医生。

从个人角度出发,我很喜欢城市生活,也很满意现在的儿科大夫的工作,所以,我认为我应该通过谈话让母亲放弃这一想法,接受我不会回去的事实——至少短期内不会。

可是,当我依次审视这三层对话时,我却有了不同的发现。我意识到,每当母亲提及此事时,除了感到失落和不满,我也会觉得很欣慰——因为她很想念我——并充满了感激之情,毕竟我的根在家乡,而我还有选择回去的机会。此外,当我联想到自己的孩子并不像侄女那样依恋祖母时,我也会觉得有些悲哀,并为他们没有机会在乡村农场长大而惋惜。毕竟,对我而言,那的确是一段异常美好的经历。

不过,这次审视最重要的收获之一来自我尝试着从母亲的角度来感知和感受整件事。突然间,我意识到,母亲真正想告诉我的是,她不想错过我生活中的每一个细节——她想成为我生活的一部分。她想让我带着自己的家庭回到她身边,从而使她能够与我们的生活建立起一种更加密切的联系。可是,当她通过问我何时回家来表达这一意愿时,我却通常会因为排斥这一话题而草草结束谈话。最后,我可能好几个星期也会不给她打电话,因为我担心她又会旧话重提。于是,我的这一做法愈加让她认为自己已经和我渐行渐远,而这势必将鼓动她再次给我打电话,告诉我她是多么地想我,想让我回家,一家团聚。

当沃特终于明白了为何和母亲的谈话总是停滞不前,以及自己的复杂感受之后，他意识到根本无需再和母亲讨论他是否会回家这一话题。他首先需要做的就是改变自己在这一矛盾中的作用。

我开始更加频繁地给母亲打电话，告诉她孩子们的近况，并且邀请她来我这儿小住，而不再像以往那样，我们双方只在假期或家庭事件时才互相拜访。当她再度提出我何时才能回家这一问题时，我也没有像之前那样打断她或草草结束谈话，而是告诉她，我很满足现在的生活状态。同时，我还告诉母亲，其实我也感到有些懊悔和抱歉，因为我没能花更多时间陪伴她，并向她表达了希望能让孩子多陪陪她的愿望。很快，女儿们就收到了来自家乡的邀请，邀请她们去那儿和堂姐妹们共度暑假。渐渐地，母亲不再问我什么时候回家了。

于是，自然而然地，沃特和母亲之间的联系也变得更加紧密了。

有时候，对于解决问题，谈话根本无济于事，或甚至根本行不通。可是，尽管如此，你仍然会想做点什么。弗兰是美国一名成功的工人权益游说者，她曾与一名收费员有过一次不愉快的经历。通常，弗兰都会在零钱筐里放一些50美分的零钱，用来缴道路通行费。如此一来，她就不用再摸黑找零钱，并且花时间去数那些钢镚了。因此，当她掏出1美元交过路费的时候，她更愿意收费员找给她2角5分的硬币当做零钱。如果她收到的是5美分或1角的硬币，弗兰往往会退回给收费员，让他给自己一些2角5分的硬币。

大多数情况下，收费员通常都会满足她的这一要求，可是就在昨天，当她再次提出这一要求时，却遭到了一名当值收费员的怒喝："你们这些有钱人难道就不能改改自以为是的臭毛病吗？你难道就没想过我为什么要给你1角的硬币，而不是2角5分的？"听了他的话，弗兰顿觉狼狈，便回答说："我明白，我只是觉得你那儿的零钱多，找起来更方便一些。"话音未落，收费员就将两个2角5分的硬币重重地摔到了她的手中："你又不是我，怎么会知道我的工作状况，事实上，像你这种人也根本不会关心我的工作！走吧。"弗兰虽然气愤，却也一时语塞，只得强忍住怒火，驾车离开了收费站。

回到家后，当弗兰再次回想起这段不愉快的经历时，她这才意识到，因为愤怒的蒙蔽，她的确忽视了一些自己不愿承认的事实：首先，当她要求对方更换零钱时，的确有一种自以为是的感觉，尽管这种感觉并不是那么的强烈；其次，她从来没有想过收费员在工作时是否需要遵循某种强制性规定的限制；最后，从收费员的角度来看，她看起来的确像个有钱人。所有这一切都不符合她心目中对自己的认知。尽管此时的她已经意识到了这些，但是她仍然很不喜欢收费员对她的那种态度，不过，她倒是能够做到从他的角度来设想：一整天对着一条蜿蜒不尽的车队，然后再看着一辆辆汽车从自己身边扬长而去，这样的工作，一天下来，的确让人感到心烦。

如此一来，弗兰心中的怒火逐渐平息了，也不再琢磨当她下次在收费站再遇到这名收费员时该如何反驳他了。与此同时，她也通过这次经历了解到了一些更复杂的事情。她仍然想做点什么，只不过这一次，她改变了方式和对象。不久之后，弗兰给公路收费管理中心写了一封信。在信中，她提出并解释了自己的要求：她希望能在缴费时收到 2 角 5 分的硬币作为找零，但她也希望此举不会给收费员的工作造成不便；除此以外，她还询问管理中心，什么样的政策才能保证自己的希望能够实现。让弗兰感到高兴的是，她很快就收到了来自中心的回复，而回复的内容却让她有些吃惊：原来，中心的确规定了收费站的收费员只能携带一定数量的零钱，而且除了规定时间外，收费员不得随意离开收费站。收费中心很感谢她能提出这一问题，并且答复说，他们已经有了对策，既能满足她的要求，又不会让收费员感到为难。

你有任何有意义的目标吗

试想一下，当你就某一太空任务咨询美国国家航空航天局的负责人时，得到的答案却是："嗯，我不知道。我们认为，我们已经将某个人送进太空了，等他回来后，一切应该就很清楚了。"

这听起来似乎有些不可思议。然而，很多时候，作为谈话的发起者，我们却不清楚谈话究竟是为了什么。我们发现谈话正在进行，可是，没有人知道大家在谈什么，或者说谈话的结果会怎样。

有时候，我们试图发起谈话，然而从一开始，谈话就偏离了正轨。如果没有正确的目标作为指引，谈话中，无论你说什么或做什么，都不会有任何意义和作用（甚至可能会让事情变得更糟），这一切都是因为从一开始你就选错了目的地。

请记住，你无法改变他人。很多时候，我们发起谈话就是为了改变他人。寄希望于改变，其本身并没有错。渴望改变他人是一种十分普遍的愿望。我们希望他们能变得更有爱心，能够更加欣赏我们的工作成果，能够给我们更多的私人空间，或是能够更加积极地参加舞会。我们也同样希望他人能够接受我们的职业选择或性取向，能够尊重我们的信仰，或接受我们对今天所发生的重要事件的观点。

然而，问题就在于，这些都只能是希望，一些我们无法实现的希望。我们无法改变他人的观点，也无法强迫他们改变自己的行为。如果我们能够做到，也就不会有所谓的高难度谈话了。我们只需要告诉对方："这些就是你应该更爱我的原因。"而对方则会回答说："既然我知道了这些原因，那么，我会更加爱你的。"

可是，我们谁都知道，事情并非如此简单。任何人的观点和行为绝不会仅仅因为争辩或事实就会发生改变，更不会因为我们试图说服他们而改变。你难道会因为某人说过的某些话就改变自己的价值观和信仰，或替换你的爱人或生活目标？如果有这么一个人，他并没有意识到你和他看待事物的角度不同，但却试图想改变你，那么，你又会怎么做呢？

我们可以影响他人，但却需要极其小心谨慎。让我们有些哭笑不得的是，单纯地试图改变他人的企图几乎很少能够成功；而一次以互相学习和了解为目标的谈话却往往能够帮我们实现改变他人的愿望。为什么会这样？因为当我们试图改变他人时，我们很有可能会立刻采取攻势，反驳和攻击对方的观点，却鲜少会去聆听对方的述说。如此一来，对方增强防御和抗拒心理的可能性就会增大，自然也就无法彻底敞开心扉，了解和接受新事物。相反，当他们认为我们能够理解他们，愿意聆听他们的述说或尊重他们的意见时，他们改变的可能性反而会大大增加。

不要捡了芝麻丢了西瓜。人们会犯的另一个错误就是为了暂时缓解心理压力，做出了不顾将来后果的决定，正所谓捡了芝麻丢了西瓜，因小失大。

珍妮特就明白了这一道理，只不过那是在一次痛苦的经历之后。她从事了二十年的财务管理工作，工作经历平淡无奇，可是她却怎么也没想到，有一天，在面对董事对自己能力的质疑时，她只能用眼泪来回答对方。可事实就是如此。每一次上呈财务预算数据时，她都会觉得自己就好像一个靶子，只能任由他人瞄准和攻击。最后，她实在厌恶了那种当靶子任人攻击的感觉，于是她决定直面董事，一个叫希尔薇的女人。后来的结果并不理想。对此，珍妮特解释说：

回顾以往，尽管我说了一些应该说的话——担起我应负的职责等——但是我真正想说的却是：别再说了，难道就我一个人错了吗？我想让她也感受一下渺小的滋味，就像我一直以来的这样；我还想让她知道，她不能那样对我！

我做到了。当我离开会议室时，我的心情好极了……可这一好心情却仅仅只维持了15分钟。很快，我就开始为自己说过的一些话而感到后悔，并且意识到我刚才的做法只会让我们之间的对抗愈演愈烈。事实就是，她的确能够这样对我，而我刚刚做的一切则会让她更加"疯狂"地对待我。

如果你想改变他人或他们的行为，并就此对他人大发雷霆或指责，这样的谈话最有可能的后果就是你所担心的种种负面效应——兑现。当你说出"你麻木不仁／不可信赖／让人无法接受"之类的话，最后受到伤害的只会是你们之间的关系。你的这些话也许还会伤害对方的感情，激起她的抗拒心理，或直接解雇你。

不过，这并不意味着珍妮特只能默默承受希尔薇的"职业虐待"而无法改变这一状况。其实，只要她将谈话的目的稍作调整，她们之间的谈话就会变得卓有成效了。如果珍妮特能够说服自己，怀着一颗好奇的心去思考希尔薇的种种反应，谈话就会变得更有意义。珍妮特可以把这当成一次机会，在了解希尔薇的故事的同时，也和她分享自己的观点和感受，从而找到一种更加适合她们的工作关系和方式。是因为珍妮特做了什么吗？希尔薇是否已经意识到自己的行为会对珍妮特产生怎样的影响呢？过去，希尔薇是否正是通过这一方式实现了自己的目的呢？珍妮特能为希尔薇提出什么建议以改进她的不善反应呢？

如果珍妮特能够带着这些问题去了解希尔薇的观点，由这次谈话所激起的不良反应将会大大减少，而谈话对她们之间关系所造成的破坏力也会大大降低。珍妮特将会和希尔薇一起，共同关注并探讨她们的关系，找出双方矛盾产生的根源。

与自己谈判，从而改变自己的谈话目的，这样做不仅可以大大降低谈话的风险，而且能够使谈话出现有利结果的几率大大提高。

不要做打了就跑的蠢事。通常，当有重要事情宣布时，我们往往会马上说出来，因为"现在"正是我们的失落期，这件事过了"现在"再说就没有意义了。应该说，在这一方面，绝大多数人还是足够细心的，他们会尽量错开那些最不适宜开口的时机，即我们常说的懂得见机行事。如果有人告诉我们，他刚刚从医院回来，而且马上就不得不去做那个手术了，在这时，几乎没有谁会回答说："哦，是吗？真的很抱歉。不过，顺便说一句，你还欠我500块钱！"

然而，尽管如此，我们仍然会在挑选时机时犯另一个错误：打了就跑，不管不顾。有名员工明明已经迟到了，可依旧不紧不慢地走进办公室，对此，你觉得应该找他谈谈，于是，你说："又迟到了？"然后便转身离去了。又或者，某个周末，你去探望儿子，当你看到垃圾桶里的空啤酒瓶时，你立刻对儿子说："你还嗜酒如命？这次被我逮着了吧。"

其实，你说这些话的本意是想帮助对方。你希望你的员工或儿子能够把自己的话听进去，而后记住。可是，这样说也许可以让你的自我感觉变好（"至少，我已经说了"），却会激起对方的对抗心理，让他们倍感失落，而这一切只会让你所希冀的改变成为泡影。

因此，每当这时，我们的建议是：如果你想说点什么，那就说清楚。把你的想法说出来，告诉对方。如果你真的想说，就不能蜻蜓点水般地一掠而过。你必须设定一个谈话的时间，十分钟或一个小时；你必须清楚明白地告诉对方，你需要和他谈一件你认为很重要的事情。你绝不可能在30秒内完成一次真正意义上的谈话。只有真正的谈话才能解决问题。如果你只有"打了就跑"的勇气和能力，那就最好什么都别说。

放手

　　本书中提到的方法将会帮助你在谈话中取得许多意想不到的收获。当你不知该何时提出问题时，书中的方法可以帮你做出更英明的决定；又或者，通过这些方法，你至少可以从杂乱无章的事情中理出些头绪或是改变自己的想法。当你熟悉了这些方法之后，你会变得越来越"聪明"，也不会再重蹈覆辙——陷入过去那些曾经将你引入歧途的错误方法中。渐渐地，你不会再感到焦虑，而那些你最重视的人际关系最终也会得以巩固。

　　不过，这种方法并非无所不能的魔法。有时候——尽管我们已经尽了最大的努力——我们真的是回天乏力。你无法强迫他人在你们的关系中投入更多的精力和感情，也无法要求他人找到解决问题的方法。当儿子不给你电话时，无论你向他解释多少遍你有多么担心他，他都不会给你打电话；你的老板仍然会对你大发雷霆；而你的母亲也永远都不会明白你小时候所感受到的那种被抛弃的感觉。

　　有时候，当你对自己的目的以及一些可能的策略进行过仔细的思考后，你会选择放弃谈话而保持沉默。当你身处于一段关系当中时，心中有事却隐忍不发实在是一件极其痛苦的事，而你的精力和热情也会在百般隐忍中被消磨殆尽，所以你决定就此放手。是的，你能够放手，让一切成为过去。

　　但在另一些时候，放手就不是一件容易的事情了。尽管你觉得自己最好能够置身事外，但是因为某些原因，你却始终难以摆脱话犹在喉，不吐不快的欲望。深藏于脑海中的记忆好比浪潮，夹带着种种情绪一浪接一浪地冲击你的每一根神经，每当想到它，你就仿佛经历了一场情感洪水的洗礼。你的确已经选择了忘却，可是你的情绪却已经在脑海里扎根。

　　有些人认为，放手是一种选择；而另一些人则认为，只有选对了时机——在你忏悔之后，在你发现了一段新的关系后，或是在对方已经原谅了你之后——放手才能称之为选择。因为放手，我们会失去什么？放手果真如此简单，只要我们摊开掌心，所有的痛苦、愤怒、伤害以及羞愧就会如一阵风般从我们的指尖滑落，而后消失？

　　对此，我们的答案是：不知道。而对于那些认为存在简易方法的人，我们也同样表示怀疑，但却不予以否认。毕竟，每个人的情况都不同，也许，这对有的人而言真的很容易。

我们知道的是，放手通常都需要时间，其过程也很少能够一帆风顺。对你而言，这意味着你必须找到一个合适的地方——这并不容易——在那里，你可以尽情释放所经历的种种伤痛或羞愧；你可以讲述一个不同于之前所讲过的故事；你甚至可以放下受害者和坏人的角色规律，然后赋予你和对方以更加复杂的角色，让双方获得解脱；也只有在那里，你才能够接受一个真实的你。

如果有人告诉你，现在的你应该已经忘却某事或谅解某人，请不要相信他。坚持给自己设定时间期限，迫使自己在一定时间内忘却某事或原谅某人，这样做无异于给自己下套，搬起石头砸自己的脚。可是，你也不能因此就认为面对"放手"，自己无能为力，只能任由时间左右，顺其自然。实际上，你完全可以通过自己的很多行为来帮助自己实现这一目标。

接受一些释放自我的假设

如果你想放手，不妨从自我认知对话入手——对那些可能阻挡你放手的普通假设提出质疑，然后换之以我们为你提供的选项，最后平静地接受这一切。以下便是四种能够帮助你释放自我的假设。

让一切变得更好并不是我的责任，我需要做的就是尽力而为。对凯伦而言，当她放下"一切都会更好"的美好幻想时，一切烦恼和麻烦也就随之画上了句号。

"我之前的几段恋情全都以失败告终，所以，我很希望现在的这份感情能够有结果。可在此之前，我想要的并不仅仅是一段有结果的恋情。不知道是从什么时候开始，我就决定一定要让这段感情延续下去，不管付出什么代价，而我的职责就是维持这段感情。我尝试过各种方法，也许早就应该放下这段感情，重新开始了。可是，我始终觉得，也许有什么方法能够解决我和保罗之间的问题。如果我能够表现得更好一些，或是能够在合适的时间做正确的事情，或是更加努力地维系这段感情，也许结果就不会如此了。"

对凯伦而言，在放下内疚和悲哀的情绪这一过程中，她需要接受一个事实：有时候，有一些限制是我们所无法打破的——恋爱难免会有矛盾，有隔阂，你无法让恋人们始终都保持卿卿我我的状态，让他们一直陶醉在说不尽的甜言蜜语当中，更无法保证每一段恋情都能修成正果。

他们也有自身的局限性。有时候，你会把自己的情绪和感知告诉对方，或是让对方知道他们对你造成了什么样的影响，而他们也会对此表示理解，于是，你们达成一致意见：改变自己的行为。然而，不久，类似的情况再度发生，于是你想："他们明明知道这样会招致我的不悦，却仍然我行我素。这意味着什么？他们不够重视我？他们是不是想把我逼疯？从中我能够了解到什么？"

你从中能够了解到的一件事就是，他们和你一样，并非圣贤。无论你多么明确地告诉他们，他们的酗酒行为已经严重地伤害了你，最后的结果却是你可能会因为他们的健忘而愤怒，或是为了他们的不负责任而感到悲哀。其实，并不是他们不想，而是他们实在没有能力改变自己，至少现在不能。

在当了一辈子大姐之后，艾莉森自然而然地养成了一副老大的派头。从某种程度上来说，她的弟弟已经接受了姐姐的这一缺点，不再为了她的专横而与她打持久战。通过与自己的认知进行协商，他选择了向姐姐妥协，从她的那些优点出发，继续一如既往地爱她，关心她。

"我是谁"与矛盾无关。另一个阻碍我们放手的重要障碍就是，我们常常会"惹火上身"，非要把自己和矛盾联系在一起。在我们看来，自己就是那个被上帝遗忘的可怜的小羊羔，那个最吃苦耐劳的妻子，又或是团队里受压迫最深的那个人。其实，把我们推进"火坑"的不是别人，正是我们自己。

在过去的四年当中，罗布公司里的领导权曾因为几个关键的决策性问题而多次分裂。作为公司"在野党"的一分子，罗布勇敢地与公司管理层展开了持久战，尽管他的精力和热情随着持久战的延续而几乎殆尽，但他毕竟坚持下来了。现在，由于一次突如其来的合并，罗布所在的"在野党"一下子变成了"当政党"。对这一结果，罗布在感到满意的同时，也隐隐感到有些不安和忧虑。当惯了"反对派"，突然一下变成"掌权派"，一时间，罗布竟然有些不适应，他甚至不知道该如何看待自己。如果将公司过去的争斗比作一场电影，作为电影中的演员，罗布实在是太入戏了，以至于迷失了自我，所以，当他需要离开那个角色时，他竟有些无所适从了。

在人与人之间的矛盾中，这种制衡性的变化有很重要的作用。通常来说，作为某一团体的成员，我们对自己的定义往往都是建立在其对立团体的基础上的，即"我们是谁"其实取决于"我们的反对方"，以及我们所承受的苦难。这种定义的悲剧性就在于，任何和解或化解矛盾的可能性都会让我们有一种强烈的危机感，因为矛盾一旦化解，我们失去的不仅仅是自己在这场矛盾中所扮演的角色，还有我们对自己以及他人对我们的认识，即"我们是谁"。

面对这种情况，我们自然会觉得万般为难，因为谁都不愿意放弃过去的"我"，除非有更好的"我"出现。如果你发现自我已经被矛盾吞噬，如果你已习惯于从矛盾中的自我出发去思考问题，不妨后退一步，回想当初自己为何加入争斗。你争斗是为了实现公正和正义，而不是为了生存。

放手并不意味着我不再在乎。很多时候，我们无法放手其实是因为害怕，我们害怕如果放手，那将意味着我们不再在乎。如果你和妹妹不再争吵，你该如何让她了解她对你的重要性，或是又如何知道她也很重视你呢？有没有一种可能性，可以让你既能"放手"又能"在乎"呢？

大卫就遇到了一件有生以来令他感到最为难的事情。

"当我弟弟被枪杀后，我觉得自己永远都不会原谅那个向他开枪的男人——愚蠢的他竟然会在打牌时喝得烂醉。而我也不得不承认，对于弟弟竟然会在那种地方出现，我也着实感到很气愤。"

"我没有去听审，我也去不了。多年来，每次想到他，想到他死得那么冤枉，我都会痛不欲生，都会抱怨这个世界的不公。在我的心中，一直以来，我都有一个愿望，我希望能够和他谈谈，我想告诉他，对于他的离去，我不仅感到悲哀，而且也十分愤怒，我气他竟会如此愚蠢，我恨他竟然如此狠心，弃我而去。"

"直到最近，我才开始意识到谅解竟然有如此强大的力量——原谅弟弟，还有那个杀死他的男人。忘却悲伤和愤怒并不意味着我对弟弟的爱就会消减，也不代表我的失落感就会消失。在这件事情上，除了接受，我别无选择。这一生，我都无法走出失去弟弟的伤痛。在我的心里，我还是会和弟弟交谈，可是谈话的内容已不再像之前那样沉重。对他，除了无尽的思念，我不会再有其他任何情绪了。"

大卫的故事向我们展示了放手的威力，也用事实告诉了我们：尽管选择了放手，但是我们的爱和回忆却并不会失去。大卫不能，也不会忘记一切。虽然这是一段充满了痛苦和悲伤的经历，但是从这段经历中，他却学到了很多，他会将所学应用到自己和孩子们以及和他人的相处当中。此外，悲剧发生后，大卫便背上了沉重的情绪负担，而伴随着他的放手和原谅，这些负担也随之烟消云散了。

即使是在那些更平凡的情况下，想要在高难度谈话中放开情绪和认知的包袱，却也是一件充满了挑战的事情。高难度谈话通常都是围绕我们的自我核心所展开的——在谈话中，我们最关心的人和各种原则将会与"我们"交互作用。所以，从其本质上来说，放手就是巧妙且宽容地绕开这些敏感话题，尽量避免高难度谈话的发生。

当然，你处理高难度谈话的技巧越高明，需要放手的情绪和事情就越少。而改进谈话技巧的一大关键则在于为谈话设立合理的目的。

如果你发起谈话：三种有效的目的

之前，我们曾经谈论过，有些谈话目的很可能会给你惹麻烦。可是，如果我们的谈话目的是正确而有意义的呢？因此，发起谈话的黄金法则就是为了彼此能够相互理解而谈话。请注意，我们所指的是谈话双方更好地理解对方的故事，但这并不要求双方必须达成共识。理解是为了获得更多的信息，从而决定（对于所获得的信息，可能接受也可能不接受）下一步的行动。

当你认为谈话可能会陷入困境时，不妨想想以下三种谈话目的，并且时刻牢记它们。

了解他们的故事。了解对方的感知将会带我们依次进入三层对话。有哪些信息是他们拥有而我们忽视了或我们无法获得的呢？他们受到了何种过去经历的影响？他们这样做的原因是什么？他们的意图何在？我们的行为会对他们产生什么样的影响呢？他们认为我们在这件事情上应当承担哪些责任？

他们有什么感受？对他们而言，这种情况意味着什么？目前的情况又如何影响了他们的认知？有谁或什么事受到了威胁吗？

表达你的观点和感受。你的目标应当是从让自己满意的角度出发，表达你的观点和感受。你希望对方能够明白你话语的意义，也希望他们也许会因此而被感动，可是你却不能依赖这一希望。你能做的就是把一切都说出来：你的观点，你的意图，你的责任，还有你的感受和认知，而这也是你完全能够做到的。你可以和对方分享你的故事。

将问题积累起来一次性解决。在你和对方都已经互相了解的情况下，你可以做点什么来推动事情的发展呢？你是否可以来一场头脑风暴，想出一个能让你和对方双双满意的好点子呢？当你和对方的需求发生冲突时，你是否可以本着公平公正的原则，用一种积极可行的方法来解决这一矛盾呢？

姿态和目的是一对患难与共的好搭档

这三种目的共同作用的结果就是，你和对方会看到一个不同于之前的世界，对于事情的发展也会有更加强烈的感受，并最终完成了与自我认知的沟通和协商。简而言之，你们各自又有了一个新的故事。你们需要一个正确的目标，一个能够帮助你应对这一现实情况的目标。

这些目的来自你最初的学习姿态，来自你与三层对话的交流，来自你心态的改变——由确定到好奇（来自你行动的改变），从争辩到发现（也来自你观点的改变），由简单到复杂，从"或"到"和"。它们看起来似乎显得很简单，也许你甚至会觉得过于简单了，可是，千万不要小看它们，因为这些表面看似坦率直白的目的后面，隐藏着执行它们时所带来的诸多困难，以及它们所拥有的足以改变你谈话方式的强大力量。

在剩下的几章当中，我们将会从学习姿态出发，通过这些目的，和大家一起探讨如何才能成功地完成一次学习型谈话——从发起谈话直至谈话结束。

第八章

开始谈话：从第三个故事开始

在高难度谈话中，压力最大的时刻莫过于开始。在谈话刚刚开始的几秒钟内，我们可能会获悉一个不好的消息，或是获知对方对事情持有完全不同于自己的观点，又或是得知我们的期望可能会落空。对方可能会生气，也可能为此而心烦意乱，又可能我们会发现，他们根本就不想和我们谈话。

不过，虽说万事开头难，但在高难度谈话中，看似危机四伏的开始其实也蕴藏着许多机遇。你完全可以把握住这一大好时机，善加利用，借以影响谈话的大方向。当然，你可以采取一边倒的方式，使自己在谈话中占尽先机；所有人都会这样做，但是，我们也可以选择其他的方式。你在谈话开始时所说的一切将会对之后双方理解和解决问题产生深远的影响。有一些技巧，只要掌握了它们，你不仅可以充分利用开场白的机会为谈话奠定一个良好的基础，而且也将明白一些简单的原则，从而了解为何之前的开场方式会给你惹来无穷的烦恼和麻烦。

那么，我们该如何发起一次谈话呢？在回答这一问题之前，让我们先来看看如何才能不谈话。

为何那些经典的开场白无助于事

不管怎样，如果我们想进行一次谈话，首先，我们都必须得先说点什么。

于是，我们会像小时候的游泳教练告诉的那样：闭上眼睛，深呼吸一口气，然后跳进去。

如果你不遵从父亲的遗嘱，家庭将会随之破裂。

你当着我们主管所说的那些话实在太让人郁闷了。

我们的儿子南森在班里人缘不好——他实在太具破坏力了，而且还喜欢和同学争辩。过去你常说家里的事情都会好起来的，可是你看，他一定是为了家里的事而烦恼。

在我们了解它之前，可能只会觉得无比困惑不解。听了我们的话，对方觉得受到了伤害，并且有些生气，而我们则进入了防卫的戒备状态，之前的所有努力全都被抛到了九霄云外。于是，我们开始思索，为什么一开始我们会觉得谈话会是个不错的好主意呢？

到底哪里出了问题

早在跳入谈话之前，我们就已经开始在心里编织自己的故事了。我们会从自己的感知和角度出发来描述问题，由此推出了那些我们希望能够避免的种种反应。我们的出发点恰好就是对方眼中的矛盾的根源。如果对方能够一开始就认同我们的故事，也许，我们根本就没有谈话的必要。我们说出的故事就好比小喇叭，向他们发出警告：要么戒备，要么反击。

一开始，我们就触及了对方的认知对话

我们的故事（虽然大多数时候都不是有意的）所表达的无非是对他们的评判——他们是什么样的人——以及一个事实：在我们这个版本的故事当中，他们就是问题。像这种简单的开场白之类的话一经说出口，就立刻暴露了我们内心的真实想法。让我们来看看上文中的那几句开场白吧。

开场白	隐含意义
如果你不遵从父亲的遗嘱，家庭将会随之破裂。	你很自私，不知道感恩，而且一点都不关心家人。
你当着我们主管所说的那些话实在太让人郁闷了。	从最坏的角度来说，你出卖了我——从最好的角度来考虑，你很愚蠢。

续表

开场白	隐含意义
我们的儿子南森在班里人缘不好——他实在太具破坏力了,而且还喜欢和同学争辩。过去你常说家里的事情都会好起来的,可是你看,他一定是为了家里的事而烦恼。	你们的儿子简直就是个捣蛋鬼,这也许是因为你们自己不称职,把家庭环境弄得一团糟。上梁不正下梁歪,你们还有什么好隐瞒的?

我们甚至可以想象出比这更糟的开场白,不过,通过上面的分析,我们不难看出为何这些话会激起对方的抗拒心理。从一开始,我们就将对方的认知对话当成了靶子,而我们也从来没有打算接受对方的故事。理所当然地,对方肯定会拒绝接受我们的故事版本,并且迫不及待地说出他们的故事:"我并不是想分裂家庭,我只不过是想维护父亲的愿望。""南森并不是问题儿童。那些懂得如何对待孩子的人一眼就能看出,他是个很可爱的小男孩。"

一方面,我们置对方的故事于不顾,另一方面,我们又试图在双方的故事版本以及各自的感受中找到平衡点。

所以,问题就在于如果不这样做,我们又该怎样做呢?以下便是两种威力强劲的开场白方式,借助于它们,你就可以将谈话引向正确的方向了:第一种,从"第三个故事"引出谈话;第二种,向对方发出邀请,邀请他们加入到对事情的探讨中来。

第一步:从第三个故事开始

除了你和对方的故事之外,每一次高难度谈话中其实还暗藏了第三个看不见的故事。第三个故事,即由一个立场中立且具有敏锐观察力的局外人所讲述的故事。例如,在一场在城市街道上举行的自行车和汽车的比赛当中,第三个故事应当是由市政规划方(一个了解各参赛方之间的利害关系,知道各方优缺点的人)所讲述的故事。当一段婚姻关系亮起红灯时,第三个故事的讲述者则应当是婚姻顾问。当朋友之间发生矛盾时,第三个故事则应该由另一个能同时从双方立场出发且关心双方的朋友来提供。

像仲裁人那样思考

无论是市政规划方,还是婚姻顾问,抑或是保持中立的朋友,他们都有一个共同点,那就是他们可以利用自己中立方(或者说仲裁人)的身份,得出一个客观公正的故事。作为第三方,仲裁人能够帮助人们解决问题。与法官和公诉人不同的是,仲裁人并没有权利实施解决方案;他们只能帮助和协调矛盾双方更有效地沟通,以及探讨可能的解决矛盾的方法。

仲裁人所拥有的最有效的工具之一就是他们发现隐藏在表象背后的第三个故事的能力。这意味着他对矛盾的描述必须同时获得双方的认可。要想让自己对矛盾的描述获得其中一方的认同,其实并不难——事实上,这正是我们开始在心里构建自己的故事时所做的第一步。因此,讲述第三个故事的诀窍就在于:让两个对事情持不同观点的人接受同一个关于此事的故事版本。

仲裁人也是普通人,他们能够做到这一点并不是因为他们拥有某种神奇的直觉,而是因为他们掌握了一套规则(并经过多次实践)。而只要你想,任何人都可以掌握这套规则。作为第三个故事的讲述者,你并不是一定要成为一名不偏不倚的第三方。你完全可以用这样一种方式来开始讲述故事。

与对错无关,与好坏也无关——仅仅只是因为存在差异

问题的关键在于该描述你和对方故事之间的差距,或者说差异。无论你有何种想法和感受,你至少可以接受这样一个事实:你和对方看待事情的方法和角度都是不同的。让我们看看下面的例子。

詹森的故事。詹森的室友吉尔总是把脏盘子堆在水槽里,长时间都不清洗。这不禁让詹森感到很烦恼,而且这也意味着他不得不承担大多数的清洗工作,因为他实在无法忍受将脏盘子堆在水槽里而置之不理。过去,詹森曾经向吉尔提到过这个问题,"这里所有的工作都必须由我来做吗?你不能任由脏盘子堆成山都不管——这样做会危及我们的健康。"

显然,詹森所讲述的故事完全是从自己的角度出发。这样的开场白自然无法打动吉尔,而吉尔也很可能会因此而产生抗拒心理或予以反击。即使詹森用一种更委婉的、类似于建议的方式开始谈话,情况也不会有丝毫好转。"吉尔,我们需要谈谈洗盘子的事情。"无论委婉与否,这都只是他的一家

之言。

吉尔的故事。如果话题的发起者换成吉尔，她则会采取另一种完全不同于詹森的方式："詹森，我想我们应该谈谈。我发现，你似乎格外紧张洗盘子这件事。昨晚，我还没吃完饭，你就已经把桌子收拾干净了。你需要放松些。"当然，这个故事也不适合詹森。

第三个故事。第三个故事的焦点会从评价转为描述，所以，詹森和吉尔的观点差异就成了描述矛盾的重点。故事可能会是这样："詹森和吉尔有着不同的生活习惯，所以，对于该什么时候洗盘子，什么叫做整洁，以及什么是洁癖这些问题，他们有着不同的理解和观点。也正是因为如此，他们常常会因为对方的行为而感到不悦。"这就是仲裁人或持中立观点的朋友描述矛盾的方法。对于这一说法，詹森和吉尔都会表示认可。

很明显，双方的看法存在差异，而在第三个故事当中，你找不到任何关于双方观点孰对孰错的评价，甚至没有任何谁的观点更常见的评判。在第三个故事中，你能找到的只有差异。这也是为何矛盾双方都愿意接受这一故事版本的原因：双方都觉得自己的故事获得了认可，而谈话也就能围绕其展开了。

一旦你发现了这一点，你就可以让谈话从第三个故事开始。于是，詹森可能会这样说："吉尔，关于洗盘子和该什么时候洗这一问题，我们俩的看法似乎不太一样。我想，我们能不能就此谈一谈呢？"如此一来，詹森就可以顺利地继续谈话而又无需牺牲自己的观点（很快，他就可以询问吉尔对此的观点，然后再说出自己的故事），吉尔自然也会欣然接受这一请求，而不会产生任何抗拒或防御心理。

最重要的是，用这一方式发起谈话，你根本无需知道对方的故事，也不必因此而有所顾虑。你需要做的就是承认：对于他们的感知，你需要了解的还有很多，而你发起谈话的目的就是为了进一步了解他们对此的观点。你可以从第三个故事开始谈话："我觉得，我和你对这一情况的看法有所不同。我想把自己的观点告诉你，同时也想听听你对这件事的想法。"

开场白

你的故事：如果你不遵从父亲的遗嘱，家庭将会随之破裂。

第三个故事：我想和你谈谈父亲的遗嘱。显然，我和你对父亲的想法有不同的理解，我们所认为的"公平"也不一样。我想知道是什么让你产生了那样的想法，而且我也想把我的想法和感受告诉你。此外，只要一想到这件事闹上法庭后会给家庭带来的负面影响，我就觉得很害怕。我想，你大概也一样……

你的故事：你当着我们主管所说的那些话实在太让人郁闷了。

第三个故事：我想和你谈谈早晨开会时发生的事情。你说的有些话真的让我感到很郁闷。我想让你知道是什么让我心烦意乱，也想听听你对这件事的看法。

你的故事：我们的儿子南森在班里人缘不好——他实在太具破坏力了，而且还喜欢和同学争辩。过去你常说家里的事情都会好起来的，可是你看，他一定是为了什么事而烦恼。

第三个故事：我想让你知道，对于南森在学校里的表现，我很担心，而我也想听听你的想法：你觉得是什么导致了这一切的发生？我知道，在之前的谈话中，我和你都曾经就此事表达过不同的观点。我觉得，如果一个孩子在学校里表现不佳，通常都是因为家里有事让他烦心，而我也知道在这件事情上，你并不这样认为。也许，合我们二人之力，我们就能找出导致南森行为不佳的原因，同时也找到解决这一问题的方法。

绝大多数谈话都可以从第三个故事开始，这样既可以涵盖双方的观点，又可以让双方都欣然加入谈话。就拿之前的几个开场白来说，如果一开始双方就能从第三个故事出发，情况又会如何呢？

暂时放下你的故事并不代表你需要放弃自己的观点。发起谈话的目的是为了邀请对方也加入到对这一事情的讨论中来。在与对方共同探讨此事的过程当中，你将会了解到双方的感知和观点，然后，你再根据这些刚刚获得的新信息对自己的观点做出调整。

你和弟弟就父亲的遗产划分问题进行了谈话,而你也表达了自己对此事的感受。在谈话中,上述观点在不知不觉中占据了你们的思想,而你对"公平"的定义也发生了变化。也许,你弟弟的观点也有所转变。于是,你们也许可以找到一个公正的解决办法。

或者,你们俩仍然无法达成一致意见。你认为,你们三兄妹应当平分遗产。弟弟则认为,父亲的意思是按照孙辈的人数将遗产平均分成七份——如此一来,拥有三个孩子的他就能分得更多的遗产,而你和你惟一的女儿则只能得到一份。尽管你们最终并没有就矛盾的实质性问题达成一致,但是你们双方却因此而获得了表达自己的感受(心烦意乱,悲伤,忧心忡忡)的机会,同时也得以进一步了解对方为何会产生这样的想法。如此一来,你既可以借此消除你们之间的差异,也能捍卫你们之间的亲情,使它们不致受到遗产之争的牵连而破裂。即使当我们与他人意见不一致时,如果我们能够保持沟通渠道的通畅,并且理解双方的感受和感知,也一样可以让对方知道:我们很在乎他们。尽管我和弟弟也许会因为无法统一意见,而将遗嘱送至仲裁人或遗嘱检验法庭,但是有一点我们双方都很清楚:我们将继续与对方沟通直至问题圆满解决。如果没有其他矛盾"作梗",你甚至可以更好地将实质性的问题分歧和对你而言无比重要的亲情区分开来,从而成功地让亲情彻底摆脱遗产之争的消极影响。

如果由他们做开场白,你也一样可以从第三个故事开始

当然,你不是每一次都能抢到先发言的机会。有时候,高难度谈话会突然从天而降,摆在你的面前——在你的办公室里,或是在门口的台阶上——不管你是否做好了准备。

当你不是谈话的发起者时,你也一样可以遵循第三个故事的原则继续谈话。你可以这样做:记住对方所说的话,并将它们当做第三个故事中的他们那一部分的故事描述。既然第三个故事中本来就应该包含他们的故事,所以,用他们的故事作为你谈话内容的开头并不代表你就偏离了正轨。

在上文的事例中,如果吉尔首先找到詹森,对他说:"我们谈谈吧。你知

道吗？昨晚，就因为你的洁癖，我连饭都没吃好。"听闻此言，詹森自然会从自卫的角度出发，心想："什么？你才是那个问题的根源！我还从没见过像你这么懒的人！"可是，如果他真这样说了，无异于彻底扼杀了这次谈话。

其实，詹森可以把吉尔的开场白当成是自己的第三个故事中的一部分。他可以这样说："听起来，你似乎很不喜欢我对待盘子的态度和方式。其实，我也很不欣赏你对盘子的处理方式，所以，我觉得，我们俩对于洗盘子有着完全不同的看法。也许，如果我们能就此谈一谈，这似乎倒是个不错的主意……"

如此一来，詹森不仅认同了吉尔的故事在谈话中的重要性，而且也在谈话中加入了自己的观点。通过这一小小的转变，詹森便成功地将谈话的目的由争辩扭转为理解。

第二步：发出邀请

在谈话中，营造一个好开始的第二步就是发出一个简单的邀请：我已经用一种我们双方都能接受的方式对问题进行了阐述。现在，我希望你能和我谈谈，而我们谈话的目的就是为了加深彼此的了解，从而解决问题，你认为呢？

陈述你的目的

在对方决定是否接受你的邀请之前，他们必须知道自己的这一决定是为了什么。因此，你首先应当让他们知道，你发起谈话的目的是为了更好地了解他们对此事的感知，同时也让他们明白你的观点，然后你们再共同商讨如何才能让谈话大踏步地前进，而不是蒙着神秘的面纱去威胁双方。当对方获知他们的观点在谈话中占据了一席之地，而你也并非想通过谈话来改变他们的观点时，他们接受谈话邀请的可能性便会大大提高。

发出邀请，但不能强迫他人接受

当然，既然是邀请，就有可能会遭到拒绝。任何人都不能勉强他人加入谈话。如果你让对方认为你"为了谈话才如此描述问题和阐述你的谈话目的",即使是你精心策划的开场白,也一样有可能会遭到拒绝,因为这只是你的第三个故事而已。所以,你发出的应当是一个开放性的能够接受他们修改的谈话邀请。

因此,你应当将谈话的目标设定为"提供并探讨一种可能的关于问题和目的的描述"。换言之,谈话的任务(描述问题和确立目标)应当是一个需要由双方共同努力才能完成的任务。

让你的同伴来做决定

如果你能让对方在解决问题(谈话)时担任一个更具诱惑力的角色,他们接受你谈话邀请的可能性会大很多。你必须摒弃那些认定他们就是"问题"的想法,也不能将他们置于"不招人待见"的光环中,因为这样做将会引爆他们的自我认知对话,使谈话陷入冷战。譬如,在一次停滞不前的合同谈判当中,你这样说道:"我能够看得出,在薪水的意义这个问题上,我们双方有着不同的见解。"到这儿为止,一切都进展顺利,但是如果此时你加上这么一句:"鉴于你们在这方面资历尚浅,我可以告诉你们一些常见的用于解决这一问题的方法。"——你把他们当成了新手——之前的所有努力便会瞬间付诸东流。

如果接受你的邀请意味着对方必须承认自己幼稚,无情,喜欢控制他人,或是承认自己有不足或令人厌恶,他们接受这份邀请的意愿便会大打折扣。然而,如果你说"你能帮我弄清楚……",那么你在发出邀请的同时,也为对方提供了一个咨询顾问的身份;"让我们一起来看看该如何……"则说明你把对方当成了合作伙伴;而当你说出"我想知道这是否可能是……"的同时,你不仅将挑战移交给了对方,而且还为他提供了一次可能成为英雄的机会。

你为对方提供角色或身份必须是发自肺腑的真诚的行为。可是,你不能就此而想当然地认为,你最初对问题的描述——例如你把对方当成一切的罪魁祸首的故事——比你能够为他们找到的其他角色更真实,更能反映你的真实想法。如果你想重新定义对方的角色,你必须认识到:如果你打算获得更多关于这件事的信息并让事情能有所进展,就一定需要他们的帮助。

有时候，最能够让对方感受到你邀请的真诚性的做法就是，将你内心关于如何定义他们的思想斗争告诉对方。你可以这样说："在我的脑海里，我总是觉得事情会变成这样，全都是因为你的轻率和不细致造成的。然而，我也知道，从某些层面上来说，这种评价对你而言是不公平的，所以我需要你的帮助，我希望你能帮我更加透彻地了解整件事，以及你在这件事情上的立场和观点。"这是一种诚实的表白，与此同时，这些表白也让他们了解到，你把他们当成了"某个能帮助我了解事情真相的人"。

持之以恒

在这里，我们所说的持之以恒与之前关于邀请而非强迫的建议之间并不存在任何矛盾之处。事实上，你的确需要一定的时间和精力才能让对方弄清楚你意欲何为。

鲁思打算和前夫谈谈他来探望女儿亚历山德拉的事情。过去，他们之间的这一谈话往往都是以吵架告终。这一次，鲁思尝试着从第三个故事开始谈话，并且提出了一些有帮助的谈话目标。可即便如此，要想让前夫完全明白她的意思，鲁思还是需要和他进行一些沟通。

鲁思：布莱恩，我觉得，在你探望亚历山德拉这一问题上，我们似乎都没有将自己的意思表达清楚。

布莱恩：我知道，我知道。我道歉，好不好？车间里发生了重大事故，我一直都在开会，忙着处理这件事。

鲁思：我明白，总会有些意料之外的事情发生。我今天找你谈话，只不过想进一步了解整件事。在过去的几个月当中，关于你来探望亚历山德拉这个问题，我们曾经制定过很多次计划，而且这些计划最终也得到了你的确认，然而，不久之后，我却了解到你认为那些计划并不是一定要执行。在你看来，我们的计划就是如果你能走得开，你就来看她。

布莱恩：我是这样说过。如果我可以走得开的话，我就会去。

鲁思：你看，我认为我们的计划是很明确的——无论发生了什么事情，你都会来。所以，这样看来，我们都误解了对方的意思。今天，我想解决这一问题，因为我们对此的任何误解都有可能会让亚历山德拉受到伤害。我们能不能花点时间谈谈这件事情呢？

布莱恩：当然。我可不想伤害亚历山德拉……

请注意，一开始，布莱恩并没有接受鲁思所说的话，或者，他也许甚至根本就没有弄明白前妻对这一问题的描述和她这次谈话的目的。他原以为鲁思会因为他的食言而对他大吼大叫，也早已做好了对抗攻击的准备。但是，鲁思却出色地完成了开场白的任务，不仅做到了持之以恒，而且也根据布莱恩的反应做出了正确的应对。

几种具体的谈话

关于如何从第三个故事开始高难度谈话，除了上述那些一般性的建议之外，接下来，我们将会针对你能够预计到的具体的谈话场景给出一些更加详细而具体的建议。

传递坏消息

正如我们在第二章当中提到过的，即使是你向他人传递坏消息，你也不应该把它当成"一言堂"，而应当把它当成一次完整的谈话，而且最好开门见山，千万不要试图顾左右而言他。例如，当你明明想说"我要和你分手"时，却借"那么，你怎么看待我们俩之间的关系呢"之类的话来蒙蔽对方。此外，如果从一开始你就做好了分手的打算，就不要花两个小时的时间来谈论你们之间曾经发生过的种种"情事"。

如果你想告诉父母，你和你的家人将不会回来过圣诞节，你可以这样说："关于这个圣诞假期，我们俩已经谈了很多次，我们知道我们回去过圣诞节这件事对你们的重要性，可同时，这对我们而言，无论是从经济因素上来说，还是从感情上来说，都不是一个容易的决定。今天，我打电话就是想告诉你们，我和胡安在经过反复商量之后，决定今年还是不回去了，就在这儿和孩子们一起过圣诞。我们也是好不容易才做出了这个艰难的决定，因为我真的不想让你们失望。我想尽早把这个决定告诉你们,这样,如果你们愿意,不妨也说说你们对此的想法,然后我们还能再谈一谈。"

不过,这并不意味着当你既有好消息又有坏消息要宣布时,你就一定要从坏消息开始谈话。你应当明白一件事:你既有好消息又有坏消息,而决定谈话先后顺序的不应该是"好"与"坏",而是哪个消息更容易被听众所接受。或者,你也可以按照以下列出的合理的顺序来展开谈话。

提出请求

在有些高难度谈话中,焦点其实就是我们对某件事物的欲望。最常见的例子之一就是要求升职。作为员工,我们应该如何展开这一话题呢?

"我不知道如果说……是否可以呢?"关于提出请求,最简单的建议就是:不要让请求变成要求。具体的做法就是,你可以邀请对方加入到这一话题的探讨中:升职是否公平,这样做是否有意义?不过,请注意,我们的建议并不是要你低声下气地去求对方,而是让你在提出请求之前对现实情况有一个更加透彻的认识。作为你的上司,老板自然拥有一些你和你的同事所不了解的信息。也许,老板的这些信息听起来似乎有些吹毛求疵,但是,事实就摆在眼前:在你和老板探讨升职事宜之前,你根本无法知道老板对此的想法,也更无从知道在老板眼中你是否值得提升。

也许,对此你有一定程度的了解,而事实上,这也正是导致你为升职一事而备感焦虑的主要原因之一。如果是这样,你不妨尝试着把"我想,我应该获得提拔"这样的开场白换成"我想和你谈谈我升职的事情。据我所知,我应该获得提拔(这是我的理由)。不过,我想知道你对此有何看法呢?"当你说出后一种开场白时,凭借这一看似细微的变化,你不仅可以成功地缓解双方的压力,而且还可以让谈话就此平稳地展开。最后,你也许会获知自己并不能升职,又或者,你也许会惊喜地得知,你将获得一个比之前预想的职位更高的升迁机会。

旧话重提

有时候,早在谈话开始前,你就已经知道,一旦你提出那个尤为敏感的话题,对方可能立刻就会做出消极或否定的反应。譬如说,你的儿子不想和你谈论他的成绩;你的妻子也不想谈论任何家庭财务问题;而只要你在部门里提出任何与种族主义有关的问题,你的同事们就会向你翻白眼,或流露出不屑的神情。你明知道旧话重提只会让对方讨厌或拒绝你,当你面对这些"旧话题"的时候,你又该如何让谈话能够继续,并且取得有建设性的结果呢?

谈一谈该怎样谈论它。最简单的办法就是先谈谈你们的谈话方式。把"我们谈话时事情的发展方式"当成问题,然后从第三个故事的角度出发,将这一问题描述出来:"我知道,在过去,每当我提出升职过程中种族因素所发挥的作用这一问题时,人们往往会觉得我含沙射影,或是因此而恼羞成怒。其实,我从没想过要指责任何人,也并非故意要让人们觉得难堪。对我而言,我觉得这是一个很重要且很值得探讨的问题。所以,我正在考虑我们能不能谈谈面对这一话题,大家会作何反应?此外,我们是不是也能够找到一种更好的方式来谈论这一话题呢?"

或者,你可以试想这样一个情节:在你看来,你的某个朋友的健康状况之所以会每况愈下,很大程度上是因为她的工作负担过重,可是她自己却并不这样认为。每当你试图和她谈论这一问题,她都会摆出一副坚决抵抗到底的架势。面对这种情况,你也许可以从探讨你们的交流方式入手,开始谈话:"我很明白,你不喜欢谈论任何与你的工作安排有关的话题,至少我知道,你不是很满意我之前的那种谈话方式。可是,对我而言,问题就在于我真的很担心你,而我也很想让你知道为何我会忧心忡忡,并且我希望这能对你有所帮助。不过,现在看起来,我似乎还不知道该怎么跟你说,所以我想知道你对此有什么好的建议吗?"

听了你的这番话,你的朋友也许仍然会坚持己见,告诉你这一切与你无关,不过,她也可能会因此而接受你的谈话邀请:"你知道吗?其实,我或多或少也有些同意你的看法。可是,已经有太多的人就这一问题来找过我,他们从各种角度出发,试图说服我。面对这种疲劳轰炸,我实在有些厌烦。我现在真正需要的是一个愿意支持我的朋友，而不是一个对我指手画脚，给我提供所谓意见的旁观者。当我仔细地思考完整件事而后做出决定时，我希望你们能够静静地聆听，听我说。你明白我的意思吗？"

一张前进的地图：第三个故事，他们的故事，以及你的故事

如果将完成高难度谈话比作登山，那么，从第三个故事开始谈话将会保证你无比安全地抵达山脚。可是，你的目标是爬山，而这仅仅还只是山脚而已。现在，问题已经挑明，而你的目标也很明确，接下来，你需要做的就是从你和对方的角度出发，分别探讨那三层对话。对方将会把他们的观点和感受告诉你，而你也将回到自己的故事中，与他们共同分享你的观点和感受。

谈什么：三层对话

探索每个故事的来源。"我现在的反应很可能与我过去的工作经历有相当密切的联系……"

告知对方你所受的影响。"我不知道你是否故意要这样做，可是……我真的感到特别不舒服。"

承担自己应担负的责任。"我做了很多不该做的事情，让情况越变越糟……"

描述你的感受。"我为提出这件事而感到很焦虑，可与此同时，对我而言，我们能够开诚布公地谈论此事真的很重要……"

回顾自我认知。"我想，我之所以会在这件事情上如此执着，完全是因为我不想把自己当成那种人。"

当你将自己的故事告知对方时，无论从三层对话中的哪一层开始都是可行的。你可以谈谈过去的那些经历，从而让对方知道，你们双方之所以会对目前这一情况持不同见解，正是受到了过去经历的影响："我想，我之所以会对此产生如此强烈的反应，完全是受到了上次买方不付款的遭遇的影响，我担心情况会越变越差。"

你也可以探询对方的意图，并将其行为对你所产生的影响坦言相告："我

不知道你是否已经意识到了这一点，但是就因为没有接到你的电话，我都快急疯了。"此外，你还可以将重点放在对方的感受上："如果我是你，我一定会觉得很沮丧。"或是将你的自我认知变化告诉对方："我觉得，我之所以会觉得如此难以抉择，完全是因为对我而言，公平真的很重要。只要想到我的处理方式可能会造成对你的不公，我就会感到很难受。"不过，从根本上来说，你所选择的与对方分享的内容通常都取决于当时的具体环境，你们之间的关系以及对谈话有帮助的观点或感受。

如何谈：听、说，以及解决问题

三层对话为我们的谈话提供了充分而有益的素材。在接下来的几章当中，我们将会进一步和大家来探讨谈话的方式和技巧。

为了能够从其内部了解对方的故事，你需要掌握一些关于提问、聆听以及认同对方的特殊技巧。为了能够清楚地表达自己的故事，并使它具备一定的说服力，你除了需要具备说话人的资格，而且述说的内容必须精确，且只能够涉及到自己。在第九章和第十章，我们将会一一探讨来自这些领域的挑战，并且为大家提供一些提高谈话效率的原则。当然，这些原则并不像从第三个故事转到他们的故事或你的故事这样简洁明了。真正的谈话是一个互动的过程——其间，你需要不断地转变角色和目的：聆听，分享观点，以及提问，当谈话误入歧途时，你还需要经过及时地沟通和协商将它重新拉入正轨。第十一章会告诉你该如何掌控这一互动过程，并将谈话引向最终的目的——解决问题。最后，第十二章将会带领大家重新回到最初杰克和迈克的那次谈话中，为大家展示如何运用书中所列举的技巧和方法，顺利地完成一次高难度谈话。

第九章

学习：用心聆听，听明白

安德鲁正在董叔叔家做客。就在董接电话的时候，安德鲁扯了扯他的裤腿。

"董叔叔，我想出去玩。"
"现在不行，安德鲁，我正在讲电话呢。"董说。
安德鲁坚持要出去："可是，董叔叔，我想出去。"
"说了现在不行，安德鲁！"董回答说。
"可是我就是想出去嘛！"安德鲁又说了一遍。
如是往复了几次，董开始尝试别的方式："嘿，安德鲁，你真的很想出去玩，是吗？"
"是的。"安德鲁回答说。然后，他什么都没说，便走开了，开始一个人玩了起来。

事情由此而变得很明朗：安德鲁只是想让叔叔明白他的意思。他要确定叔叔已经听到了他的话。

安德鲁的故事证实了一件事：我们十分希望自己说出的话有人听，也希望对方是因为在乎自己而聆听。

有的人认为自己已经是一名合格的听众；有的人明知自己不是却也不是

很在意。无论是前者,还是后者,看到这一章的标题,他们很可能都会就此掠过。千万不要这样做。事实上,在高难度谈话中,善于聆听恰好正是你可以加以利用的最有效的技巧之一。它可以帮助你了解对方,而且重要的是,它也能帮助他们了解你。

聆听改变谈话

一年前,格丽塔的母亲被查出患上了糖尿病,一切药物医疗、饮食以及锻炼都必须严格遵医嘱。格丽塔担心母亲并没有严格遵照医生的要求去做,可是她又无法劝服母亲这样做。于是,每当提及这一话题,她们之间的谈话往往如下所示:

格丽塔:妈妈,你要坚持按照医生列出的计划进行锻炼。我担心,你根本就不明白这一计划的重要性。

妈妈:格丽塔,请不要天天跟在我后面念叨这件事。你不明白。我已经尽力了。

格丽塔:妈妈,我明白。我知道锻炼的确不是那么容易的事,可是我真的希望你能保持健康。我想看到你和孙儿孙女一起嬉戏玩耍。

妈妈:格丽塔,我真的不喜欢这样的谈话。要我坚持按计划去做,注意饮食、锻炼什么的,对我而言,实在是太难了。

格丽塔:我知道那不容易。锻炼一点都不好玩,可事实就是,一周或两周以后,你也许就会觉得它似乎变得容易了,而你也会开始对锻炼充满了期待和向往。我们也可以帮你找一些你真正喜欢的活动进行锻炼。

妈妈(一时语塞):你没有意识到……我的压力很大。今后,我再也不想谈论这个话题了。到此为止吧!

毫无疑问,这样的谈话自然只会让格丽塔倍感失望和伤心,使她觉得自己对此真的无能为力。格丽塔很想知道,究竟她该怎样做才能显得更权威,才能说服妈妈,改变妈妈呢?

可是，缺乏权威性并非格丽塔的症结所在。事实上，她缺少的是一种好奇心。在接下来的一次谈话中，格丽塔转变了姿态，将谈话目标由原来的说服转变为了解。为此，她尽可能地多听少说，多提问题，并且尝试着认同母亲的种种感受。

格丽塔：我知道，你不想和我谈论任何有关糖尿病和锻炼的话题。

妈妈：是的，我一点都不想谈这个。那只会让我觉得心烦意乱。

格丽塔：你说心烦意乱，是什么意思呢？从哪个方面来说呢？

妈妈：格丽塔，整件事都够让我心烦的！你认为这很好玩吗？

格丽塔：不，妈妈，我知道这不是一件容易的事。我只是不太清楚，在这件事情上，你到底是怎么想的，你觉得这对你有什么意义吗？你能告诉我，你有何感受吗？

妈妈：我告诉你吧，如果你爸爸还活着，事情也许会不一样。每当我生病了，他就会变得格外体贴。再复杂的医嘱，只要他在，一切就都不是问题。他会把一切都打理得妥妥当当，完全不需要我操心。所以，现在我一生病，就会格外想念他。

格丽塔：听起来，没有爸爸的陪伴，你似乎有些孤单。

妈妈：我有朋友，而你也很好，可是这毕竟和有你爸爸在身边还是不一样。我的确觉得有些孤单，可是，从我自己的角度出发，我又讨厌谈论这个话题。我不想成为你们的负担。

格丽塔：你觉得，如果你把自己的孤单情绪告诉我们，我们就会觉得有负担？我们就会为此而担忧？

妈妈：我只是不想让你们重蹈外婆的覆辙。你知道吗？我的外婆就是死于糖尿病。

格丽塔：不，我不知道。

妈妈：我觉得，如果把你们外婆的死因告诉你们，那实在是一件很可怕的事情。我自己都很难接受这一事实。我知道，现在的药物治疗已经比过去的好很多了，而这也是我应该遵医嘱的原因。可是，如果我真的按照医生说的去做，我觉得，那些所谓的康复计划只会让我变成一个病怏怏的老太婆。

格丽塔：所以对你而言，坚持康复计划就好比强迫你接受一件你无法完全接受的东西？

妈妈：那是不理智的。我并没有说完全不能接受。只不过，这会让我觉得有些可怕，而且，我对此根本就束手无策。

格丽塔：我明白了，妈妈。

妈妈：我还可以告诉你一些别的事情。其实，对于你们要求我所做的一切，饮食禁忌和锻炼之类的，我甚至都不是特别能够理解。我觉得，如果这样做，势必将会影响到其他人，但我却不得不这样做。计划很复杂，可是医生却根本不会向你详细地解释为何要这样做，以及你该怎样做。所以，我根本不知道该从何开始。如果换成是你爸爸，他也许知道该怎么做。

格丽塔：也许，在这一点上，我可以帮助你。

妈妈：格丽塔，我真的不想成为你们的负担。

格丽塔：我真的想帮你。请相信，如果你能让我帮助你，我会感觉好一些。至少，我不会像以前那样，觉得自己在这件事情上力不从心。

妈妈：你能帮我的话真是太好了，我心头的一副重担总算放下了……

当格丽塔开始真心地聆听妈妈的述说后，她惊喜地发现，自己和妈妈的谈话竟然可以取得如此之大的进展。她开始从妈妈的角度来看待整件事，渐渐地，她发现，她和妈妈之间关于这一话题的谈话竟然也可以如此深入，而她也终于能够以一种妈妈能够接受方式来帮助妈妈。这也许就是聆听所带来的最显而易见的好处：了解对方。不过，除此以外，聆听还有第二个更能让你惊讶不已的好处。

聆听他们的述说，他们才会听你说

令人惊喜的是，当格丽塔转变姿态，不再像最初那样，绞尽脑汁，试图说服母亲接受锻炼，而只是简单地不带任何目的地聆听和认同母亲的观点和感受时，她反而轻松地实现了最初孜孜以求却难以企及的目标——母亲接受了她的帮助，也接受了康复计划。这样的结果并非偶然。那些深陷于高难度谈话中的人最常说的一句抱怨的话就是：对方根本就不听我说。每当我们听到这种怨言时，我们往往会给出一条标准化的建议："你需要花时间多听听他们怎么说。"

当对方对你的话置若罔闻时，你也许会觉得这是因为他们很固执，或者他们根本就不明白你想说什么。（如果他们能够明白，他们自然也就会知道为何他们应当听你说了。）所以，你认为解决之道就是不断地重复，同时尝试各种新的解释方法，并且提高音量。

面对这一情况，我们大多数人都觉得，这些方法似乎不失为解决这一问题的良策，可事实上这些方法却并不能奏效。为什么会这样？因为在绝大多数情况下，对方不愿听你说的原因并不是因为他们固执，而是因为他们觉得你并没有把他们的话听进去。换句话说，对方不愿听你说话的原因和你对他们的评价一样：他们觉得你反应慢或是你很固执。所以，他们的对策和你的如出一辙：不断地重复自己的话，尝试各种新的表达方式，提高音量等。

如果阻碍他们聆听的障碍就是他们觉得自己说的话没人听，那么，去除障碍的方法就是让他们觉得自己的话有人听了。你先退一步，聆听他们想说什么，而也许最重要的一点就是，让他们知道，你已经明白了他们想说的话以及他们的感受。

如果你不相信，那么不妨一试。找一个你认识的最固执的人——一个似乎从来都不会接受他人观点，只会不断重复自己观点的人——然后听他说，尤其是在他表达自己的感受，譬如他说自己感到很沮丧、骄傲或害怕时，并对他的这些感受表示认同。届时，你再发表自己的意见，看看他是否能够静下心来听你说。

好奇的姿态：如何做到用心聆听

具体来说，格丽塔在第二次谈话当中的表现与第一次相比，到底有何不同呢？她提出了问题。为了确认自己是否明白了母亲的意思，同时也为了让母亲知道自己已经明白了她所说的话，她还再次阐述了母亲的话。此外，格丽塔还听懂了母亲话语背后所隐藏的种种感受，并且表达了自己对这些感受的认同之意。

以上的每一件事都对聆听有着至关重要的意义。可是，如果你只能做到其中的一件事，那还远远不够。在第二次谈话中，格丽塔所做的最重要的一件事就是她扭转了自己的心态，从最初的"我明白"转变到了后来的"帮助我弄明白"。之后，其他所有的一切都随之而发生了改变。

忘记话语，专注于真诚

关于如何才能成为一名出色的听众，你也许早就从许多以"积极地听"为主要内容的书中找到了答案。对此，这些书中的建议大都类似——提问题，回顾对方所说的话，认可他们的观点，专心致志地听，以及直视他们的双眼——也都是一些不错的建议。在看过了这些书之后，跃跃欲试的你迫不及待地想找人操练自己刚刚学到的聆听技巧，可结果却让你大失所望，你的朋友或同事不是抱怨说你表现得很虚伪，就是说你的行为过于机械化，有些呆滞。"不要用一些积极地聆听之类的东西来糊弄我。"他们都如是说。

你的问题就在于：书本让你知道了该说什么，以及该采用何种坐姿，可是你却忽视了聆听最核心的要素——真诚。人们不仅可以"读懂"你的话语以及身体语言，而且还可以由此窥探到你的内心世界。如果你所展现出来的姿态并不诚恳，无论你的话语多么动听也都无济于事。在交流的过程中，人们看重的无非是你是否真的对他们所说的话感兴趣，你是否真的很在乎他们。如果你虚情假意，那么，再巧妙的措辞，再丰富的肢体语言也都无法帮助你赢取对方的信任和聆听。如果你情真意切，即使是再蹩脚的语言也一样可以使你的沟通畅通无阻。

只有真诚的聆听才具有如此大的威力和效用。真诚的聆听意味着你之所以会聆听对方的诉说是因为你对此很好奇，因为你在乎，而不是因为你觉得应该这样做。因此，聆听的关键就在于：你是否好奇？你是否很在乎？

脑海中的解说员：更多地倾听发自内心的声音

通过倾听自己的故事，你可以了解自己的真实想法。要想克服真诚的聆听过程中最大的障碍，我们就必须迈出至关重要的第一步：发现并留意发自内心的声音——你想到了但没有说出来的观点或想法。如果受到了冷落，这一声音将会严重地阻碍我们聆听。从这一点来说，即使你可以全心全意地倾听自己内心的声音，在聆听他人时，你最多也只投入了一半的用心。

所以，你不妨花点时间来寻找这位隐藏在你脑海中的解说员。你可能会听到这样的话："嗯，这个所谓的发自内心的声音倒是个挺有趣的东西。"或"他们在说什么呢？我难道就没有什么想法吗？"——这就是我们所说的"内心的声音"。

不要掩盖它，让它大声地说出来

也许，在你听来，这似乎有些不可思议。我们的建议是不要对内心的声音置若罔闻，更不要拒绝倾听它们。你不能这样做。相反，我们鼓励你尽量地去寻找并倾听这些声音，至少当它们说话时，你应该能够明白它们要表达的意思。换言之，听它们说。只有当你完全意识到并且明白了自己的想法之后，你才能有效地管理它们，并将注意力集中在对方身上。

在倾听的同时，你往往会随之产生无数的想法和感受，不过现在的你已经完全掌握了它们的规律：你内心的这些声音将会相应地进入三层对话，并开始喋喋不休地发表自己的意见。在"发生了什么"对话中，你可能会听到这样的声音："我是对的""我不是故意想伤害你的"以及"那不是我的错"。同时，你也可能会留意到各种各样的感受："我不敢相信她竟然会那样看我！我实在是太生气了！"以及你的自我认知："我真的有那么粗心大意吗？应该不至于呀。"又或者，很多时候，你可能还会做一些不着边际的白日梦："不知道给亲家准备的晚餐够不够？"或是开始准备应答："什么时候才轮到我说话？我已经想好了四点要说的。"

如此一来，说话的人自然也就不会觉得你心不在焉了。

管理内心的声音

那么，当你内心的各种声音扎堆时，你怎样做才能在专注地聆听对方诉说的同时始终保持一种好奇的姿态呢？你可以尝试一下两个步骤。首先，看看你是否可以通过和自己协商的方式让自己保持好奇的态度；其次，看看你是否可以通过引导让内心的声音也进入学习状态。如果这还不能奏效或是有时候不能，你也许就必须在聆听对方之前首先学会表达自己内心的声音。

通过协商，让自己变得好奇。如果你认为内心的声音是无法改变的，那你就错了。当你发现自己的好奇心开始打瞌睡时，你可以把它唤醒。这时，你可以提醒自己：作为一项任务，了解对方往往比看起来要困难。此外，你还应当谨记，如果你认为自己已经了解了对方的感受，并且也知道他们想要说什么，那一定是错觉。有时候，当你已经信心满满地认为一切都已尘埃落定，自己肯定是正确的时候，你往往会意外地发现，一件看似不起眼的小事却让一切都发生了改变。正所谓，学海无涯，还有很多是你不曾了解的。因此，你需要时常提醒自己，我们每个人的生活都是由许许多多不同的故事构成的，而每个故事的深度和复杂度都有所不同，故事与故事之间可能存在矛盾，也可能存在很细微的差别。

一天半夜，奥德丽被自己六岁大的女儿乔伊斯叫醒。她们之前刚刚看过一部电影，电影中母狗抛下小狗一去不回的情景让乔伊斯感到十分害怕。所以，奥德丽便认为乔伊斯是担心自己会抛弃她，于是，她向乔伊斯解释说："我永远都不会丢下你一个人，更不会一去不回。"

可是，事情却并非如此，乔伊斯并不是担心妈妈会抛弃自己，而是为了刚买的乌龟而感到忧心忡忡。电影中的情节让她联想到，她的乌龟会不会就是另一只小乌龟的妈妈，是不是有一只小乌龟正在等待妈妈的归来呢？事实上，乔伊斯的乌龟只是一只刚刚出生的小乌龟，可是她却并不知情，所以她才会感到害怕，感到内疚。在这个故事中，奥德丽之所以会误解女儿，就是因为在自己内心的声音与女儿的话语之间，她选择了前者。她听见内心的声音说"我知道这是怎么一回事"，于是，就在她接受这一说法的同时，她的好奇心之火也随之熄灭。

另一种帮助你重燃好奇心的方法就是时刻关注你的谈话目的。如果你的目的是想说服或战胜对方，或是想让对方做某事，你内心的声音便会异口同声地反复重复这一目的，对你说"你为什么不这样做呢？显然这才是最好的答案"。如果你的主要目的之一就是了解对方，内心的声音则会在这一目标的驱使下向你提出问题："为此，还有什么我需要了解的吗？"或："我想知道我该采用什么方法来理解这个世界，才能让一切都变得有意义。"

不要听，要说。有时，你会发现内心的声音实在太过强势，使你根本无法集中精力去听对方说话。当然，你曾尝试将自己的好奇心调动起来，可最后还是失败了。如果你已被伤痛或愤怒冲昏了头脑，或是因为他人的背叛而义愤填膺，又或是恰好相反，你已经高兴得忘乎所以或是因为爱情的降临而心潮澎湃，那么对你而言，专注于聆听几乎成为了不可能完成的任务。

对达丽拉而言，聆听显然已经不可能，因为她刚刚得知，希瑟（和她同住了六个月的室友）是一位双性恋者。当希瑟对她说这番话时，达丽拉既感到困惑，又觉得尴尬，同时她甚至还有那么一点点的气愤。这时，对达丽拉而言，与其假装聆听，倒不如直接开口说话。为了让自己在谈话中能够保持真诚的态度，达丽拉首先应该诚实地说出自己的想法和感受："我很高兴你能够基于信任把这件事告诉我，而我也真的很想做一名好听众。可与此同时，这个消息却让我感到有些无所适从。我的感觉糟透了，现在，面对你，我实在有些不知所措。这一消息实在是太让人震惊了。"

于是，达丽拉和希瑟就这一话题展开了一次让双方都略感高难度的谈话。她们两人不仅各有许多强烈的情绪需要梳理和表达，而且对性取向的观点也截然不同。当她们在谈论双方的友谊以及该如何处理将来的同住事宜时，无论对谁而言，聆听无疑都是一项至关重要的能力。在此期间，对她们而言，为了能够平静地聆听，有时她们需要首先把自己的感受和观点说出来。

当你发现自己也身处于类似的环境当中时，你应该让对方知道，你的确很想听他述说，而且你也很在乎他们的话，只不过，你现在不能听。通常，你只要将自己的想法简单扼要地告知对方，就已经足够了。"听到你这样说，我真的很惊讶。我想我不能同意你的观点，不过，你不妨再多说一说你看待这件事的方法或角度。"或："我不得不承认，尽管我真的很想听你说说你不得不说的肺腑之言，不过，同样地，我也觉得你的话侵犯了我。"当你将内心的声音表达出来之后，便可以再次静下心来倾听，因为你知道，你已经表明了自己不同的立场或见解，而你也可以在合适的时机重新探讨自己观点。

在某些情况下，你可能会做出不同的决定——既不听，也不说。这也许是因为你实在是太沮丧或太困惑，又或是因为你需要马上先处理另一件事，仅此而已。与其心不在焉地聆听，你不如告诉对方："这对我很重要，我很想找一个时间好好和你谈谈这件事,但现在不行。"

管理你内心的声音并不是件容易的差事,尤其当你还是个新手的时候。但是,请记住,它却是优质聆听的核心。

三种技巧:提问,阐释以及认同

你的内心姿态对聆听的好坏起到了决定性的作用,以下便是一些你可以借为己用的技巧,以及一些有助于人们管理内心姿态的方法。除了让好奇心永葆青春,一名优秀的听众通常还会掌握三种基本的技巧:提问,阐释以及认同。以下便是一些与之相关的该做的和不该做的事情。

为了了解而提问

此节的标题已经言简意赅地说明了一切:为了了解而提问。目的只有一个,就是了解对方。要想检验你所提出的问题究竟是会让谈话百尺竿头,更进一步,还是揠苗助长,你只要想想自己为什么要提出这个问题,一切就一目了然了。因为对于这个问题,惟一正确的答案就是"为了了解"。

不要用提问的方式来掩饰自己的观点

小时候,我们常常会明知故问。坐在车里,我们会问爸爸妈妈:"我们到了吗?"你知道你们并没有抵达目的地,而你的父母也知道你明白这一道理,所以他们会用一种和你一样的明知故问的语气来回答你的这一问题。其实,你的言下之意是"我觉得太颠簸了"或"我们要是现在就到了那该多好啊"或"这段旅途对我而言实在是太漫长了"。无论你说出哪句话,都有可能会从爸爸妈妈那儿得到一种更有意义的回答。

这也向我们证实了提问在谈话中所扮演的一个重要角色:如果你没有问题,就不要没事找事,胡乱提问。不要把自己的主张当成问题提出来。这样做只会让对方感到困惑,并招致对方的敌意,因为在对方听来,这样的问题不仅充满了讽刺意味,而且有时候还会让人觉得你很卑鄙。现在,就让我们来看几种以问题做幌子而提出的主张吧：

"你打算让冰箱的门就这么敞着？"（代之以"请把冰箱门关上"或"每当你让冰箱门大敞着的时候，我都很不高兴"。）

"你能不能把注意力集中在我身上，哪怕一次都好？"（代之以"我觉得你根本就是心不在焉"或"我希望你能多关注一下我"。）

"你难道就一定要开快车吗？"（代之以"我觉得很紧张"或"当我觉得一切完全不在自己的掌握中的时候，我根本就放松不下来"。）

从上述的例子当中，你可以发现这些以问题做伪装的主张要么是与情绪有关，要么就与请求有关。对此，你并不应该感到惊讶。对我们当中的许多人而言，分享情绪和提出请求恰恰正是让我们感到最为头疼的两件事。它们会让我们觉得自己就好比一个靶子，只能任人瞄准和攻击。每当这时，如果我们能主动出击，将要说的话转化为攻击武器——带有讽刺意味的问题，我们心中的安全感便会有所加强。可是，这种安全感不过是我们的幻想，事实上，这样做只会让我们得不偿失。与"你能不能把注意力集中在我身上，哪怕一次都好"相比，"我希望你能多关注一下我"显然更能将你和对方引入一次良性的对话当中。同时，这也将引出一个让双方都满意的结果。

为什么会这样呢？因为当你选择前者时，对方聆听的焦点自然会集中在你对他的讽刺和攻击上，从而也就忽视了你隐藏在话语背后的情绪或请求。他们听不到你对孤独情感的诉说，只会断章取义地认为你在控诉他们粗心大意，不在乎他人感受。对方接收不到你想传递的信息，因为他们的注意力全都集中在如何为自己辩护上。事实上，他们的回答很可能会是这样："那好吧，没问题，我可以关注你，就一次。"于是，从这儿开始，谈话便滑离了正轨，情况开始变得糟糕。

不要把问题当做盘问对方的工具

我们容易犯的第二个错误就是利用问题来盘问对方，并以此攻击对方的观点。和第一个错误一样，这样做无异于搬起石头砸自己的脚，譬如说：

"你似乎认为这是我的错。不过，你肯定也同意，你犯的错比我多，对吧？"

"如果你说你在制定比例时已经竭尽了全力，那你又如何解释，为何在你放弃之后,凯特很快便完成了这项工作呢?"

从一开始,这些问题的立足点就是错误的。他们的目的是为了说服对方——你才是正确的,错的是他们,而不是试图想了解对方。

为了能够妥善且有效地利用这些问题当中的观点,你应当将暗藏于问题当中的主张提炼出来,而后将其表达出来——但是,你只能把它们当成自己的主张,而不是事实。在这一过程中,你与其言辞凿凿地肯定自己的主张,倒不如把它们当做开放性的问题或观点,在与对方分享它们的同时,就此展开讨论,进而了解对方对它们的反应。你与其认为对方故意忽视你的观点,倒不如告诉自己:他们已经认真思考过这些观点,只不过出于自身原因的考虑,他们才说出了另一个不同版本的故事。例如,你可以说:"我明白,你觉得自己在制定比例这件事情上已经竭尽全力。只不过,在我看来,你的这番话与后来的事实之间似乎有些矛盾,毕竟,凯特在接手你的工作后很快便完成了这项工作。你觉得呢?"

提出开放性、不受限制的问题

开放性、不受限制的问题即那些可以由回答者从任何角度,采取任何方式来回答而不受任何限制的问题。与封闭性的"是/非"问题相比,这种问题的答案可以为我们提供更加丰富的信息,或是更有意义的答题思路。例如,你可以用"你打算做什么"这一问题来代替"你打算做A还是B呢"。如此一来,你不仅可以消除自己暗藏于问题答案中的偏向性,而且对方也不会因为要理解你的观点而分散答题的精力了。他们完全可以根据自己的需要,直截了当地回答问题。"告诉我更多的信息"及"帮我更好地理解……"这两句话的变体都是典型的开放性、不受限制的问题。

让我们来看看发生在罗斯和他老板之间的故事吧。罗斯收到了一份有关职业研讨会的宣传品,他有些动心。作为一名生产经理,罗斯深知,参加这种研讨会肯定会对他今后的工作大有裨益,所以,他觉得如果他向老板告假参加研讨会,并申请由公司支付全部费用,一定可以得到老板的支持和批准。

然而,他错了。他和老板之间的谈话如下所示:

| 美国知名沟通专家 | × | 哈佛法学院讲师 | × | 畅销书作家 |

共同打造一本颠覆我们沟通方式的谈话宝典

道格拉斯·斯通是美国知名的沟通专家。曾先后服务过波音、埃森哲、IBM、JP摩根、优尼科等世界知名企业。他还曾深入参与1980年美国伊拉克人质冲突谈判，结束南非种族隔离谈判，并被哥斯达黎加总统奉为座上宾。

布鲁斯·佩顿也是畅销书 *Getting to Yes*（中文版书名为《谈判力》）的作者之一。

希拉·汉身兼数职，她既是三一咨询集团的合伙人，又是哈佛法学院的一名法学讲师，同时，她也是哈佛经理人教育系列课程的授课教师，为律师及各大公司的行政主管教授相关课程。

使用此书的机构和企业：

联合国总部及地区办事处；国际空间站；美国白宫、司法部、国税局、联邦储备委员会以及国家邮政管理局；阿拉伯－美国石油公司；波音公司、IBM、埃森哲；哈佛大学、牛津大学、麻省理工学院等世界知名学府的法学院、商学院……

畅销书作家 + 权威媒体
倾情推荐

唯一不需要阅读《高难度谈话》的人，是那些从不与人打交道的人。
——畅销书《第五项修炼》作者 彼得·森吉

本书为你提供了面对人生艰难时刻所需要的情绪和智慧。
——畅销书《情商》系列作者 丹尼尔·戈尔曼

为了生活，我读到第三遍了。一半的书页都折角了。这是一本令人难以置信的强大的书。
——畅销书《追求卓越》作者 汤姆·彼得斯

本书向你承诺，以有效的方式解决棘手的情况，无论是"应对你的保姆还是你最大的客户"，它做到了吗？它做到了。
——《纽约时报》

这些才华横溢的沟通高手将多个领域令人生畏的知识与易于理解且实用性强的建议融为一体。
——《书单》

斯通、帕顿和汉极其清晰且朴实地阐明了培养训练有效的沟通技巧的方法，并提供指导帮助读者在对话中实现开放性和建设性的结果……这本书是这个领域的权威，而且在未来一段时间内应该都会是权威。
——《南方通讯期刊》

它是一个用户友好的指南，帮助我们掌控令人畏惧的会谈。
——《快公司》

《高难度谈话》的核心见解与常识产生了如此强烈的共鸣，以至于很容易忽视这是一本多么了不起的必读之作。
——《哈佛谈判法评论》

一本改变家庭、生活、工作的人际关系**秘籍**

客户迟疑不定；供货商百般刁难；突发的公共关系危机；想让别人帮忙，却难以启齿；与团队中的绝大多数成员意见相左；与家人理念有严重分歧，无法更好地教育孩子；亲朋好友之间闹矛盾，想主动求和又不想委屈自己……

高难度谈话 5 步骤

- 第1步 梳理三层对话，为谈话做准备
- 第2步 检查你的目的，然后决定是否提出这一争议性话题
- 第3步 从第三个故事开始（旁观者姿态）
- 第4步 他们的故事，以及你的故事
- 第5步 解决问题

《高难度谈话》结合上千个现实案例总结出来的沟通技巧，手把手教你提升谈话能力。

* 破译高难度对话的基本结构
* 在没有准备的情况下随时开始对话
* 听出弦外之音，读懂阴阳怪气
* 面对攻击和指责时保持情绪平衡
* 从情绪化无效对话走向富有成效的问题解决方式

哈佛大学沟通训练书目
美国白宫 1600 名高层政治官员沟通教材

{ 哈佛谈判项目专家 15 年研究成果，被翻译成 25 种文字，畅销全球 25 年 }

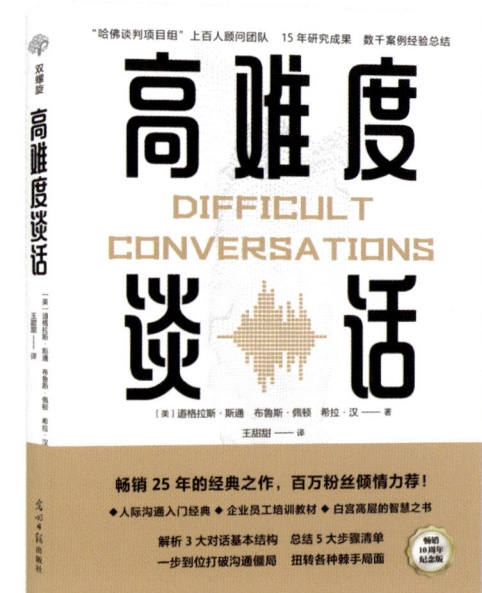

DIFFICULT CONVERSATIONS
解答读者非常关心的十大疑问

畅销 10 周年纪念版

名人企业家谈人际沟通的重要性

任正非 华为董事、CEO

不愿意和我沟通的人,我只能让他离开!

我一再告诫大家,要重视普遍客户关系,这也是我们的一个竞争优势。普遍客户关系这个问题,是对所有部门的要求。

张瑞敏 海尔集团创始人

世界上最无价的东西是人心,要赢得别人的心,只有拿自己的心去交换。

读者评论《高难度谈话》

* 这本书可能是沟通类书籍中非常重要的一本。分析解读令人们在会谈中停滞不前的行为模式,是其他同类书籍未触及的议题。它协助人们处理人际关系,创造长久的改善。

* 我很喜欢这本书的写作方法,用一个例子开始了整本书,最后又回到那个例子,首尾呼应。为了说明方法举了很多很多的例子,也列出了需要注意的种种方面。仔细体会书中的道理,对生活真的有帮助。

* 条理清晰,分析层次分明,把难沟通的事剖析得十分透彻。原来纠结很久的糊涂事,原来可能是自己对于真相不够了解,或者错误地假设了对方的意图,错误地归纳了责任,以至于陷入自己创造的沟通误区中。这本书剥开云雾见晴天,将混乱梳理清楚。

* 第一次看完一本书有强烈想看第二次的欲望,让我的生活发生了巨变。

* 参加了一个心理学读书营,这是 50 本必读书目之一。

* 对于性格内向的我,也不善于言谈,这本书看了之后会让你有所启发和改变的。

DIFFICULT CONVERSATIONS

老板：在我看来，如果你想让公司为你支付研讨会的所有费用，你需要拿出更多证据来证明你立志于长期为我们公司服务，不过，就目前而言，我看不出你有这方面的意向。

罗斯：什么？你认为我对公司的奉献还有所保留？我已经说过，我之所以想参加这次研讨会，完全是从公司的角度出发，这就是我全部的想法。

老板：我并不这样认为。我能感觉得到，你不过是把这份工作当成一个跳板，借此寻找更好的机会。

罗斯：好吧，我不知道我还能说些什么，我只想告诉你我很热爱这家公司，而且也真的计划想留下来。这次的研讨会能够让我在今后的工作中……

我们不难看出为何这次谈话没能取得任何建树。除了"是"和"不是"，我们根本看不到任何信息的交流。从本质上来说，罗斯的老板说的是"我认为你并没有全心全意为公司服务，但是我并不打算告诉你为什么我会有这样的想法"。不幸的是，罗斯也并没有就此而提出问题。

在经过了培训和相关的指导之后，罗斯再度和老板谈起了这一话题，不过这一次，他就一些更具体的信息提出了问题：

罗斯：你能多谈谈你对奉献的理解吗？而且我也很想知道，究竟是什么让你认为我尚未达到你所定义的全心全意奉献的标准呢？

老板：好吧。显然，这不是一个三言两语就能说清楚的问题。我对你做出这一判断的根据之一就是，你似乎不太热衷于参加公司的社交活动。根据我的经验，这往往是评价一名员工是否热爱公司，愿意全心全意为公司奉献的一个很关键的指标。那些愿意长期效忠于公司的人都很清楚与同事建立和保持友好的工作关系的重要性，所以，这样的人往往会积极地参加公司的各种社交活动。

罗斯：啊哈，听你这样说，我实在是感到太惊讶了。我一直以为，你判定一名员工是否具备奉献精神的标准是他是否会工作到很晚，以及是否会出色地完成每一项交给他的工作任务。

老板：这的确也是一项重要的指标。可是，有时候，人们之所以会这样做，完全是为了能够得到一份优秀的工作评估报告，为他们的下一份工作做准备。根据我的经验，社交因素才是最能评判员工对公司忠诚度的指标……

最终，罗斯和老板的谈话取得了一些实质性的进展。谈话结束时，他们终于明白了为何双方会对罗斯对公司的忠诚度得出不同的评价，而这对罗斯而言，确实是一个十分重要的信息。

就三层对话提问

事实上，每一层谈话都为我们的好奇心提供了充分的话题：

你能再多谈一谈你对这件事情的看法吗？
有什么信息是你了解而我却不知道的呢？
你是如何从不同的角度来看待它的呢？
我的行为对你造成了什么影响？
你能再多谈一谈为什么你认为是我错了呢？
是因为我做了什么，你才会有如此的反应吗？
你对此有什么感受？
谈一谈为什么这对你很重要吧。

如果问题的答案不够明朗，那你就继续挖掘，直到把一切弄清楚为止。如果有需要，你可以把自己不清楚的地方或是前后矛盾之处坦白地说出来，向对方寻求一个明确的答案："好吧，所以你的观点就是，凯特之所以能够将比例制定出来，就是因为她在服务合同中提出了一个更低的价格。不过，有一件事仍然让我感到困惑：既然如此，你为何就不能这样做或是申请提出更低的价格呢？你能谈一谈你这样做的原因吗？"

让他们觉得即使不回答问题也是安全的

有时候，即使是你精心设计的问题也不排除会激起对方自卫心理的可能性。你在充分考虑了对方立场的基础上，以学习为目标，提出了一个问题，结果还是遭到了对方的拒绝、防御和反击，对方指责你意图不良，或是刻意转换话题。

造成这一情况的原因之一就是，你告诉对方你这样做是为了帮助他，所以他根本不需要有任何抵触心理，然后，你再继续自己的问题，并要求对方务必作答。然而，你也许没想到，对方可能会因此而觉得你此举的意图正是想控制他们。于是，你的这一行会激起他们持久的反抗也就丝毫不足为奇了。所以，此时，对你而言，更好的做法就是邀请对方回答你的问题，而不是硬邦邦地要求；而且，你还一定要清楚地表明这一点。邀请和要求的差别就在于，回应或拒绝邀请并不会招致惩罚，但拒绝要求则不然。因此，邀请可以给人以更加充分的安全感，尤其是当对方不想做出任何回应时，如果他发现此举并未让你感到不悦，他对你的信任感便会陡增。

无论你交谈的对象是你的老板还是八岁大的女儿，你都应该让他们自己选择是否回答你的问题，而你的这一做法不仅会大大增加他们回答问题的可能性，还会让他们更加诚实地做出回应。即使没有马上作答，当他经过深思熟虑之后，也许就会给出一个令你感到满意的答复。当你知道回答问题的决定权在于对方而非自己时，你便可以更加投入地思考你所关心的问题，而对方也会获得更多的自由和空间去思考你的问题——真正的一举两得。

为了明晰而阐释

作为一名出色的听众，他在谈话中所用的第二项技巧就是阐释。阐释，即你用自己的话将你对对方话语的理解表达出来，告知对方。阐释具有两大十分重要的作用。

检验你的理解

首先，你可以通过阐释来检验自己的理解是否正确。在高难度谈话中，如果双方在某一重要问题的理解上产生了误会，原本高难度谈话往往会因此而变得更加举步维艰。与此同时，"误解"的出现频率和范围往往也比我们想象得更高更广。阐释恰恰为双方提供了一个消除误解的机会，于是，其中一方可以说:"不,我所说的并不是那个意思。我的意思是……"

告诉对方:我听到了你的述说

其次,阐释还可以让对方知道,你听到了他们所说的话。通常,人们之所以会在谈话时不断地重复自己的话,完全是因为他们无法确定对方是否已经听到了自己所说的话。如果你发现对方正在一遍又一遍地重复同样的话,那么,你不妨把它当成是一个信号,一个暗示你的信号——又该轮到阐释大显身手了。当对方觉得你听到了他们的话之后,他们将会更加乐意聆听你说话。他们将不会再沉湎于自己内心的声音当中,而是会把注意力转移到你想说的话上面。

现在,让我们来看看瑞秋与罗恩这对夫妇之间关于安息日的对话。之前,这对夫妇曾经为了该如何执行安息日(犹太教的安息日)传统和遵循限制及其严格程度而反复争吵:

罗恩:我已经告诉克里斯,我明天将会去他那儿。

瑞秋:罗恩,明天是安息日。你不能在安息日开车去看克里斯,这你是知道的。而且,明天一早,我们还要去教堂。

罗恩:我知道,可是我已经告诉克里斯我要去看他了。他只有明天才有空。

瑞秋:呃,我认为我们应该一家人一起去教堂做安息日,这很重要。你为什么就不能星期天再去他那儿呢?

罗恩:克里斯星期天没空——他要去教堂做弥撒。

瑞秋:噢,那你的意思是他的宗教习惯就比我们的更加重要?

在这次谈话中,无论是瑞秋,还是罗恩,他们都觉得对方根本就没有听自己说话。如果他们想打破这一毫无意义的谈话循环,他们当中就必须有一个人先停下来聆听,并做出阐释。让我们假设这个人是罗恩。

罗恩:我已经告诉克里斯,我明天将会去他那儿。

瑞秋:罗恩,明天是安息日。你不能在安息日开车去看克里斯,这你是知道的。而且，明天一早，我们还要去教堂。

罗恩：听起来，我的计划似乎让你感到很失望。

瑞秋：怎么可能不失望呢？我一直以为你会和我一起去的。

罗恩：所以，导致你失望的部分原因就在于我制定计划前没有事先征询你的意见，是吗？

瑞秋：不，我生气并不仅仅是因为这个。其实，我也很讨厌自己现在所扮演的角色——总是在你面前唠叨，叮嘱你要去朝圣。

罗恩：你觉得是因为我的原因，你才不得不负责处理我们的信仰问题？

瑞秋：是的。我觉得自己就像个专管安息日的警察，我讨厌这样。而且，我也很担心这会向孩子们传达一种不好的信息。

罗恩：所以，你担心如果我们俩不遵守安息日的规定，孩子们则可能会因此而轻视安息日？

瑞秋：是啊。不过，这还不是全部原因。当我一个人去朝圣的时候，我总会觉得很孤单。我之所以想让你和我一起去，是因为我知道你也想去，你并不是因为我让你去才去的。

罗恩：我能够明白你所说的孤独感。我自己也确实很想去。可是，有时候，当我觉得有人强迫我去朝圣的时候，我反而会表现得十分抗拒。事实上，这是因为我很不喜欢别人对我指手画脚，告诉我该做什么。而且，有时候，我还会觉得自己这样做完全是受到了一种精神的指引。

瑞秋（怀疑）：譬如说？

罗恩：就好像我帮助克里斯一样。现在，他的婚姻生活陷入了困境，而我想多花一些时间来陪他走过这段艰难的时光。这样做会让我觉得我和身边的朋友之间有一种很紧密的联系，而且，在我看来，这也是我履行自己作为一名教徒的义务的一部分。此外，我也希望借此以身作则，让孩子们明白应该关心他人。也许，我们可以和他们也谈一谈。

瑞秋：是啊，这可能会有帮助……

罗恩：可是，那样的话，我可能就不能和你一起去朝圣了，我担心你会不会觉得我又把家里的责任丢给你。你能说说你的看法吗？……

这一次，在这场复杂且夹杂了情感因素的谈话中，瑞秋和罗恩总算是有所斩获。罗恩的阐释让瑞秋得知，他正在努力地了解她，而且他也很在乎她的感受。这一次，他不再重复自己的话语，而她也开始聆听他说话了。

认同他们的情绪

不知你们是否注意到了，在上文的谈话中，罗恩首先回应的并不是瑞秋的话，而是那些她没有说出口的内容：她觉得很沮丧。情绪总是渴望获得认同，而这也是一条交际的基本法则。情绪就好比一些自由的激进分子，当我们展开谈话时，它们总会在话题周围游荡，伺机获得对方的认同，而后才能安定下来。除了认同，无论什么方式，都无法使不安分的情绪安定下来。如果得不到认同，不满的情绪就会四处出击，给我们的谈话惹麻烦——这就好比一个渴望得到大人注意的小孩，既有可能闯祸，也有可能给大人帮忙。如果你认同了对方的情绪，那么，你在为这些情绪提供了休憩的港湾的同时，也给了对方以及你们之间的关系一件十分珍贵的礼物，而这件礼物有可能会成为他们能够从你这儿得到的惟一一样东西。

回答那些看不见的问题

为什么认同情绪会如此的重要？因为每一种表达出来的情绪背后都藏有一系列隐形的问题——"你能接受我的这些情绪吗？""你能理解它们吗？""你在乎它们吗？""你在乎我吗？"这些问题都很重要。除非我们知道它们的答案，不然，我们就无法推动谈话取得进一步进展。这时，认同对方的情绪无异于用一种洪亮清晰的声音告诉对方：问题的答案我知道，我的回答是肯定的！

如何认同情绪

认同情绪其实很简单，即暗示或明示对方你正在努力地了解对方话语中所隐含的情绪。如果对方说"你的谎言让我感到很困惑"，你也许会回答说：
好吧，这样的事情不会再发生了。

我应当说清楚，我并没有撒谎。

听起来，你的反应似乎有点过激了。

在你看来，这三个答案似乎都没什么问题。前面两个答案针对对方所说的内容做出了回答，而第三个则是对对方情绪的一种判定。然而，三个答案中却没有一个对对方的情绪表示了认同，或者说回应了情绪背后所隐藏的问题。与之相反，以下几种回答方式恰好对情绪表示了认同：

听起来，这似乎让你感到很烦恼。

这似乎对你很重要。

如果我是你，我也可能会感到困惑。

其实，对于这一类问题，并没有所谓最完美的回答方式。事实上，你也许根本就无需开口。有时候，当你想向对方表示认同时，只需一个简单的点头动作，或是凝视对方就已经足够了。

顺序也很关键：解决问题之前须先认同

当然，人们最终的目的是为了谈论并解决矛盾。所以，诸如"我们该怎么做呢？""你为什么要这样做呢？""对于发生的一切，你有何解释？"之类的问题固然很重要，但做事的先后顺序也很关键。无论他们是否曾有过明确的表示，在人们转向"发生了什么"对话之前，他们通常都需要先获得对方的认同。

在处理高难度谈话时，我们往往会本着尽快结束战斗的愿望，直接切入谈话的核心——解决问题，从而忽视了认同情绪这一关键步骤，而这样做的结果往往印证了那句话：欲速则不达。你的丈夫对你说："你工作实在是太卖力了，我几乎就没在家里见到过你。"你意识到丈夫说的是事实，回答说："好吧。下个月，我的工作就会轻松很多了。我保证，每天下午六点我一定尽量赶回家。"可是，你的丈夫似乎还不满意，于是你感到有些困惑：除此以外，我还能说些什么呢？

丈夫抱怨的并不是一个简单的数学问题。你也许认为你已经"解决了"问题，可事实上，从丈夫的角度来说，他仍然有一些未说出口的问题尚未得到解答。他需要的是你对他情绪的一种认同。所以，"对你而言，在过去的几个月当中,你过得并不轻松,对吗?"或是"听起来,你似乎觉得被我抛弃了?"这样的回答才更能激起他情感上的共鸣。解决问题固然重要,但现在却不是时候。

认同不等于赞同

关于"认同",人们最关心的一个问题莫过于:如果我并不赞同对方所说的话,那我怎么认同他?这是一个十分重要的问题。这时,区分情绪对话与"发生了什么"对话之间的差异就显得非常有必要了。你也许并不赞同对方话语中的实质性内容,但是,你仍然可以认同他话语中所隐含的情绪的重要性。

例如,当主管将她的一名下属调至另一个部门后,下属来到了她的办公室,向她抱怨这次的调职。请注意,在接下来的谈话中,主管认同了下属的感受,却并未对他的观点表示赞同。

下属:我一直都很卖力地为你工作,可现在你却想把我一脚踢开。这不公平。我一直都很忠实于我们的团队,但现在,这样不公平的事情竟然也在我身上发生了。

主管:听起来,你似乎觉得自己受到了伤害,你认为有人出卖了你,对吗?对此,我完全可以理解,而我也很明白你为什么会感到如此愤慨。

下属:所以,你也认为这对我很不公平,是吧?

主管:我说的是我能够明白你为何会如此愤慨,而看到你这样,我也觉得有些难过。我想,我完全能够明白你为什么会觉得这次调职对你而言是件很不公平的事,我也能够理解你为什么会觉得是我无视于你的忠诚而背叛了你。这些因素我全都考虑过,也正因为如此,我才会觉得将你调离目前的岗位的确是一个异常艰难的决定。在做出这一决定前,我也曾有过激烈的思想斗争。现在,看到你对这一决定的反应,我也确实感到有些难过。可是,我很清楚这个决定本身是正确的,而我并不认为它有任何不公平之处。至于为何你会认为这很不公平,我想,我们应该好好地谈一谈。

区分认同和赞同,这的确需要一定的思考,可是这样的思考却真的能让我们受益匪浅。

很多时候，我们常常会认为，面对他人，我们要么赞同，要么反对，再无其他选择。事实上，我们完全有第三种选择：一边认同对方情绪的作用和重要性，一边对他们所说的话提出异议。

最后的思考：情感交流是一段旅途，却并非旅途的终点

最深入了解他人的形式就是情感交流。情感交流是一个复杂的过程，其间，我们了解对方的视角将会逐渐由外及内，从简单的对其外在表象的观察转化为从其内在角度出发，深入想象其内心感受，体验其过往经历和背景，最后实现通过对方的眼睛来看世界。

当你倾情聆听对方的讲述时，你便好比开始了一次旅行，而对方的话语将为你指引前行的方向。只不过，这将会是一场没有终点的旅行。你永远都无法"抵达"旅途的终点。你永远都不能说"我真的很懂你"。对我们而言，"懂你"所包含的意义实在是太过复杂，而我们进入对方世界，幻想其生活的技巧又实在很有限，所以，几乎没有人能够真正理解他人。不过，从某种意义上来说，这也不失为一个好消息。心理学家发现，与相信对方已经彻底了解自己相比，更能吸引我们兴趣和注意力的是他人正试图与我们建立情感交流——他们愿意花时间和精力去了解我们的感受和观点。正如我们之前已经说过的，成功的聆听其实在很大程度上也是一个交流的过程，其间，双方都需要努力地传递并理解那些最具积极效应的信息。

第十章

表达：清楚有力地表达自我

以第三个故事作为开场白是一种十分有效的发起谈话的方式，因为它可以让谈话变得更有建树。在此之后，怀着渴望了解对方想法和感受的愿望，真诚地聆听对方的故事就成了谈话中关键的第二步。不过，了解他们显然不是你发起谈话的最终目的；对方也需要聆听你的故事，了解你。因此，你需要学会表达自我。

做一名"不请自来"的演讲者

也许，有人会认为，在高难度谈话中，只要我的词汇量足够丰富，而我本人又能言善辩且思维敏捷，就一定可以清楚有力地表达自我。事实果真如此吗？不，成功的自我表达与这一切通通无关。温斯顿·丘吉尔和马丁·路德·金都是当之无愧的伟大演说家，可是，在高难度谈话中，他们卓越的演讲技巧却并不能助他们一臂之力。

在高难度谈话中，你的主要任务并不是说服或打动对方，也不是欺骗或策反他们，更不是要凭借机智和技巧战胜他们。你的任务就是表达自我——把你看到的和感受到的一切，以及你为何会这样看待事情全部告诉对方；有时候，你甚至还需要告诉他们你是谁。在高难度谈话中，与雄辩和机智相比，自知之明和正确的信念（相信自己要分享的信息的重要性）才能让我们走得更远。

在本章当中，我们将首先谈论权利，或者说资格。为了让你和对方的沟通变得清楚且有力，你必须与自己协商，使自己相信：你想要表达的内容是值得你用心表达的——你认为，你的观点和感受与其他任何人的观点和感受都一样重要。接着，我们将会一起来探讨该如何找出那些你想表达的情感和观点，以及你该如何表达才能达到最佳的表达效果。其间，我们将会检验几个在表达中很常见但却十分重要的错误，并告诉大家避免犯错的方法，以及一些完美表达的方法。

你有权利表达自我——是的，就是你

约翰是法律系二年级的一名学生。目前，他正准备见一名受人敬仰的联邦大法官，与其讨论一些关于自己即将就任书记员的事宜。据说，这名大法官是出了名的能言善辩，而且有时候还十分易怒，这不禁让约翰感到有些焦虑和担忧，他担心自己一旦踏入大法官的房间就会立刻失去说话的勇气。

这时，约翰最喜欢的一名教授给了他一个建议："每当我感到自己受到了来自某人的威胁或非善意的对待时，我就会告诉自己——在上帝的眼中，我们都是平等的。"

不多不少，和你一样

无论我们是否信奉上帝，我们都能从这位教授的建议中学到很有效的一招：无论我们是谁——拥有至高无上的权力或地位也好，渺小得不为人所知也罢，我们都有权利获得他人的尊重。我的观点和感受和你的一样合法，一样珍贵，一样重要——不多不少，就和你的一模一样。对有些人而言，这早已是显而易见的事实；可对某些人而言，这无异于一则重大新闻。

在《局外的姐妹》一书中，诗人兼激进主义分子奥德瑞·洛德就曾经在书中的一篇散文里思考过表达和权利的问题，而在此之前，她刚刚获悉自己得了乳腺癌。

我开始相信……对我而言，最重要的一件事莫过于诉说，大声地说出心

中的一切，与人分享，哪怕这样会有风险——我所说的话会受人抨击，或遭人误解……

尽管不情愿，但最终我还是意识到了自己的死亡即将来临，而就在这时，我也终于领悟到了自己对于生命的期许，哪怕生命是那样的短暂。人近黄昏，在那无情的暮色下，我看到了生命的特权，也无奈于那些被省略的时光，而最让我感到后悔的则莫过于之前的沉默……我行将入土，而不早不晚，就在这时，我思索：我是否曾经大声地表达过自己呢？我的沉默没能护卫我的生命。你的沉默也将无法保护你……

当我们感到疲倦时，我们会思考，会大声说出自己的疲惫。同样地，当我们感到害怕时，我们也一样可以学会思考，学会把恐惧说出来。为了适应社会，我们常常不得不对恐惧倾注更多的尊重，从而忽略了自身对于表达的渴求。可是，就在我们保持缄默，等待享受最终摆脱恐惧的美好时，沉默却用它那无声的分量勒紧了我们的喉咙。

洛德看到了表达自我所存在的实质性的风险，可是她也认识到，沉默的代价将会更大更可怕。认识到自己说话的权利不仅可以帮你在谈话中找到自己的位置，而且还将赐予你勇气，让你战胜恐惧和懦弱。

提防自我破坏

有时候，我们常常会觉得进退两难：一方面，我们认为自己应当站出来，为自己说话；另一方面，我们又总是会隐隐约约地觉得自己人微言轻，根本就没有说话的资格。每当这时，我们的潜意识便会提出一个曲线救国的（或者说幻想出来的）对策：我们会尝试着整理思绪，梳理情感，为说话做准备，可是却偏偏不付诸行动。于是，最终我们还是没能突破沉默的束缚。我们会一直等待，直到没有足够的时间来处理我们关心的话题。这时，我们会"出人意料地"忘记已经准备好的材料，或是我们的大脑会"突然"一片空白，刚才想好的观点和措辞一瞬间全都消失得无影无踪，而这正是我们想要的结果！我们的愿望得到了满足：对于之前的种种努力和尝试，我们感到相当满意——毕竟，我们已经努力过，已经有所行动，尽管最后还是失败了——我们内心也为这一失败而感到窃喜。这就是自我破坏的小算盘和全部伎俩。

如果你觉得这一幕似曾相识，或是你也曾有过这样的打算，那么，当你在谈话中感到进退两难时，你就真的需要格外注意了。一旦你察觉到不良情绪或困惑开始崭露头角，请务必竖起一个大大的"停止"牌，及时制止即将误入歧途的自己。不过，在你继续前进之前，你需要首先进行一番自我认知对话。为何你会有资格说话？在过去，有谁告诉过你，说你没资格说话吗？又有哪些话是你觉得只有在拥有了说话的资格后才能说出来的呢？

表达自我失败会使你与他人心存隔膜

许多车船票的中央都有一排小孔，小孔的一侧为副券，而车船票上通常也会写有"副券一旦撕下，车票即刻作废"的警示语言。

在高难度谈话中，我们也同样会遭遇"撕裂副券"的风险。当我们无法将自己认为最重要的观点或情感表达出来时，我们和对方就好比车票和副券，将会被撕裂开来，如此一来，我们与他们之间的关系就将面临"作废"的危险。

事实上，绝大多数人也都更喜欢和那些愿意畅所欲言的人交朋友。安吉拉之所以会解除婚约，就是因为她的未婚夫实在是"太好了"。他从来不表明自己的喜好，也不会与安吉拉争辩，更不会提高音调，甚至从来不曾向安吉拉提出过任何要求。在欣赏他的善良和宽容的同时，安吉拉也觉得他似乎缺少了点什么：他的自我。

有时候，你会感到孤独或沮丧，而如果你拒绝和身边的人分享这些情绪，那么，你这一做法也就剥夺了他们了解你的机会。你总是认为，一旦他们知道了你的真实想法和感受，他们就不会再像之前那样尊敬、喜欢或钦慕你了。可是，如果你只想把自己最好最纯净的一面展现在世人面前，那实在是太困难了。通常，为了掩饰部分的自我，我们最终不得不把全部的自我都隐藏起来。于是，我们展现在世人面前的是一个毫无生气的冷漠的"我"。

表达自我的确有些困难，也需要我们的努力，但是它能够给我们的人际关系带来一个改变的机会，一个巩固双方关系的机会。卡莉是一名美国的原住民，她在一个专门帮助问题少年的辅导中心里工作。卡莉就觉得自己与同事之间的关系总是显得有些疏远，不够亲近。大概由于对方都是白人，她总觉得他们并不能真正地理解她,而事实上,很多时候,他们对她的种种反应也的确显得有些麻木不仁。

不过,有一天,她决定冒一次险,和他们分享一些自己的故事。她向他们描述了小时候别人给她起外号,以及她被人揶揄嘲弄的经历,同时,她也表达了多年来自己想做一个"普通人"的渴望。然而,让她万万没有想到的是,这些"童年揭秘"竟然让她与同事之间的关系发生了巨大的改变,同事们开始赞赏和钦佩她。似乎是受到了她的鼓舞,同事们也开始讲述自己以前的种种糗事,和大家一起分享那种被忽略的感受。如果当初卡莉没有率先走出第一步,仍然拒绝和同事们分享她的故事,她便无法突破她设置在自己和同事之间的那道屏障——"白人不会明白也不在乎我的观点和感受",也无法为同事们提供一个接近她、了解她、告诉她他们很在乎她的机会。

只有当双方都真诚地表达自我,彼此理解时,他们的关系才能得以维系,并且变得越来越牢固。也只有这种和谐融洽的关系才会让双方都乐在其中(这远比你独自一人更加令人感到放松),才能让心灵得到慰藉("我的老板明知我有弱点,却依然很欣赏我")。

你可以把表达自我当成一种资格,一种鼓舞,却绝不能当做是一项义务

你当然有表达自我的权利。如果你并不这样认为,那么,你就需要做点什么改变自己的想法了。

不过,有权利这样做并不代表这就是你的义务。这种对说话权利的误解正是另外一种让你打退堂鼓的原因:"我应该把自己脑海里的想法说出来,可是我实在是太害怕了。我什么事情都做不好!"通常来说,表达自我是一项极其艰巨的任务,而寻找表达自我的勇气则是一个贯穿于你一生的历程。如果现在的你尚未开始这方面的努力,那不妨就从现在开始。只不过,千万不要把它当成一项任务,更不能把它当成是对自己的惩罚。

说出问题的核心

表达自我的第一步就是找到自己说话的权利,或者说资格;第二步就是弄清楚你到底想要说什么。

从最重要的事情开始

作为你的故事的开场白，再也没有比你所认为的核心内容或事件更好的选择了："在我看来，这件事就是关于……我的感受就是……对我而言，重要的就是……"

对我们而言，在谈话中，我们应当与对方分享自己认为最重要的事情似乎是再普通不过的常识了，然而，我们却常常会忽视这一常识。就拿查理来说，作为四兄弟当中的老大，他总是想尽量拉近自己和最小的弟弟（16岁的加里）之间的关系。加里患有诵读困难症，看到几个哥哥在高中取得了优异的成绩，并顺利进入大学攻读学位，他的心里觉得很不是滋味。他试图努力学习，可是效果不佳，于是，有些自暴自弃的他开始逃课，并且越来越依赖于用酒精来安慰和麻痹自己。

查理希望能够通过为弟弟提供一些自己过去的经验来帮助他走出困境："你绝对应该参加辩论小组的活动。那个小组的教练棒极了，而且小组活动还能帮助你提前适应大学里的学习方式。""你也知道，加里，过度饮酒对你一点好处都没有。那只会让一切变得更糟糕。"然而，无论查理说什么，加里都觉得大哥是在批评自己，所以难免会心存戒备，而且他也很不喜欢大哥对他的那种同情的态度。结果，两兄弟之间的关系反而越来越疏远。

当我们问查理为什么他会如此重视和弟弟之间的关系时，事情忽然出现了重大转折。查理很佩服加里能够为了获得成功而发奋努力，也因为小时候没能善待这个小弟弟而觉得有些愧疚。于是，最终我们发现，查理非常渴望当一个好哥哥，一个爱弟弟而弟弟也爱他的好大哥。而当查理也意识到这一点后，他哭了。

当查理把自己的这一渴望告诉弟弟时，加里呆住了。查理需要他。查理需要他的帮助才能当一个好哥哥！而这最终也成为了两兄弟关系的转折点。

正是因为在以往的交谈中，查理从未透露过自己的这一想法，哪怕是暗示也不曾有过，所以，并不懂得读心术的加里自然也就无法了解哥哥的真实想法。他们之前的谈话根本就没有触及到事情的核心部分，更别说谈论查理那受伤的感情和情绪了。每次谈话，兄弟俩谈论的往往是一些与之无关的话题："你只会把事情弄得一团糟，你明明需要我的帮助，可是，你就是不开口寻求帮助。"

不幸的是，在许多高难度谈话中，谈话者都是因为犯了和查理一样的错误才导致谈话陷入了僵局。我们总是会聊一些无关轻重的话题，在重复了一遍又一遍之后，我们开始纳闷，为什么对方就是不明白我的意思呢？为什么他们就是察觉不到我的感受呢？

因此，当你进入高难度谈话之后，先要问问自己："我有没有把自己认为最核心的问题说出来呢？我是否已经把最关键的内容告诉对方了呢？"如果你的答案是否定的，你就应该先问问自己，为什么你没这样做，然后再思考你是否有勇气尝试这样做。

直截了当地说出你的意思：不要让对方猜谜语

我们回避谈及那些重要事情的方法之一就是说一些话中有话的句子，留一些潜台词让对方体味，而不是开门见山地说出自己心中的想法。

不要依赖于潜台词。回想一下前言，在那里我们曾经讨论过进退维谷的问题：要么说，要么回避。对我们而言，对付这一尴尬局面（尤其是在你不确定是否真的可以开口的情况下）的常见办法之一就是利用潜台词进行沟通，即我们常说的顾左右而言他。你可以通过讲笑话、提问题、随意发表的评论或是身体语言等多种方式间接地向对方传递信息。

在回避和面对这两个选择之间，这种"曲线救国"的方式似乎是一个不错的折中办法。如此一来，你既"面对"了问题，又"回避"了后果。这种鱼与熊掌兼得之的办法听起来是不错，可问题就在于，因为要同时兼顾二者，所以最后的结果很可能是你两边都能没照顾好，两边全办砸了。之前，你因为担心提及这一话题可能会引发种种问题而选择了这一折中的方式，结果，现在倒好，所有你担心的问题全都一下子被引发出来，而对方却还是没能理解你想表达的信息。正所谓，赔了夫人又折兵。

试想一下，每个周六，你和丈夫通常都是先好好地睡上一个懒觉，然后再起来整理房间，带着小狗出去散步，或是一起做一点别的事情，周周如此。

然而，他最近迷上了高尔夫，于是，他开始每周六的早晨都要玩个十八洞。对你而言，之前周六的种种安排从来都没有任何重要或特殊的意义——和约会或其他重要的事情不同，它只是一种习惯——可是当你发现周六的计划被打乱了的时候，你却突然开始怀念起来。于是，你们俩不再像以前那样共度美好的周末时光，结果，你开始越来越讨厌他的这个"新欢"。

对此，为了免于和丈夫发生冲突，你完全可以选择保持沉默。不过，正如我们之前曾经看到的那样，由于得不到发泄，你的不满和怨恨将会与日俱增，直至爆发。又或者，你也可以选择隐晦地向丈夫谈及这一问题："亲爱的，这个周末，家里真的有很多事情要做。""对你而言，高尔夫真的这么重要，以至于你一定要每周都去玩吗？""亲爱的，你打高尔夫的频率实在是太高了！"

这些话并没有表达你的真实想法，你真正想告诉丈夫的是："我想有更多的时间能够和你在一起。"接下来，就让我们一起来看看每句话的字面含义与其中的潜台词吧。

"亲爱的，这个周末，家里真的有很多事情要做。" 这句话的不妥之处在于，首先，你选择了一个错误的话题进行谈话。做家务的确能够增加你们共处的时间，但是与你的真实想法相比较，两者之间却存在本质的差异。其次，即使真的有家务需要完成，你的丈夫完全可以"就事论事"，回答说："要做的事情并没有那么多，你可以等我打球回来以后，我们再商量。"

"对你而言，高尔夫真的这么重要，以至于你一定要每周都去玩吗？" 这是一个典型的话中有话的假意疑问句。在这里，问题不过是一个掩饰你真实想法的面具而已。很显然，你想借提问这一潜台词来表达你的真实想法。只不过，与你的意图相比，你的真实想法就显得不是那么清楚明了了。你的语气告诉丈夫，你很生气或者很失落，可你却没有清楚地告诉他你为什么会生气，或是他该怎样做才能平息你的怒气。你之所以生气，是因为丈夫专注于一项毫无意义的体育运动而忽视了社区服务或家务琐事吗？还是因为他没有带你一起去打高尔夫呢？又或是因为你觉得你们两人在一起共处的时间不够多？如果你不清楚地把一切说出来，他又怎么可能知道你内心的想法呢？

"亲爱的，你打高尔夫的频率实在是太高了！" 在这句话当中，你不过是借事实之口说出了自己的观点。于是,你说完之后,你的丈夫便开始思索:"高尔夫打得太多会怎样呢?""多高的频率才算是打得太多了呢?""什么样的频率才算是适量呢?""就算我打高尔夫打得太多又怎样呢?"当然,就算他知道所有这些问题的答案,也还是被蒙在鼓里——他并没领悟到隐藏在问题背后的深意。"亲爱的,你打高尔夫的频率实在是太高了"和"我想有更多的时间能够和你在一起",这两句话之间的鸿沟实在是太宽太长了。

为了让谈话更加顺利,你需要弄清楚自己的真实想法和感受,然后再坦率地说出来:"我想花更多的时间和你在一起,而星期六早晨就是几个难得我们能够共处的时机之一。可是,现在,我发现你的全副精力都放在了高尔夫上。这让我感得有些难过。"

有时候,你会发现,你甚至希望自己在表达自我的时候不要把一切都说得那么清楚,如果能够含混过关那就最好不过了。你会寄希望于对方:如果他能够知道问题在哪儿,然后解决问题,那就太棒了!这样的幻想很常见,也不难理解——我们心目中理想的配偶或完美的同事不就能够与我们心有灵犀,无需我们开口就能够满足我们的需求吗?只不过,很不幸的是,在这个世界上,这样的人并不存在。随着时间的流逝,我们也许可以更好地理解每个人的想法和感受,但是我们却始终都无法做到真正地知己知彼。我们常常会因为对方没能读懂自己的心意而感到失望,而这通常也是导致问题产生的原因之一。

避免弄巧成拙。有一种沟通方式与这种利用潜台词进行交流的方法很相似,而且也同样会给谈话带来毁灭性打击。哈佛商学院的克瑞斯·阿基里斯教授把这种沟通方式称之为"弄巧成拙的笨办法",即你试图通过暗示和引导性的问题"软化"信息,间接表达自己观点的一种沟通方式。在绩效考核中,采用这一方式表达自我的人更是多得数不胜数:"那么,你对自己的工作有何评价呢?""你认为自己真的竭尽所能了吗?""我有一个同样的问题,不过也许……这样会稍微好一些。你同意我的看法吗?"

这种"笨办法"传递了三层信息:"我有一个观点","直言不讳只会让大家都觉得很尴尬",以及"我并不打算和你开门见山地说清楚"。毫无疑问,这样的信息只会加剧双方的焦虑感和防备心理。面对这样的信息,绝大多数的接收者通常都会立刻在脑海中绘制一幅远比实际情况更加糟糕的画面。

相对而言，更好的沟通方法就是开门见山地说出你的想法，让对方清楚地了解这一问题，从而展开讨论。与此同时，你也可以诚实地表示，你很想知道对方对这一话题是否有不同的想法（如果有，他的想法是什么）。"据我所知，在这件事情上，你似乎比我做得更多。不过，你对事情的了解也比我详细。所以，我想知道，你在哪方面和我有不同的想法呢？"如果你不赞同对方的观点，大可以直接说出检验双方观点的方法，或是努力调解，在双方观点之间找到一个平衡点，再不然，你还可以就你们不同的观点与对方展开讨论。

不要过分简化你的故事：使用"我——我"的"和"姿态

我们已经知道，为了让对方能够了解自己，我们需要简单明了地说出自己的故事。故事的内容和结构都应当一目了然，因为只有轻装上阵，我们的故事才能走得更远。然而，问题就在于，此时我们的脑海往往充斥着各种各样的观点、感受、假设以及感知，简直乱不可言。当我们尝试着简单明了地将这一切讲述出来时，结果通常说出来的往往是一个不完整的故事。

这就好比你从同事那儿收到了一份让人费解的备忘录。你心里想："这份备忘录的内容简直就是异想天开，语言组织更是一塌糊涂，根本就不知所云。"为了明确备忘录中的内容，你对同事说，"你的备忘录组织得很混乱，根本不知所云"或直接就说"你的备忘录根本就不知所云"。

其实，你完全可以借助于"我——我"的"和"姿态来摆脱过分简化观点所带来的烦恼。在"和"姿态当中，每一种感知、感受以及假设都一样重要。同样地，他人的感知和感受也和你的一样，都很重要。同理推知，你脑海里的那些五花八门的感知、感受和假设都一样——都很重要。在这里，"和"就好比一座桥梁，可以将你所想或所感的两端连接起来。尽管有些复杂，但如此一来，你就可以清楚而准确地表达内心所想或和所感了。以下就是经过"我——我"的"和"姿态调整后的表达方式。

我不但知道你既聪明又有才干，而且我也知道你并没有竭尽全力去做。

对于发生在你身上的不幸事件，我深表遗憾，而与此同时，你的表现也让我感到很失望。

我为自己没能注意到你的孤独而深深自责,不过,当时的我真的麻烦缠身。

我终于走出了离婚(这个选择是正确的)的阴影,这让我在感到开心的同时也如释重负。只不过,有时候,我还是会想他。

此外,在高难度谈话展开伊始,我们经常会因为害怕被误解而受阻,而"我——我"的"和"姿态恰好就能帮助我们消除这一障碍。公司有了新客户,你认为自己的团队就是接待新客户的最佳人选,然而你也担心一旦说出自己的想法,其他的团队会认为你是在自吹自擂,有私心,因为你想获得荣耀和奖金。如果是这样,你大可以将自己的这一担忧融入到你的谈话当中:"关于新客户,我有点想法想和大家分享。我要告诉大家的是,我想接下这个新客户,但是我也为此而感到有些紧张,因为我担心这样的想法会让人觉得我有私心。所以,如果你们有任何不同的意见或观点,请说出来,让我们一切来讨论一下。"或者,在一个不同的环境中,你也可以这样说:"对此,我有一些很强烈的想法想和大家一起分享。我担心,如果一开始我没有说清楚或是表现得不够积极,接下来的局面可能会让我觉得有些尴尬。我希望,如果真是那样的话,大家能够包容我的不妥之处,并耐心地听我说完,让我把一切都简明扼要地说清楚。"

清楚明了地说出你的故事:三大原则

显然,伴随着表达自我的方式不同,最后的结果也会不同。你的表达方式将会在一定程度上决定对方的回应方式,以及谈话的大致方向。因此,当你想告诉他人一件重要的事情时,你当然希望能够以一种可以让对方明白并做出积极反应的方式说出此事。而清晰明了正是决定你这一愿望能否成真的关键所在。

不要把自己的结论当成真理

有时候,哪怕你在沟通时使尽了浑身解数,也无法扭转高难度谈话中所出现的不利局面，譬如说当你想向对方示弱时或是传递坏消息时，又或是当你获悉他人对你的某些不佳评价时，情况往往就是如此。不过，相比较于这些不受你控制的客观事实，有一种沟通错误却是你完全可以控制而且避免的：把你的故事当成真理，或者说事实——这样做只会招致对方的愤恨和防御心理，同时将谈话引向争执。

在谈话当中，这是一个我们在不经意间就会犯的常见错误，而这一错误是建立在一种错误的思想上的：我们常常会把自己的信念、观点和判断当成客观的事实。当我们在谈论自己最喜欢的电影、食物或体育偶像时，我们把自己的评价当成事实与他人分享，这样做无伤大雅，而且也不会给我们惹麻烦。可是，在高难度谈话中，情况就大不一样了。事实就是事实，其他的一切事情则另当别论。你需要时刻保持警惕，在脑海中将它们二者严格地区分开来。

当你和朋友就是否应当打孩子这一问题出现意见分歧时，如果你把自己的观点当成事实，强加给他人——"不管怎样，打孩子就是不对"，那么，你这样做只会加剧你和朋友之间的冲突。你的这一说法则会让你和朋友间一次普通的意见分歧上升为一个不可调和的矛盾，而你的朋友会把你的话当成是对他的控诉，或是你专横无视他人的表现。于是，他很可能会回敬你一句："你以为你是谁，凭什么说这就是对的，那就是错的？"而不再心平气和地与你讨论这一话题。

其实，同样的情况下，你选择以下任一种说法，都会取得更好的谈话效果："我想，打孩子是不对的。""我看到很多书上都说，打孩子会给孩子们造成很不好的影响。""当我还是个孩子的时候，我就曾被大人打过，所以，每当我听说有人打孩子，我就会觉得伤心，难过。"或是："我也不知道我为何会这样想，只不过，我有一种很强烈的感觉：打孩子就是不对。"在以上的每一句话当中，你的观点或感受与客观事实都泾渭分明。

有些词语——例如"漂亮的""丑陋的""好的""坏的"——带有很明显的个人评价色彩，但是有的词语则不然，例如"不恰当的""应当"或"专业的"。所以，你在使用这一类词语时务必小心谨慎。因为这些词语所包含的个人评判色彩虽然并不像"好"与"坏"那样明显，但是它们仍然会招致诸如"你凭什么这样对我说?"此类的强硬回应。如果你想说某件事做得"不恰当",你可以在自己的评价前面加上"我认为……"不过,尽管如此,我们仍然建议大家,这样的词语还是少用为妙。

我们这样说,并不意味着真理或者事实并不存在,也不是说对待所有的观点都应该一视同仁。这一法则不过是想提醒你区分事实和自己的观点,让你谨慎措辞,从而使得谈话双方能够更好地了解对方,使谈话能够有所斩获,而不是让谈话升级为一场毫无意义的争辩,一场以防御为主的战斗。

告诉对方,你的结论从何而来

要想让自己的表达清楚而明确,你首先需要将自己的结论或观点告知对方,不过,务必明示对方,这些只不过是你自己的结论或观点,而不是事实。接下来,你需要做的就是告诉对方,你的结论从何而来——你所拥有的信息,以及你对这些信息的理解。

正如第二章当中提到的,通常,我们在谈话中不过是反复交流各自的结论,却从来不曾深入地探讨双方的观点从何而来。你拥有一些对方无法获知的信息,而这些信息有可能相当重要,因此,你不妨把它们说出来。此外,你的生活经历也会对你的想法、思路,以及你的感受产生一定的影响。当你在描画自己的故事时,这些经历则会为你的观点添上色彩浓重的几笔。

你和妻子就是否应该送女儿卡萝儿上公立学校这一问题展开了讨论。妻子说:"我真的觉得我们应该今年就送她去。她现在正处于成长当中一个很重要的年龄阶段,而我想,我们完全可以承担这一费用。"对此,你回答说:"我觉得她现在在本地的社区学校学习得很好。我想,我们应当让她继续留在那儿学习。"

如果你希望这次谈话能够有所进展,你和妻子就需要告诉对方,你们究竟是如何得出这一结论的。在得出这一结论之前,你们曾经考虑过哪些信息呢?你需要把自己在公立学校的学习经历告诉妻子——在最开始的几个月当中,你始终都觉得很难适应并融入学校的学习生活。此外,在你入学后的好几年当中,你都觉得愧对父母,因为他们将大部分收入都用于支付你的学费,从而无力买车。当你对妻子说出自己的这些经历和感受以及最后的结论时,你需要尽量详细地描述每一个细节，尽可能地让她体会你当初的经历和感受。除非妻子了解了这些影响你决定的经历和信息，不然，无论你说什么，她都很难理解和接受。

不要让"往往"或"从不"夸大其词：给他们以改变的空间

在论及核心事件时，为了让对方了解到自己低落的心情，我们一不留神就会稍稍夸大其词："你为什么总是对我的衣服品头论足？""你从来都不会说任何欣赏或鼓励的话。每次你一开口，我们就知道，准是什么事情又做错了！"

当我们想表达低落的情绪时，"往往"和"从不"通常都能圆满地完成任务，但是，它们却有两大不容忽视的缺陷。第一，它们的准确性极低：某人不会真的每一次都对你的衣服品头论足，而且也不会有谁真的从来就没做过半点让感到人欣慰的事情。使用这样的词语只会招致对方对于频率问题的质疑："事情根本就不是那样。去年，当你赢得办公室好点子大奖时，我就对你说过很多好听的话呀！"在绝大多数情况下，这样的回答只会进一步平添你的愤怒之情。

此外，"往往"和"从不"一旦说出口，对方改变自己行为的可能性就会大大降低，而并不会像我们所期望的那样，有所提升。事实上，"往往"和"从不"这两个词语的字面含义就已经表明：改变是一件困难或者说不可能的事情。其言下之意就是："你到底是怎么回事，难道你非要批评我的衣服不可吗？"或甚至是："你的言行举止显然不是一个正常人应该有的行为。"

因此，对待这一情况，更好的解决方法就是在继续谈话的同时不断告诫自己：对方并没有意识到他们的行为对你所造成的不良影响（尽管这的确有些困难，但务必使你自己相信这一点），而作为一个好人，一旦意识到了这一切，他们一定会非常愿意配合你的谈话，改变自己的言行。你可以这样说："当你说我的套裙让你想起皱巴巴的旧窗帘时，我真的觉得很难过。在我看来，批评我的着装其实就是对我审美判断的一种否定，这会让我觉得自己很没有能力。"如果你可以把自己想听的话用一种相对委婉的方式告诉对方，那效果将会更好："我真的希望，如果你能更加相信我的品味，那该多好啊。哪怕是你的一句简单的'我觉得这个颜色很适合你',我都会感到无比高兴。"如此一来,原本剑拔弩张的紧张气氛便会立刻缓和下来。

当你与他人进行情感沟通时,关键就在于你的沟通方式:你需要邀请和鼓励对方考虑采用一种新的行为方式,而不是一口咬定对方愚蠢至极且无可救药。

帮助他们理解你

要想进入他人的故事,这并不是一件简单的事情,尤其是当故事中蕴含了深厚的情感,或是当你的观点有着源远流长的历史或是植根于另一种截然不同的公司文化时,更是难上加难。为了理解他人的故事,你需要获得他们的帮助,而为了让对方理解你的故事,你也同样需要助他们一臂之力。

你因为将孩子留给了临时托管人而感到心神不宁,坐卧不安,对此,你的丈夫认为"你应该学会放松"。这时,为了让他明白和切身感受到你此时的焦虑,你可以用一种他易于接受和理解的方式来表达自我:"现在的我就好比坐在飞机上等待起飞的你,内心充满了担忧和恐惧。还记得吗?当飞机起飞时,尽管我尝试了一切办法,试图让你明白只要放松就好,可是我的劝说却根本无济于事,事实上,这反而让你觉得更加紧张。现在的我就是这样,什么都听不进去,根本放松不下来。"

此外,你还需要认识到一点:不同的人接受和理解信息的速度和方法都是不一样的。例如,有些人对于直观的信息较为敏感。在与他们进行交流时,你就可以使用一些比较直观的比喻,或是借助于图片或是商务图表来表达自我。另一些人则相信行胜于言,在真正付诸行动之前,他们通常不会接受任何他人的意见或想法。此外,还有一些人则喜欢在做事前先列出或了解所有的细节。因此,你需要注意到并了解这些差别,因人制宜。

邀请对方阐述你的话

对他人的话进行阐述可以帮助你检查自己的理解是否正确,同时也可以让对方明白你听到了他们的表白。同样地,你也可以邀请对方对你的表白进行阐述："让我来看看我说的话是否清楚明了。你能把我刚才说过的话再复述一遍吗？"

询问对方：他们有哪些不同看法及其原因

如果将获得对方的理解作为终点，清楚明了地说出自己的故事不过是迈出了第一步，所以，此时的你不应该有任何"立竿见影"的期待。在双方的交流当中，真正的互相理解是一个略显反复的过程。当你讲述完自己的故事之后，如果对方表示困惑，或是不能接受，此时，你应该询问对方，他们是如何看待你的故事的，尤其是问清楚，他们对你的故事有何不同见解，而不是用一种更强硬的态度将故事复述一遍，或是换一种方式再将自己的故事讲一遍。

不过，当我们将这一做法付诸实践时，我们通常会将其演变成一种征询对方认可的行为，而这也许是因为我们想从对方那儿获得一种确认，一种安全感："这样做有意义吗？""你难道不同意吗？"然而，与此相比，询问对方有何不同见解往往会更有助于双方的理解。当你征询对方的认可，人们在表达自己的疑惑时也许会显得有些漫不经心，或是有所保留，因为他们并不能确定你是否真的会把他们的话听进去。于是，他们会回答："是的，我想是吧。""是的，从某种程度或某一方面来看，你说的没错。"可是从中你却无法获知他们的真实想法。如果你能清晰地表明自己渴望了解他们有何不同见解的愿望，你发现他们真实反应的可能性就会大得多。然后，你便可以和他们展开一次真正的双方谈话了。

有力地表达自我的秘密就在于一种自知之明：你的权力作用对象仅限于自己。毫无疑问，对于你自己的想法、感受以及产生这一想法和感受的原因，你拥有至高无上的发言权。如果你是这样想的，或是有这样的感受，你完全有权力将它们说出来，而没有任何人可以否认你所说的一切。可是，当你试图扩大自己权力的作用范围时——谁才是正确的，谁意图如何，发生了什么——这样的做法无异于自找麻烦。完整地说出你的经历，你的表达才能清楚无误；大声地说出自己的想法，感受及其原因，你的表达才能有力，使人信服。

第十一章

解决问题：谈话的引领者

也许，与你交谈的人也看过这本书，也知道该如何进行一次学习型的谈话。不过，你千万不能因此就依赖于对方。

在谈话中，当你在和对方谈论双方的理解问题时，对方很有可能会一心只想和你探讨谁对谁错。你想和他谈谈归责，可他的脑海里却只有指责。你先让步，诚恳地聆听他的述说，认同他的感受，可结果当你发言时，他却不断地攻击和打断你的话，并且妄下评断。你竭尽全力改善你们双方的交流方式，而他们却不遗余力地将谈话引向毫无建树的终点。此外，在谈话时，你也可能会发现，对方始终无法摆脱害怕被责备的心理，又或是根本就不明白你所使用的沟通方式。也许，面对和上一次谈话中截然不同的你，他们一时间还无法信任"全新的"你和你的行为。

如果是这样，你该怎么办？

引领谈话的技巧

当你发现谈话即将走向毫无建树的终点时，你就不得不担负起引领谈话的职责了。在谈话中，你可以借助于一系列十分强大的"行动"——再构造，聆听，以及适时重拟话题——让谈话重新步入正轨，而无需顾虑对方是否配合或合作。

当对方将谈话引向毁灭性的结局时，再构造谈话可以将脱轨的谈话重新引入正题。它可以帮助你将那些看似无用的话语转变为能够促进谈话的桥梁。聆听不仅仅是一项可以帮助你进入对方世界的沟通技巧，而且也是一项能够保证谈话卓有成效的最强有力的措施。当你想谈论那些麻烦的话题时，适时重拟话题则可以帮助你解决这一难题。如果谈话正在对方的控制之下，而对方却似乎并不打算遵循你提出的谈话策略或步骤，那么，采用适时重拟话题这一策略扭转谈话方向将会成为你最明智的选择。

再构造，再构造，再构造

再构造，即吸纳对方话语的中心思想，然后将它"翻译"成能够为你所用的内容——具体来说，就是将其转化为可以纳入三层对话当中的内容。这就好比你开辟了一条从没走过的道路，邀请对方与你同行，而你则充当引路人的角色。

现在，让我们回到第四章里曾提到的米盖尔和悉尼之间的故事当中。作为项目组负责人，悉尼带领一组工程师正在巴西的一个项目里工作。作为项目组的成员之一，最初，米盖尔十分抵触悉尼的领导，不过最后，他却成了她身边最积极的支持者。然而不幸的是，米盖尔对悉尼的热情似乎超出了工作的范畴，被赋予了更加浪漫的意义。他开始"追随"其后，不断地向她表明自己愿意和她共处，并且向她发出了单独去海边漫步的邀请。

当悉尼不再将注意力的焦点集中在指责上时，她开始注意到自己向米盖尔发出的信号中其实隐含了相当复杂的意义。她也意识到，正是因为自己未能将不适感清楚明确地告知对方，他们之间的局面才会变得越来越尴尬。于是，悉尼决定和米盖尔谈谈此事。对此，她很清楚，如果想让谈话取得成功，她就必须持之以恒，不断地再构造谈话，让谈话的焦点从指责转向归责。以下便是他们之间的部分谈话内容：

悉尼：其实，我早就应该和你谈谈这件事了，而这也是为何我会如此紧张，以及为何我现在要和你谈它的原因……

米盖尔：如果我的行为让你感到不适，你当然应该马上就告诉我！这就是为何你会感到不适的原因。作为团队的领导者，你实在应该很清楚如何才能将此事处理得更好。

悉尼：无论我是否应该这样做，我想，我最后并没有采取任何行动。在我看来，我之所以会保持沉默也不是没有道理的，因为我担心这样做只会加剧矛盾，加深问题。现在，我想弄清楚的是让我们之间关系陷入尴尬境地的原因，而不是谁应该为此而承担一切责任。我想，我们双方大概都做了——或是没有做——某些事，这才使得局面进一步恶化。

米盖尔：这个嘛，我想，整件事情之所以会演变到如此地步，完全是因为你是个美国人。美国女人碰到事情总是过分敏感，没事找事。

悉尼：关于美国女人是否过分敏感这个问题，如果要讨论，我们很可能需要花上一天的工夫。现在，最重要的是解决眼前的问题。看起来，这件事情的根源就在于我和你有着两种截然不同的文化背景。我误解了你的言行，以为它们带有某种暗示性，所以我会感到不适，而你却认为我们之间的互动不过是同事间的普通交往，属于正常的工作关系。是这样吗？

米盖尔：没错。在我看来，我所做的一切实在是再正常不过了，根本就没什么大不了的。

悉尼：你所说的"正常"，指的是这就属于两个人之间普通的工作关系，还是说两个有着普通工作关系的人选择进一步发展实属正常呢？

米盖尔：两种意思都没错。我们可以相互戏弄调侃；我也可以告诉你，我是多么的喜欢你。如果你对我没兴趣，你大可以忘了它，当它没发生。如果你对我感兴趣，你可以做出同样的回应。可是，现在的问题就在于是你的反应过了头，而你又没有及时地说出来。

悉尼：正如我一开始所说的，我也认为，如果我能够早点说明一切，我们之间就不会出现今天的尴尬局面了。我想，如果当我试图忽略你的某些行为，而你却对我的忽略视若无睹，继续我行我素时，我真的会觉得很尴尬，很沮丧。你知道吗？之前，当我不断地拒绝你的敬酒，或是回绝你想去海滩散步的邀请时，我的感觉真是糟糕透了。

米盖尔：你知道，有几次，我也发现自己的行为的确有些不妥。我想，我还是应该事先征求你的意见，或是询问你我的行为是否冒犯了你。也许，我们应该早点谈谈自己究竟希望对方该怎样做……

从最后一句话当中，我们可以看出，米盖尔终于开始意识到归责与指责之间的差异，而他的心理和思想也逐渐发生了改变，开始认同自己在这件事上也负有不可推卸的责任。不过，在实现这一最终结果之前，悉尼都不得不持之以恒地对其加以引导，使他逐渐摆脱指责的思维模式。

你可以再构造任何事。再构造的对象十分广泛，你可以对他人说的任何话进行再构造，从而将谈话引入学习型模式。让我们来看看以下几个例子：

> **你可以再构造**
> 真相——不同的故事
> 控诉——意图和影响
> 指责——归责
> 评价，刻画——感受
> 你有什么问题——他们的境况

他们说：我是正确的，这是毋庸置疑的！

你再构造：我想确认，自己是否真的理解了你对此的看法。显然，你十分肯定自己的看法，而我也想和你分享自己对此的看法。

他们说：你故意要伤害我！

你再构造：我能看得出，对于我所做的一切，你十分愤慨，而这也让我感到很伤心。我并不想伤害你。你能再多谈谈自己的感受吗？

他们说：这都是你的错！

你再构造：我知道，在这件事情上，我的确负有一定的责任，不过，我想我们双方都有责任。与其追究到底是谁的错，我想，我们还不如一起找到导致这一局面的原因——我们双方都做了些什么才让这一切发生的。

他们说：你是我见过的最讨厌的人。

你再构造：听起来，你真的很生气。

他们说：我并不是个坏邻居！

你再构造：天啊，我也从来没这样想过，而我也同样希望，在你的心目中，自己并不是一个令人厌恶的坏邻居。我想，我们只不过是对这件事情的处理方式抱有不同的意见而已，而这在两个好邻居之间也是十分常见的事情。现在的问题就在于，我们是否应该通力协作，找到一个能让我们双方都满意的解决办法呢？

当然，简单的一句话也许并不能帮你扭转不利局面，但是，通过上文中的这些范例，你却可以了解到自己究竟该从哪里入手。和悉尼一样，在此期间，你需要持之以恒的毅力和耐心，而且你也应当做好不断再构造谈话的准备，因为只有这样才能保证谈话不会偏离正轨。

"你——我"的"和"姿态。你可以采用的第二种再构造方式则是从"或"转向"和"。如果对方让你选择：在你的想法和他们的想法之间，在你的感受和他们的感受之间，你只能二者选其一，这时，你就可以借助于"和"姿态轻松而巧妙地回绝他们的这一要求。

在之前的章节当中，我们已经了解过"我——我"的"和"姿态。不过，在处理谈话双方之间的互动型对话时，我们就需要引入至关重要的"你——我"的"和"姿态了。这里的"和"不再是我们自身内部的"和"，而是我和你，我和他，我和任何人之间的"和"。运用了"你——我"的"和"姿态后，我们会说："我可以聆听并理解你所说的一切，而你也可以聆听并理解我所说的一切。"

斯泰希就在寻找亲生母亲的过程中发现了"你——我"的"和"姿态的强大威力。斯泰希的养母乔伊斯认为，斯泰希的寻找生母计划只会让她自己感到痛苦，而且这样的寻找最终肯定是徒劳一场。对此，斯泰希在"和"的帮助下，不仅巧妙地避免了她与养母之间关于孰对孰错的争论，而且也成功地融合了她们二人的观点："你也许是对的。我的所有努力最终可能真的会徒劳无功，而就算我真的找到了她，最后的结果也很有可能会让我极其失望。她可能根本就不想见我。不过，对我而言，重要的是我究竟有没有尝试过去找她。这就是为什么……"

当乔伊斯说道:"这么多年来,我们爱你,疼你,将你抚养长大,你为什么还要寻找你的亲生母亲呢?你认为她又能带给你什么呢?"面对养母的诘问,斯泰希还是利用"我——我"以及"你——我"的"和"姿态巧妙地做出了回答,使谈话继续向着良性的方向发展,"我知道,我寻找亲生母亲的做法的确会让你感到很难接受。你是世界上最好的妈妈,而且也是我惟一的妈妈。这一点永远都不会改变。其实,对我而言,寻找生母也并不是一件轻松的事情,因为当我看到你为此而伤心难过时,我也觉得很难受——有时候,我甚至都觉得自己很自私,简直就是恩将仇报。与此同时,我的心里也有好多我想逐一解答的问题。我希望,我们能够继续谈谈这件事对我们两分别意味着什么,就像我刚刚开始寻找时,我们坦诚以对,与对方分享自己的心事那样。"就这样,斯泰希在成功地说出自己的想法和感受的同时,也充分地考虑并体谅了母亲的顾虑和感受。

时刻聆听

要想妥善管理你与对方之间的互动对话,出色的再构造工作固然重要,但是最重要的一条沟通原则始终还是善于聆听——除非对方觉得你听到并理解了他们所说的话,不然,你根本无法改变或影响谈话的方向。同样地,除非你真的敞开心扉,聆听对方说话,不然,对方也不会认为你听到并理解了他们所说的话。当你发现对方已经变得十分情绪化时,最明智的选择就是闭上嘴巴,聆听,然后表示认同。当对方说只有他的故事才能真实地反映事实的时候,你不妨先听听他的故事,然后再问他为什么他会这样想。如果对方对你提出了控诉或指责,你大可以先耐心地听听他怎么说,然后尝试着去理解他的观点,最后再为自己进行辩护。

无论何时,只要当你感到谈话局势已经超出了你的控制范围,或是无法确定该如何应对时,你就可以告诉自己:时刻聆听。

持之以恒地听。我们常常以为,在谈话中,听众不过是一个被动的角色,但是,事实却并非如此。你也可以利用聆听来指引谈话的方向。

以下是哈普利特与妻子莫妮莎在电话中的一段对话。莫妮莎是一间很大的制药公司的销售代表,所以,她将大部分时间都花在了去见客户的路上。

她与丈夫之间的这一空间距离就成为了引发他们之间紧张关系的导火索。

　　莫妮莎：好吧，不说了，我要睡觉了。明天一早，我还有一个重要的演示会。
　　哈普利特：那么，你的意思是，我要等到周四才能见到你了？
　　莫妮莎：是的，周四晚上。我应该能在七点左右到家。
　　哈普利特：好吧，好好睡一觉……（沉默）我爱你。
　　莫妮莎：晚安。周四见。

　　哈普利特挂上电话，心情无比低落，而且有些伤感。"她从来都没对我说过她爱我。"他抱怨道，"每次我一提到这个问题，她就会说，'我很爱你，这一点你很清楚，所以我干吗一定要时时刻刻把这句话挂在嘴边呢？'"
　　对哈普利特而言，这显然是一句十分重要的话。也正是因为如此，他才会不断地向莫妮莎提出这一问题。许多人认为，所谓持之以恒，就是不断地重复并强调自己的观点——换言之，哈普利特应当不断地重复这一问题。可是，事实摆在眼前，这并不管用。
　　持之以恒并非盲目地执着，你必须找到一种正确的方法。还记得吗？我们曾经提到过的，谈话是一条双行道，有来才能有往。在高难度谈话中，持之以恒意味着你在坚持自己观点的同时，也应该始终耐心地聆听他人的意见。
　　在对三层对话进行过深入的思考后，哈普利特开始对莫妮莎产生如此反应的原因充满了好奇。于是，哈普利特决定，在第二次谈话中，他将以聆听为主，并尝试着去理解莫妮莎对这一问题的看法。

　　哈普利特：当我对你说我爱你的时候，你有什么想法？
　　莫妮莎：我会想，"噢，他正等着我对他说同样的话呢。"可只要想到这一点，我就反而不想对你说我爱你了，因为我觉得自己好像是迫不得已才这样说的。而且，我一直就很爱你，这你是知道的。
　　哈普利特：对于这一点，有时候，我很确信，可有的时候，我就不那么肯定了。当你说我知道这一点的时候，你怎么肯定我就一定知道呢？

莫妮莎：我不是还和你在一起吗？

哈普利特：就凭这个？这样的标准实在是太低了！而你也知道，我的父母之间早已没有爱情可言，可是他们仍然生活在一起。也许，这就是为何有时候我会为此而感到紧张的原因……

莫妮莎：这样啊。我想，我们俩的经历恰好相反。我的父母一直都深爱着对方，还经常会当着我们的面说一些甜言蜜语。我觉得那只会让大家都觉得很尴尬。在我看来，如果你真的很爱一个人，你并不一定要天天都对他说我爱你。你完全可以用行动来表示。

哈普利特：怎么表示？

莫妮莎：我也不知道，也许，就是彼此都很关心对方，爱护对方。就像有一个周末，你妈生病了，我立刻放下所有的事情去陪她。我之所以会这样做，完全是因为你，因为我知道你一定很焦急，很需要我的帮助，而我也真的很想帮你……

谈话尚未结束，而想要取得理想的结果，哈普利特和莫妮莎就还需要继续努力。不过，在上文中的谈话中，哈普利特不过只是采取了一项简单的措施——聆听妻子的回答和想法——就使得原本让两人颇感棘手的话题一下子变得生动有趣起来，与此同时，两人间的谈话也渐渐摆脱了之前的困境，开始向着乐观的方向发展。

适时重拟话题：让麻烦明晰化

再构造和聆听可以引领谈话向着你所期望的方向发展。在绝大多数的谈话当中，你都可以借助这两件强大而有效的工具引领谈话的方向。不过，有的时候，单凭它们，你仍然无法应付谈话中出现的全部危机。无论你听得多么仔细，多么诚恳，也不管你对谈话做出多么精妙的再构造，对方就是不理会你，他们不断地打断你的话语，攻击你的观点，甚至拒绝让你发言。当双方对某一问题的谈论稍有进展时，他们便会搬出另一个否定你的原因；又或是，他们表现得极其烦恼或沮丧，可每当你请他们说说自己的感受时，他们又会一口咬定："没事，我没事，我很好。我根本就没生气。"

每当这时，你就需要适时重拟话题的帮助了。你将你在谈话中所发现的问题提出来，并以此作为一个新话题，与对方展开讨论。从某种程度上来说，你就好比一名医生，而谈话就是你的病人。在通过望闻问切一番诊治之后，你确定谈话停滞不前的症结之所在，然后开出药方，指引谈话重回正轨。以下就是你对这一特殊的"病例"所开出的诊断说明和治疗建议。

我发现，只要一谈起这个话题，我们就总有说不完的话。也许，我们应该设定一小时为限，在这一小时当中，我们俩都可以集中精力探讨这一话题，一小时过后，我们再谈论其他问题。

这已经是我第三次开口想说出自己的想法了，之前，每次我一开口，你就会打断我的话。我不知道你自己是否已经意识到了这一点，不过，这真的让我觉得有些沮丧。如果你真的认为我没有理解你的意思，而此事又对你十分重要，你可以现在把它说出来。我会在你说完之后再继续我想说的话。

我注意到，当我问你我的话是否伤害了你时，你会说"不，不，当然没有。我不是那种人"。可是，你对待我的方式却让我觉得我的话伤害了你，而你也为此感到很气愤。至少，从我的角度出发，我是这样认为的。所以，我觉得，眼下的当务之急似乎是先弄清楚一件事：我的言行是否真的伤害了你。不然，我觉得我们的谈话只会停滞不前，无法取得任何成效。

请等一下。每当我说出一些我认为很重要的事情的时候，你都会气急败坏地攻击我，让我觉得很不安，而这样的情况已经出现了很多次。我不知道是什么导致了你如此强烈的反应。如果你感到心烦意乱，不妨说出来，我很想听听你为什么会有这种感觉。如果你这样做只是想强迫我改变主意，那恐怕无济于事。我真的很想知道，究竟是什么让你如此愤慨，而我也想和你就此心平气和地谈一谈，从而消除我心中的不安。

适时重拟话题可以帮助你驱散那些不和谐的气氛，扭转谈话的氛围。它可以让谈话双方说出自己的真实想法和感受，并对此展开真诚而诚实的探讨。适时重拟话题也可以终止那些无谓的以伤害彼此为目的的互动。很多时候，对方并没有意识到自己的言行会伤害或打击你。然而，如果不及时制止，对方的这一无意识的行为最终只会让谈话偏离正题,有时候,它甚至还会进一步加剧紧张的谈话局势。因此,在谈话当中,当你感到无计可施时,适时重拟话题也许就是你的那根救命稻草。

现在做什么？开始解决问题

我们通常会以为,当我们理顺了三层对话,开始涉足核心问题时,一切似乎都变得明朗了,结束谈话指日可待。但是,情况却并不尽然。为了结束谈话,你们已经走了一段很长的路：理解了对方的故事,了解了事情的始末,对于双方的情感也有了更深刻的体会,可是,你们仍然需要迈出最后的一步——决定该如何与对方一同推进谈话,而在这一问题上,你们很有可能会提出不一样的意见。

于是,解决问题的时间到了。基本上来说,解决问题包括收集信息,测试你的感知,创造可同时满足双方需求的选择,或是找到可以化解分歧的公平的办法——如果你无法创造出可同时满足双方需求的选择。

双方达成一致

在高难度谈话中,双方往往都需要迁就对方的需求或是向对方妥协。如果你在解决问题时遇到困难,而你或对方也开始感到焦虑,这很有可能是因为你过于关注说服对方同意你的意见。这时,你就好比那上了钩的鱼,势必将会垂死挣扎,只不过,鱼儿挣扎是为了求生,而你的挣扎则是为了不断调整自己的观点以满足对方的要求,从而使得双方就如何前进达成一致意见。然而,对方的要求却好比一个无底洞,除非奇迹出现,不然,消除你们之间的分歧简直无异于痴人说梦。事实上,你的这一做法等于完全放弃了谈话的控制权——除非你能百分之百满足对方的要求,不然,你就只能一直这样挣扎下去。

不过,通过上文中的比喻,我们也看到了这一沟通方式的弊端：谈话需要两个人才能进行,除非同时得到了谈话双方的首肯,否则双方就无法达成一致。你需要说服对方接受内容的多少,以及程度的深浅都必须和对方说服你的内容和程度一模一样，既不能多一分，也不能少一毫。只有这样，双方才能达成平衡；也只有从这一点出发，你才能获得扭转局面的机遇和力量——你可以在努力说服对方的同时也邀请对方来说服你。只要你愿意敞开胸怀，迎接对方的劝说，同时也做好面对双方意见分歧的充分准备，你就可以像自己所期望的那样，坚定地说出你的观点，并让对方接受它——"我明白，你已经决定用这周的时间来检查你的论文，而我也仍然坚持自己的观点：我不会利用假期来做这件事。"

对很多人而言，当他们意识到自己并不一定非要与对方意见达成一致时，他们立刻觉得如释重负，之前的失望感和绝望感也顿时不翼而飞。

收集信息和测试你的感知

几个月前，亨利就已经计划好利用这个周末和朋友们一起出行。一周以来，为了完成工作计划和新的展示内容，他每天都加班，工作到很晚。星期五早晨，亨利的老板罗萨里奥来到他身边。

"亨利，供货商给我们出了一个大难题。为此，这个周末，我们不得不加班，研究对策，从而确保我们能够有足够的库存以应付下个月即将到来的假日大采购。"她解释说，"对此，我真的感到很抱歉，因为我知道你早就定好了周末出游的计划。可是，我真的需要你留下来。我相信，你会和朋友们再另约时间出游，对吗？"

提出测试的建议。面对老板的要求，亨利既没有一口回绝，也没有与她辩解，相反，他决定深入了解一下为何罗萨里奥会如此关注此事。随着亨利和罗萨里奥逐一梳理各自的故事，他们发现，原来他们对自己与供货商之间关系的理解并不相同。亨利相信，即使他们真的遇到了问题，供货商也一定会与他们并肩作战，连夜完成他们的订单。对此，罗萨里奥却有不同的看法。因为多年来，罗萨里奥曾多次与供货商发生过不愉快的经历，所以，她认为在解决问题之前，当务之急就是确保假期供应不出现问题。

不一致的意见往往起源于一个或多个自相矛盾的假设或想法。如果你能够逐一识别它们，你就可以思考如何才能公平地检测哪一种假设才是正确的，或是这一假设从何种程度上来说是正确的。亨利建议说，他们可以给供货商打电话，弄清楚他们可用的库存量究竟有多少，同时询问对方，如果在接下来的假日采购中他们的供货出现短缺，是否有人愿意假日加班为他们赶制商品。罗萨里奥则希望对方能够明确回答他们所提出的一系列假设问题，并且与供货商一方的某人建立私人联系，而这个人应该可以在有需要时解决他们的供货问题。当然，为了让对方接受你的建议，你所提出的检测方式需要体现公平的原则，同时且等额地满足你和对方的需求。

说出仍然被双方所忽视的问题。就在你们双方权衡自相矛盾的感知和结论时，你们还需要清楚地说出彼此故事中仍让自己感到不解或无法接受的那一部分内容。当你跟随对方的思路试图理解他们的故事时，你是否遗漏了某些能够帮助你理解其想法的内容呢？正是基于这一原因，亨利才会说："我想，我现在终于明白了为何我们去年会因为库存问题而亏损。看起来，我们似乎的确需要早些清点库存。不过，既然现在我们已经提前了30天就开始处理这一问题，所以我有些不能理解，为何一定要选在这个周末寻找对策，这样做会有很大区别吗？"

说出那些可以说服你的话。对你而言，敞开胸怀迎接他人的说服，这是一种十分有利的姿态。这样做可以让你在诚实而坚定地面对自己观点的同时，聆听他人的想法。"根据我的了解，我的助理经理比尔在清点库存方面训练有素，他完全可以胜任周末盘点的工作，而我则可以从下周开始跟进。你有什么不同的看法吗？也许，你对比尔的了解比我多，在这方面，你更有发言权。"

询问对方有什么（如果有的话）可以说服他们。"在我看来，这个周末根本就不用加班，而我也无需取消原定计划，对此，我已经列出了许多足以解释我的这一观点的原因，至少我认为这些原因是足以令人信服的。然而，你却一再坚持要我留下来加班。这其中是不是有什么隐情，你曾经提到过而我却没有留意呢？如果不是的话，我想知道是不是我所说的一切尚不足以说服你呢？如果是这样，你能告诉我怎样才能让你对我的想法表示信服呢？"

征询他们的建议。"我需要你的帮助，因为我想知道，如果你是我，你会有何感受呢？你是如何看待这件事的呢？对此，你又会做些什么呢？为什么要这样做呢？你能想出一个让这种事尽可能不再发生的方法吗？"

说服对方肯定是一条双行道：要想说服对方，首先你必须愿意接受对方的观点。经验告诉我们，凡是深知这一道理的人都几乎很少会因为无法说服他人而苦恼。坚持己见的处事原则不仅为他们赢得了强者的美誉，也赢取了大多数人的尊重，而更重要的是，这一原则还能让那些习惯利用他人的人敬而远之。

创造选择

现在，让我们再回到你因为邻居家的狗夜不能寐的故事中。当你终于鼓足勇气和邻居谈论此事时，你才了解到，他们觉得只有会叫的狗才能确保主人的安全，而他们之所以会把狗留在屋外，则是因为他们担心它可能会误伤小宝宝。如此一来，你明白了邻居的用意，而你也可以直抒心意，将自己因此而无法入睡时的那种沮丧和筋疲力竭的感受坦言相告了。然而，当你们谈论到该如何处理此事的时候，你又再度感到为难了。显然，他们对你的答案（换一只不叫的狗）并不感兴趣，而在你看来，他们的答案（戴上耳塞或是关上窗户）听起来似乎又荒唐可笑。

在高难度谈话中，遇到困境时，我们可以借助创造性的解决方案走出困境，当然，这一解决方案需要能够满足几乎所有人的全部要求。然而，问题的关键就在于，解决方案通常都隐藏在一个不易被发现的地方，我们只有通过努力才能找到它。在寻找的过程中，我们不仅要有坚定的意志，而且还需要积极与对方合作，展开一次头脑风暴。"我想，我们也许应该发挥创造性思维，找到一种能够兼顾双方利益的好办法。你认为呢？你想试一试吗？"尝试的结果可能成功，也可能会失败，但是，只要你能持之以恒，就一定可以获得回报。

头脑风暴也许能给我们带来许多不错的好点子。例如，一方面，你的儿子可以多和那只狗一同玩耍，从而加强对它的训练，同时也可以弥补它因为主人忙于照顾小宝宝而无暇顾及它所缺失的关爱。另一方面，这也在一定程度上满足了儿子想养狗的愿望。或者，你的邻居也许会决定再养一只狗来陪伴它，或是每晚10点之后便将它关进屋内，同时也关好小宝宝的房门。又或者，他们可能会对你说，每当狗开始大叫而打扰你休息时，你都可以给他们打电话，从而使他们能够及时处理这一问题，这样，你就无需再为了不能安然入睡而烦恼了。

更重要的是，通过这件事，你和邻居都已经充分地意识到，如果你们打算继续为邻，你们就需要通力协作，找到一条让所有人都满意的解决之道——你，他们，还有那只狗。

询问应该使用什么标准

通常来说，如果你既想化解矛盾，又不想破坏与他人的关系，最好的办法莫过于探寻那些可以指导你解决问题的标准或是公平的原则，而不是事事与对方针锋相对，或是要挟对方。如果你找不到可以解决问题的创造性方法，不妨询问对方，你们应当采用何种公平的标准，以及采用这一标准的原因。在上文关于狗的故事中，你可以借助当地关于噪音控制的法则，或是借鉴其他狗主人用于让小狗保持安静的方法。任何行业或当地的具体措施、法律法规以及道德标准都可以成为你用于解决争端的标准或原则，同时也不会让任何人的利益或颜面受损。

当然，并不是所有标准的说服力都相当。有些标准与问题的联系更为紧密，有些标准的接受范围更广泛，还有一些标准则能够更加迅速地从时间、地点或环境上体现和反映问题。因此，当你在权衡不同标准之间的公平程度时，你需要将这些因素全都考虑进去。

相互照顾原则。 当高难度谈话已经进入解决问题的阶段时，你需牢记的一点是，我们所有人在思考问题的时候往往都会倾向于认为：自己的做事方式才是"正确的"方法。受这一倾向性的影响，我们往往会将所有的问题都归咎于"他们的做事方式"有问题，然后，我们会按照自己的行为模式提出一个"解决之法"："只要你稍作改变，一切问题便都可以迎刃而解"。

沮丧的心情是可以理解的，但是这样的主张却无法说服任何人。人际关系因为人与人之间的差异而充满了挑战，可与此同时，也正是因为有了这一差异，人际关系才会如同大观园一般，丰富多彩，妙趣横生。偶尔的沮丧不过是你为了进园游玩而买的门票而已。正如我们之前已经发现的那样，如果人际关系中的一方总是一味地退让，那么，这段关系必定无法长久。好的解决问题的方法往往需要双方都相互迁就，或是相互答谢——在某件事上采用这种方式，而在其他事情上则采用另一种方式。这就是互相照顾的原则。

如果你仍然不赞同对方，不妨考虑自己的备选项

并不是所有的矛盾双方最终都能达成一致意见。有时候，你们在经过了巧妙的斡旋之后，你和对方仍然无法达成共识。这时，你需要做出决定：你是应该稍作妥协，降低自己的要求，而后接受对方的建议，还是你应该坚持自己的观点，并接受不赞同对方建议的一切后果？

让我们回到亨利和罗萨里奥的故事当中。罗萨里奥是老板，而亨利则是一名出色的员工。在关于亨利周末是否需要加班这一问题上，如果他们无法达成共识，他们每人都会面临一些选择。无论是罗萨里奥，还是亨利，他们都需要思考一个问题：如果最终还是无法统一意见，他们该怎么做。

如果这时你打算转身离开，并且表示仍然要坚持己见，那么，你必须做两件事。首先，你需要解释为何你要现在离开。是因为你觉得你们正在讨论的解决方案无法满足你的利益和需求吗？假设尽管罗萨里奥一再坚持要他留下来加班，但是亨利最终还是决定周末与朋友一起出游。在做出这一决定之后，与其一言不发、怒气冲冲地走出办公室，亨利倒不如清楚地说出他的感受和选择，以及他在这件事情上的利益所在。他可以这样说："罗萨里奥，我真的很抱歉。我真的很想做一名优秀的员工，并在公司需要我的时候挺身而出。换作是平常，无论是周末还是晚上，我都会义不容辞地留下来加班——我以往的行动就是最好的证明，我希望你都看见了。只要提前通知，让我安排好一切，在我看来，加班并不是问题。只是这一次，我真的爱莫能助，对此，我也感到很难过，可与此同时，对我而言，周末的计划真的很重要。关于周末的计划，我早已告诉了你。一周以来，我加班加点，就为了能在周末前完成所有的工作。说实话，我很不喜欢这样的选择，可既然要我选，我还是打算选择周末出行。"

现在，亨利就需要做第二件事情了：向对方表示愿意接受一切后果的意愿。也许，当他星期一回到公司时，他会发现自己已经被解雇了。如果他能够接受这一现实，或是这正是他想要的结果，那么，他坚持周末出游而放弃

加班就是一个有意义的决定。或者，当他返回公司时，他可能会发现罗萨里奥一方面有些不悦，但另一方面却更加尊重他和他的时间安排。也许，她甚至还会向他道歉，或是和他探讨今后该怎样做才能避免这样的情况再度发生。

如果亨利并不能接受失去这份工作的可能性，那么，他的最佳选择可能还是周末留下来加班。对此，他可能会因为无法与朋友共度周末而有些失望，但是，与此同时，他也很清楚，自己成功地完成了这次高难度谈话，并最终做出了一个明智的选择。

一切都需要假以时日

此外，绝大多数高难度谈话通常都不是围绕某一单一话题的简单谈话，谈话往往会涉及到一系列随着对话的深入而展开的话题交换和探讨。这一次，亨利和罗萨里奥也许最终找到了解决矛盾的方法，今后，他们之间还会发生许多其他的事情。需要解决的矛盾很多，而他们则不得不通过合作找到能够平衡工作和亨利的个人承诺的方法。在第一章当中，迈克和杰克，这对朋友因为手册而发生了争执。对他们而言，他们则需要找到一种能够修补双方友谊的方法，同时，双方也需要思考他们是否还应该继续保持合作关系，以及如何才能维护这一关系。为了解决你的睡觉问题，你和邻居不得不尝试着让你的儿子照看这只狗，或是晚上邻居便将狗关进屋内，看看情况如何。不管你们最终做出了怎样的决定，你都应该继续关注它，以检验这一决定的正确性。如果有需要的话，你还需要继续谈话，从而寻找新的解决办法。

第十二章

总结

杰克也可以从另一个角度来开始他与迈克的谈话。

他解释说:"我想,既然手册的问题已经解决,我们之间也就不会存在任何的问题了。"然而,几个月过后,迈克对他的态度仍然很冷淡,而他们之间的友谊也陷入了一种令人尴尬的境地。杰克知道他应该找迈克谈谈,可是谈什么呢?而自始至终,杰克在这一问题上的底线从未发生过改变:迈克实在是有些不可理喻。

第一步:做好准备,走进三层对话

为了准备与迈克的这次谈话,杰克定下心来,开始梳理这三层对话,其间,他审视了迈克在这件事情上可能表现出来的态度,以及他们双方各自的责任(随后附上杰克在做准备时所列出的简要笔记)。顺着这一思路,杰克有了一些发现。他意识到迈克可能根本就不知道自己为此而放下了其他所有的工作,并为这本手册一直加班到深夜。此外,杰克也并不清楚迈克在处理这件事时是否真的是故意强迫自己。他发现,无论是在他和迈克争论此事时,还是在他完成手册之后,他都没有向迈克表达过自己心中的感受,而这一做法恰恰使得他们之间的误会和矛盾进一步加深。

考虑至此,杰克更是下定决心要改变这一状况,于是,他决定马上说出自己的感受。"当我重新审视当时发生的一切以及我的种种想法时,我的信心有些动摇了,我不再坚称自己才是对的,也不再像以前那样一口咬定迈克才是一切问题的根源。"杰克说道,"也许,我最大的发现就在于,我意识到自己从来没有试着从迈克的角度来了解整件事。现在,我想试一试。"

因为谈话信心的动摇而开始准备另一次谈话,这听起来似乎有些可笑。不过,正是因为如此,杰克才能更加开放地聆听迈克的谈话,并以一种更加好奇的态度去了解那些他所不知道的信息(譬如说迈克的意图,或是迈克为杰克所设定的责任)。其实,从某种意义上来说,杰克比以前更有信心了。在他接受了自己在这一问题中所扮演的角色之后,他反而对自己的观点更有信心了。这一次,他不再像之前那样言辞凿凿地说他的故事才是"对"的,而迈克的是"错"的;因为他确信,他们俩的故事都很重要。

杰克的准备笔记

发生了什么		
不同的故事	影响/意图	责任
我的故事: 为了帮朋友,我放下了许多重要的工作,谁知,他却因为一个小错误而反应过激,并且威吓我,要求我重做。自始至终,我没听到半句感谢的话,而他明明事前认可了我的工作,可最后又推翻一切,将所有的责任全都推到我的身上。	**我的意图:** 帮助朋友。 完成好工作任务。 说服迈克,那根本就是一个无伤大雅的小错误! **对我的影响:** 受到威吓。 没有得到应有的认可和赏识。 心灰意冷。	**我的责任:** 当时,或事后,我都没有向迈克透露过自己低落而沮丧的情绪。 制作手册时,我犯了错。 我并没有就此事向迈克询问具体的情况,了解他的困境。
他的故事: 迈克信任我,认为我一定可以圆满完成任务,可是我却辜负了他的期望。事后,我还为此和他争辩,而不是马上更正错误。从某种程度上来说,事情就是这样。	**迈克的意图?** 尽快完成手册。 确认数据正确? 强迫威吓我? **对迈克的影响?** 心灰意冷? 失望? 与客户的关系到了生死存亡的紧要关头?	**他的责任:** 迈克也没能发现手册中的错误。 他没有早点通知我,从而使得我能有更加充裕的时间来完成这项工作。 他一直在问我:"你打算重做吗?"而这听起来就像是在威吓我。

续表

情绪
影响我归因和判断的情绪： **愤怒** **心灰意冷** **失望**——事情进展得并不顺利，而迈克也已经聘请了其他人来完成这项工作。 **内疚**——我真的很希望自己能够把事情做得更好。 **尴尬/羞愧**——竟然犯了一个如此低级的错误！ **赞赏**——迈克之前对我工作的支持。 **悲哀**——我们的友谊因此而受到了重创。

自我认知
发生的一切是如何危及我的自我认知？ 没错！这一切很可能的确都和我的自我认知有关，因为我向来都把自己看成是一位尽职尽责的专业人士。可是，我竟然犯了一个如此愚蠢而低级的错误，我实在很难接受这样的事实。 此外，我还希望自己在处理和迈克的谈话时能够做得更好。其实，我还是很擅长解决这一类问题的——处理与客户之间的矛盾。 现在，无论是工作还是私人关系，我都搞砸了。我没有坚持自己的原则，同时，我也失去了迈克这个朋友兼客户。

第二步：检查你的目的，然后再决定是否说出来

对杰克而言，最重要的一点就是他有了更多的安全感：他觉得，无论迈克有何反应，把一切说出来都是一件好事情。"一开始，每当我考虑是否该和迈克谈谈时，我就会想：'如果迈克认为这无关紧要，那我该怎么办？又或者，他已经忘了此事，那我又该怎么办呢？如果那样的话，我岂不是显得很愚蠢，或是很失败？'我一直在思考是否应该说出来，可是我又担心到时候自己会像个逃兵一样溜之大吉，根本拿不出任何明确的解决方案。"

"所以，一方面我很想把事情说出来，另一方面，我又为此而感到十分紧张。就在这个时候，我想起了你们的建议：不要试图控制他们的反应。我之所以想把事情说出来，是因为我认为这很重要。我打算这样做而我的确也能做到，如果迈克真的对此并不感兴趣，或是他根本就不想听我说，那也没关

系，至少，我努力了，也付出了行动。如此一来，我就无需再为自己的不作为而感到耿耿于怀了。"

在下文当中，你将会看到部分杰克和迈克在现实生活中可能发生的谈话内容——惟一不同的是：为了让杰克在谈话中的表现，无论其得体与否，都能对推进对话产生更大的辅助性作用，我们为他提供了一名咨询顾问，指导他克服谈话中遇到的难题。此外，我们还让杰克具备了开始和中断谈话的机会，并且允许他在谈话进展不顺的情况下重新开始谈话。

第三步：从第三个故事开始谈话

接下来就是杰克的第一次尝试及其结果。

杰克：听我说，迈克，让我们好好地谈谈吧。上次财务手册那件事，问题就在于，我把一切都做完之后，你对我的态度相当恶劣。这一点，你自己也很清楚！

迈克：上次那件事的问题就在于是我自己判断失误，竟然会首先想到交给你来做。我再也不会犯那样的错误了！

杰克：好吧，停。这样不行。

顾问：出了什么问题？

杰克：我不知道，不过，他的反应好像不太好。

顾问：注意到了吗？你是从自身的角度——你的故事开始这次谈话的。

杰克：我应该从第三个故事开始谈话的。好吧，我重新来过。

杰克：迈克，关于上次财务手册那件事，我想了很多。每次回想当时的情景都会让我觉得沮丧和难过，我想，你大概也和我一样。而最让我感到忧心的就是，这件事情似乎已经影响到了我们之间的友谊。我想知道，我们能不能就这件事好好地谈谈呢？我想了解更多关于你在这件事情上的情况，也想知道你对我们之间的合作关系有何感想，当然，我也想把那些让我感到心

烦的事情告诉你。

迈克：好吧，杰克，关于这件事，问题就出在你不够仔细上，而且你明明知道自己犯了错，可就是不愿意承认，还不断地为自己找借口，这一切真的让我很生气。

杰克：停，他在攻击我。我还以为，如果我能从第三个故事开始谈话，他就会表现得更加友善呢。

顾问：没错，当你第一次开始谈话时，迈克的反应的确让人觉得很不舒服。而这一次，你做得不错，成功地做到了从第三个故事开始你们的谈话。不过，请记住，你需要持之以恒。你想进行一次学习型的谈话，但迈克不可能马上就能明白这一点。所以，你必须做好准备，迎接他的自卫反击战。

杰克：如果他还继续攻击我，那我该说些什么呢？

顾问：目前的他完全沉浸在自己的故事当中。所以，为了让谈话能够顺利进行下去，你的最佳选择就是聆听，怀着一颗真诚的好奇心听他说，然后提出问题，并同时关注隐藏在他话语背后的那些情绪。

第四步：探寻他们的故事，以及你的

杰克：你认为，我那样做是在为自己找借口？把你的想法全都说出来吧。

迈克：杰克，事实就是你不应该因为那张图表而和我争论不休。你应该二话不说，立刻重新做一张新的图表给我。

杰克：所以你认为既然是我把图表做错了，就应该由我再做一份正确的图表，然后重新印制手册？听起来，正是因为我对你的这一想法表示了质疑，所以你才会如此愤慨和沮丧。

迈克：是啊，这的确让人觉得有些心灰意冷。这份手册，客户催得很紧，而她之前就已经对我们的工作有些不满了。

杰克：为什么呢？

迈克：因为之前这张图片还在其他的刊物里出现过，那时候，她就觉得这张图片弄错了。事实上，图片并没有错，可是在那种情况下，你又怎么可能和她争辩孰对孰错呢？杰克，你知道吗？这件事让我很受打击。顾客就是上帝，所以顾客永远都是对的，可是，你似乎就是不明白这个道理。

杰克：所以，当时，这个客户其实正在找碴借题发挥？

迈克：当然啦。你的任何一个错误都正中她的下怀，而她肯定也会首先就注意到收入图表上的那个小错误。她的投资方已经对她近来的某些决策表示出了不满。没错，整张图表就只错了那么一点点，而通常来说，我们也不会因此就重做图表，可是这次的情况不一样，我们必须保证每个数据都准确无误。

杰克：我不知道这件事情原来还有这么复杂的背景。听你这么说，在这件事情上，你似乎承受了很大的压力。

杰克：暂停一下。

顾问：你表现得太棒了！

杰克：是啊，我也觉得不错。你的建议真的很有帮助。我开始有些了解他在这件事情上的立场和他看待问题的角度了。不过，他仍然不知道我对事情的感受和看法。我该什么时候讲述我的故事呢？

顾问：你出色的聆听已经开始发挥作用。现在的迈克也许已经准备好听你讲故事了。

杰克：迈克，在我看来，整件事情的问题就在于，我为了帮你而接下了这份工作，可你不但不感谢我，还冲我发火。你太不够意思了。

顾问：停！没错，你是想将谈话引到你的故事中去，可是，你并不能如此直截了当。一开始，你需要一些过渡，你需要让对方知道你已经开始理解他对这件事的观点，而现在你想让他也对你的观点和感受有所了解。此外，当你在讲述自己的故事时，如果你想宣泄情绪，没问题，可是你刚才说的不是情绪，而是你对迈克的评判，评判并不能帮助你谈话。所以，你最好能从自己的感受开始。

杰克：关于你对此事的看法和立场，我想，我已经有所了解，而这也让我受益匪浅。现在，我也想把我对这件事的看法和感受告诉你。

迈克：好啊。

杰克：嗯，我向来不太会表达自己的感受，不过我会试试看。其实，你说的有些话让我觉得自己受到了伤害。

迈克：杰克，我从来都没想过要伤害你，我只是希望你能及时而准确地做好那份手册！有时候，我觉得，你真的过于敏感了。

杰克：你看，我可以听他说完所有的话，可是他却不行。现在，我一开口他就立刻打断了我的话，他连让我说完第一句话的机会都不给我。这就是迈克。他总是打断别人的话，我永远都不可能说出我想说的话。

顾问：这就是为何你需要坚持的原因。这时，你就需要稍微强硬一点，然后继续你的故事。你可以打断他，从而创造机会，说出你想说的话。你需要十分明确地告诉他，你正在阐述自己的观点，所以你希望他能够耐心地聆听。

杰克：请等一下。在我们谈论你对我的感受有何感想之前，我想先谈一谈我是如何看待这件事情的。

迈克：那好吧，你说。只不过，我想说的是，我们应当公私分明，而你在我们的工作交往中恰恰融入了过多的私人感情。

杰克：看到了吧？他又打断了我。他就是这样一个人。

顾问：他喜欢打断别人的话。那么，你对此又有何感想呢？

杰克：我真的觉得很受打击，心灰意冷。

顾问：所以，你现在有几个选择。你可以选择放弃，不过，我认为现在放弃有些为时过早。你也可以停下来，听他说，而这通常都是个不错的主意。不过，我想你现在肯定不愿意这样做。相反，现在的你只想一吐为快。对此，我也可以给你两个选择：其一，你大可以再次重申，你想把自己心里的话说出来，只不过，我并不认为你这样做就能达到目的；其二，你可以把自己因为发言频频被打断而受挫的心情告诉对方。

杰克：如果我选择后者，他肯定又会打断我，对我说"你不应该感到受挫"之类的话。所以，我想试试前一种方法，表现得强硬些。

杰克：迈克，对于你认为我公私不分的想法，我完全能够理解。我们也可以就此而好好地谈一谈。不过，在此之前，我想先和你谈谈我对这件事情的感受。

顾问：太棒了！你从聆听开始，然后阐述了他认为你公私不分的想法。如此一来，你就打消了他想重复这一观点的念头。现在，你已经在谈话中占据了有利位置，可以继续讲述你的故事了。

杰克：现在，谈话的主动权掌握在我的手里。

杰克：请原谅。呃，事情是这样的。当我接到你的电话时，我心里是这样想的："噢，上帝啊，我已经忙得不可开交了。明天，我必须把安德斯要的材料准备好，而今晚我还和夏洛特约好了共进晚餐。"不过，我转念一想，"反正我正打算给安德斯那伙人打电话，告诉他们，他们要的东西可能要晚一天才能完成，而我也可以给夏洛特打电话取消今晚的约会。"而我做这一切，迈克，你知道是为什么吗？因为从电话里我能听得出来你很着急，而我也真的很想帮你。

迈克：对此，我深表感谢。

杰克：可是，在整件事情当中，你却从来没有对我说过这样的话。从我的角度来说，我为你做出了这些牺牲，可得到的却是——"你看看，杰克，你把这一切都搞砸了！"现在，你能明白为何我会觉得备受打击了吧？

迈克：我真不应该那样说你，杰克。我本来是想感谢你的。可是，当时的我正因为客户的百般挑剔而心烦意乱，根本无暇顾及于此。坦白地说，虽然我现在已经明白了这一切，可是，在这件事情上，我并不认为是你帮了我一个大忙。事实上，无论是当时，还是现在，我都认为，整件事其实是我在帮你。我在照顾你的生意，不是吗？我完全可以找别人，可是我想，如果把这项工作交给你，你一定会很高兴。

杰克：的确如此。我想，当时，我一心只想着完成任务，所以根本没想到你是在照顾我的生意。不过，显然，我很在乎这项工作。

杰克：谈话开始变得有点意思了。

顾问：你做得很不错！继续。

迈克：杰克，我还想和你谈谈另一件事。如果说我们现在完全敞开心扉来谈这件事，我想告诉你，在这件事当中，你犯了错，可是你却予以否认，这样的做法真的让我觉得很失望。

杰克：好吧，一切又回到了原点。

顾问：这就是高难度谈话让人感到为难的地方。它们总是反反复复，所以，你需要不断地纠正它们，继续前进。

杰克：迈克，我并没有否认任何事情。我根本就没做错任何事！

顾问：等等，进度不要那么快。你现在正处在谈话中的一个转折点上，你可以把它当成是一个陷阱——稍有不慎，你便会重蹈争论的覆辙，也可以把它当成是一个机会——处理得当，你便可以巧妙地澄清某些观点和事情，让谈话顺利进行下去。

杰克：我相信你，可是我还是有些不太明白。

顾问：回想一下迈克说过的话。他刚才说，当你试图否认自己犯了错误时，他感到很沮丧。这也是他在意图这一问题上犯的一个重要错误，而对此，你则犯了另一个错误。在迈克的陈述当中，他认为自己很清楚你想做什么以及你为什么要这样做的原因。

杰克：可事实上他并不清楚。

顾问：没错。他错误地认为自己很了解你的意图，而事实却并非如此。当你们谈到这一点时，他的这一错误假设便导致了你们之间的争吵。作为事件的另一方,你为了替自己辩护,便开始就这一问题与他展开了毫无意义的争论。

杰克:那我又该如何为自己辩护呢?

顾问:当我们处理因为影响和意图这一问题而产生的疑惑时,最好的办法并不是为自己辩护。首先,你需要认同对方的情绪,然后,你才能澄清自己的意图。

杰克:我听到你说,我的反应让你感到很沮丧。

迈克:是的。我并不想做坏人。我只是想把事情做好。

杰克:关于我的反应,我想解释一下。我并不是想假装什么问题都没有,也不是想把责任全都推到你身上。我真的只是觉得那张图表很好,没有任何问题。正如我们之前谈到的,现在,我已经知道,当我做出这一反应的时候,我并不清楚整件事情的全部情况。从这一点来说,我并不很确定自己对于这张图表的看法,而我知道的就是,如果我也认为我应该重做这张图表的话,我会是第一个提出来重做的人。

迈克:我不知道你是这样想的。不过,我仍然觉得,你总是想为自己在图表中犯的错误辩解,开脱责任。

顾问:你出色地完成了梳理意图这一话题的任务。这并不是件容易的事。现在,我们就进入到谈话中的另一个关键点。扪心自问,你认为那点错误根本无关紧要,对吗?

杰克:当然没有!我讨厌犯错!我根本无法忍受错误的存在。犯错会让我崩溃,尤其是那些愚蠢的错误。

顾问:那你为什么说你认为那点错误根本无关紧要呢?

杰克:对我而言,爽快地承认自己犯的错误,这似乎让我觉得有一点点为难,可是,我自己却并不愿承认这一点。

顾问:问题就在这儿。不管怎样,迈克察觉到你对犯错这件事情似乎颇有争议。如果你能够和他分享你的自我认知对话,我想,你可能会做得更好。这样做的确存在风险,不过,就目前的情况来看,既然他似乎已经有所察觉,风险应该不会太大。

杰克：迈克，你说的有些道理。事实上，当我反复思考这件事的时候，我发现，有时候，我的确不太愿意承认自己犯了错。对我而言，即使是像现在这样说出这一事实，我也觉得很为难。

迈克：哦，你能这样说，我深表赞赏。如果你能早点承认这一点就好了，这样，我们就能投入到弥补这一错误的工作中来了。

杰克：有两件事，我需要说清楚，以免造成双方的困惑。我的确在制表的时候犯了一个错误，可是，根据我的经验，我真的认为你因此而提出要我重做的要求实在是太不合理了，我认为这张图根本就不需要重做。

顾问：太好了！你坦率地说出了让你感到焦虑的问题，而且你也成功地运用"和"姿态向对方阐明了你的态度：你认为，在这件事情上，你的判断并没有错。

杰克：那么，接下来我该怎么做呢？谈话是不是已经接近尾声了？

顾问：你正走向最后的成功。除此之外，你还有没有其他想说的话或想了解的情况，一些你觉得很重要的事情、观点或感受？

杰克：我们已经谈过了我在手册这件事情上所犯的错误，不过，我们却根本没谈论迈克在这件事情上的不当之处。毕竟，他收下了我交给他的手册，还让我继续下一步的工作。

顾问：这的确是一个十分重要的话题。现在，让我看看你能不能从共同归责的角度引出这一问题，而不是将它作为指责对方的依据。

杰克：迈克，还有一件事，我想和你谈谈。我有这样一种感觉，你认为手册之所以会出差错，问题全在我一个人身上。

迈克：杰克，我们根本就没必要再谈论这个话题了。我并不是想将所有的责任都推到你身上。我明白，你为这项工作付出了很多努力，而我对此也深表赞赏。

杰克：我知道。我只是想从另一个角度来看待这一与指责有关的问题。

当时，你的反应就是，既然这项工作是我做的，所以图表出了问题，毫无疑问，肯定都是我的错。而我最初的反应则是，既然你已经看过了图表，并且让我继续下一步工作，所以这件事你也有责任。

迈克：不，我从没说过我校验过图表。那是你的工作。我的意思是，如果你认为没问题的话，你就可以交付印刷了。

杰克：这正是我想说的。在这件事情上，我们双方都有责任。我们误会了对方的意思。我这样说并不是想说谁对谁错。只不过，如果当初我们能够准确地理解对方话语的含义，这个问题也许就不会出现，而我们也不会把一切都弄得一团糟了。

迈克：的确如此。可是，那又怎么样呢？

杰克：事情的重点就在于，如果我们在沟通的时候能够更加清楚地表达自己的意思，我们就可以在今后的工作当中尽可能地避免出现这样的问题。我应该问清楚你是否已经仔细地检查了手册内容，而你也应该更明确地告诉我你并没有这样做。只要我们当中有一方这样做了，情况就会大大好转，而下一次也肯定不会再出现同样的问题。

迈克：我想，你说得很有道理。

杰克：哇，这可比单纯的指责要容易多了，而且对谈话也更有帮助。

顾问：你发现了吗？当你在谈论归责时，你的注意力自然就会集中到解决问题上来。让我们再加把劲，彻底解决这一问题。对于是否应当重做手册这一问题，你和迈克各执一词。现在，就让我们来解决这一问题。

第五步：解决问题

杰克：迈克，现在让我们来想一想，如果今后我们对同一问题又有了不同的意见，那我们该如何来处理这一分歧呢？譬如说，手册是否需要重做呢？

迈克：我想，在这件事情上，作为客户，我们当然应该按照我的方式去做。我并不认为这是一个需要双方商议才能达成的决定。

杰克：从最后的决定来说，我对此并无异议。在这样的情况下，你当然应该这么做。只不过，我想，在你做出这一决定之前，我该怎么做才能让你也听听我的意见呢？毕竟，集思广益，多听听他人的意见总会有所收获。我能够想象得到，有些时候，当你已经有了自己的观点时，如果你能和我谈一谈，说不定你的想法就会发生改变呢。

迈克：是啊。如果我们能够在谈话之前更加清楚地表明这次谈话的目的，也许，我就会明白你只不过是想给出自己的意见，而不会单纯地认为你想成为最后的决策者了。

杰克：没错。

迈克：可是有时候，我根本就没时间就一件事展开长时间的讨论。

杰克：我明白。如果你告诉我你没时间，我自然会长话短说。另外，我还有一点不明白，为什么你对谈话总是有些不耐烦呢？

迈克：那么，我只要说"我现在没有时间谈论这件事"就行了？

杰克：是的，当然，你还需要告诉我原因。譬如说，你可以告诉我，你必须要在中午之前完成所有工作，或是这个收入数据是个敏感的话题，或是简单地对我说，我们稍后再谈论这一问题。你只要花五秒钟，就能把这一切都说清楚，而我也不会因为你不愿意听我说话而感到沮丧了。

迈克：现在，我明白你为何会这么难过了。

顾问：杰克，一切都像你期待的那样，进展顺利。干得不错！

杰克：只要一切都像我期待的那样顺利，我想，就是时候和迈克谈谈那个从某种程度上来说最让我难以启齿的问题了：我们之间的友谊。我想和他确认一下，这件事并没有损害我们的友谊。

顾问：你这样做的目的是什么呢？"这件事并没有损害我们的友谊"，听起来，你似乎想告诉他该怎么做。这似乎有想控制他人之嫌哦。如果你打算向对方提问，首先，你应当确保这是一个开放性的问题。所以，你只需询问他对你们之间友谊的看法。如果这件事真的伤害到了你们之间的友情，你肯定也希望他能诚实以对，坦然说出心中的想法和感受，对吗？

杰克：我真的很高兴我们可以一起解决这些问题。我想，与朋友共事的确不是一件容易的事情。对此，我有一个问题想问你，你觉得这件事情是否会影响我们之间的友谊呢？

迈克：这个嘛，你自己是怎么想的？

杰克：说真话？和你谈了这么久之后，现在，我感觉已经好多了。而在此之前，我真的很生气，此外，我似乎还觉得自己受到了一些伤害。如果我们能够早点进行这样的谈话，我可能也就不会产生我们做不成朋友这样的想法，也不会为此而纠结和难过了。

迈克：你这样说让我感到有些惊讶。对于此类事情，我和你的看法的确不一样。我不满意我们之间的工作关系，可是，我并不认为这就会影响我们之间的友谊。我把它们看成是两件独立的事情。不过，显然，你的想法和我不同，所以，今天我们能够谈到这一点，让大家都弄清楚彼此的观点，这让我感到很高兴。

杰克：看起来，我们还可以做朋友！

顾问：你巧妙地解决了这一问题。

杰克：谢谢。我想，我们将来肯定不会再出现这样的问题了。

顾问：关于这一点，我可不敢确定。事实上，在我看来，你最好还是做好再度迎接这一问题的准备。不管怎么说，现在，既然你已经知道可以和对方谈论这样的问题，所以，你可能就不会因为误解而焦虑，惆怅，甚至痛苦不已了；与此同时，你和迈克之间的关系因为误解而受损的几率也会大大降低。不过，至于这是否就是你和迈克之间的最后一次高难度谈话，我表示怀疑。

常言道，"人生不如意十之八九"。生活的确如此，只不过，现在的你已经掌握了一些处理这些不如意的技巧。

一张为高难度谈话而准备的清单

第一步：梳理三层对话，为谈话做准备
1. 整理发生了什么。
   你的故事来源于何处（信息，过去的经历，原则）？他们的故事又从何而来呢？
   现在这一局势对你造成了什么样的影响？他们可能有哪些意图？
   双方在这件事情上各自应承担哪些责任？
2. 理解情绪。
   探寻你的情绪脚印，以及你现在所有的情绪。
3. 捍卫你的自我认知。
   你对自己的哪些认知受到了威胁？为了更好地捍卫自我认知，你需要接受哪些信息、观点或事实？

第二步：检查你的目的，然后决定是否提出这一争议性话题
目的：你希望通过这次谈话获得什么或实现什么愿望？转变你的谈话姿态，从而实现学习、分享和解决问题的目标。
决定：这是否是谈论这一争议性话题并达到你目的的最好办法？争议性话题是否真的潜藏于你的自我认知对话中？你是否能够通过改变你在该事件中的责任而影响这一问题？如果你不提出这一争议性问题，你能做点什么让自己从此放手，淡忘它？

第三步：从第三个故事开始
1. 将矛盾当成你和对方所持有的不同故事之间的差异。将双方的观点都纳入讨论的范围，使它们成为你们谈话的一部分。
2. 将自己的谈话目的告诉对方。
3. 邀请对方以合作伙伴的身份与你一同梳理目前的局势和各种信息。

第四步：他们的故事，以及你的故事
聆听，从而了解他们是从什么角度来看待发生了什么这一问题。提问。认同他们隐藏在争辩和控诉后面的情感。重新阐述对方的话，以此确认自己是否理解了对方话语的含义。尝试着弄清楚你们究竟是如何走到这一步的。
分享你的观点、你过去的经历，以及你的意图和感受。
再构造，再构造，再构造，从而使得谈话不会偏离正轨。将谈话从对事实的探讨引入对双方思考问题角度的了解，从指责引向归责，从对彼此的控诉转为对各自情感的认同等。

第五步：解决问题
创造选择，让选项能够满足双方最重要的观点和利益。
选择标准来衡量事情应该如何发展。时刻牢记互相照顾的准则，单向付出的关系通常都不会长久。
随着谈话的深入，与对方商讨如何才能保持开放性的沟通。

人们提出的十个问题

1. 听起来你想说的就是每件事情都是相对而言的。难道就没有什么事情是绝对正确的,难道就没有哪个人真的就是做错了?

2. 如果对方真的居心不良——企图利用撒谎、恐吓或是有意识地误导或终止谈话的方式达到自己的目的,那我该怎么办?

3. 如果对方真的很难沟通,甚至他的精神状况有问题,我该怎么办?

4. 如何和一个有权有势的人进行高难度谈话——譬如说,和我的老板?

5. 作为公司的老板／家长,我为什么不能直接告诉自己的下属／孩子该怎么做呢?

6. 书中所说的技巧和方法是不是仅适用于美国?它们如何能够在其他文化环境下发挥作用呢?

7. 我该如何处理那些并非面对面进行的高难度谈话?如果我是通过电话或电子邮件与对方沟通,我又应该采取哪些不同的处理方法呢?

8. 你为什么建议人们"带着感情去工作"?我并不是一名临床心理医生,没有义务帮助他们解决情感问题,而且我觉得,商业决策难道不是应该坚持利益至上的原则吗?

9. 在现实世界中,又有谁有时间去做完这一切?

10. 我的自我认知对话已经完全陷入在"非此即彼"的观点中:要么我是一个完美无缺的人,要么我就是一个令人厌恶的一无是处的人。对我而言,我似乎根本无法跳出这一思维模式,在这种情况下,我该怎么办?

1. 听起来你想说的就是每件事情都是相对而言的。难道就没有什么事情是绝对正确的，难道就没有哪个人真的就是做错了？

有些人在读完《高难度谈话》后便生出一种疑惑，作者是不是想通过这本书告诉我们，各个事实之间完全没有关联，或者说，所有的观点都有其存在的理由，都是合理的？无论是我们就某一具体问题所展开的具体讨论（"我们应该关闭纽沃克工厂""我应该是第一作者""贾斯帕应该被禁足一个月"等），还是针对价值观和信仰这一类抽象的话题所进行的探讨（"健康保健是一种人权""堕胎就是谋杀""我的上帝才是惟一的上帝"等），我们都常常会萌生出这样的问题。

事实并非是相对而言的，但是你很难对它们做出一个确切且固定的结论。事实是真实存在的，人们关于事实的观点和认知有可能是正确的，也有可能是错误的。就让我们用日常生活中的一个简单事件来举例吧。如果一顿饭的餐费是 30 美元，而你认为按照 15% 的比例计算，应付的小费是 6 美元，那么你就错了。按照 15% 的比例计算，应该是 4.5 美元。可是如果你认为 15% 太低，20% 才是"合理的"比例，这就是你的判断，而不是事实了——哪怕实际的调查数据显示，在当地，按照这家餐馆提供的服务进行评估，人们通常都会按照 20% 的比例支付小费，这已经成了当地人的一种习惯。这些是事实，可是这些事实并不意味着 20% 就是正确的应付小费的比例。

要想让谈话取得成果，尤其是在对话双方情绪激动，谈论高风险话题，谈话者对事情的认知较为复杂的情况下，关键的第一步就是在清楚地区分各项事实的同时，也要辨明双方的观点、假设、价值观、利益、预期以及他们对此事的判断。你五岁大的儿子把饭撒在了地上是事实，他应不应该这样做，以及他是否应该管好自己则属于判断的范畴。你今天早上何时到达办公室是一个事实，你的老板认为你来晚了，并且据此认为你的工作态度不佳则是他的一种设想。成千上万的人在卢旺达的种族灭绝屠杀中丧生是事实，而美国是否应该干涉此事则是综合利益、价值观以及观点的结果。

虽然有时候你很难对事实做出一个确切且固定的结论，但是你却完全可以对事实进行阐明、检验和衡量。对此，我们可以借用法庭里的审讯来举例。

证物当中的一段录像显示，在某一特定的时间内，没有任何人出现在某个地方，可是录像当中的时间就一定是精确无误的吗？这段录像是否被人剪辑过呢？对于这些问题，我们可以根据事实做出回答，可是我们也许很难确认这些事实。

更进一步说，当涉及到与记忆有关的话题时，这种不确定性将会大大地增加。研究显示，大体上来说，人提供的证词并不可靠，哪怕证人集中全部的注意力也无法变更这一事实。我们常常会对自己记忆中的内容笃信不疑，然而事实却并非如我们的记忆所示。我们甚至会在无意识的情况下改变自己的记忆，哪怕我们脑海中的记忆非常鲜明而生动，我们也仍然会将事件发生的地点和时间弄错，甚至记错事件当中的人。大脑科学家已经从神经学的角度对这一过程发生的原因有所了解，并且也确认这样的事情常常会发生。例如，一些最新的研究发现，我们每次回想或述说自己的记忆时，当我们将这些记忆重新放回到大脑记忆库中，我们都会对这些回忆进行一定程度的修改或重写。事情发生仅仅24个小时之后，你从记忆库中调出的回忆很有可能就已经是经你修改后的第18个版本了，而你修改记忆的次数就是你回想当时情景的次数。

所以，即使你是在和对方谈论事实，你们双方的说法也会出现分歧，而每当这时，你都必须弄清楚对方眼中的事实究竟是什么样子，以及他们对这一事实的理解和认知。导致分歧产生的原因究竟是什么：仅仅是一个简单的错误，还是因为缺乏信息或是错误信息的误导？是因为我们自己对记忆的有选择性地筛选和修改，还是因为事实本身比你所认为的更加模糊隐晦？

并非所有的故事都具有同等重要的作用和地位，可是我们只有通过学习型谈话才能弄明白这一点。当谈话双方的分歧是关于解释和判断时——即关于事实究竟意味着什么，了解对方故事的基础的需求就会变得格外迫切起来。而这又是另一个容易引发"相对性问题"的领域："你的意思是说他们的解释和我的一样都是对的，都有道理？可实际上他们的解释根本说不通！"我们相信大多数人都曾有过此类感受。"我知道他们的期望来自何处，并且也对此表示理解，可是在我看来，他们的期望并不合理。我觉得这恰恰反映了他们的'问题'之所在，这绝不是公平公正的观点。"

我们必须明确表明，我们的意思并不是说所有的解释和故事都是平等的。当然，对于某些事情，有些解释显得更加合理，或者说，至少在大多数人看来，这些解释似乎更加合理。造成这一情况的原因有很多。有些故事的确能够更加全面地反映当时的情况——换言之，持有这一故事版本的人采纳了更多可用的信息。其他版本的故事则是建立在较少的信息或设想的基础上，又或者，这些故事更多的是与当时的情况、时间或地点联系在一起的。不过，如此一来，这些故事的逻辑跳跃和内部矛盾也相对更少。

可是，为了能够利用这些标准对不同版本的故事进行比较——同时也使得你改变对方观点的可能性最大化——你首先必须进入到学习型谈话当中，深入地了解每个故事，了解这些故事的起因和基础，以及两个故事是如何发生交集的。无论你是想说服对手，还是想让合作者接受自己的观点，或是让那些静观其变的旁观者加入到自己的阵营之中，你都必须首先完成这一步骤。

说到这儿，你也许想问，你的底线是什么呢？当你认为对方的观点"就是错的"时候，你就需要花一点时间，重新检查自己的观点和出发点了。通常情况下，对方很有可能知道一些你并不知道的事情，而你则恰好需要利用这些曾经缺失的信息来检验自己的观点，从而找到理解对方观点的方法。通常来说，关于某一情况的不同版本的解说往往都有其合理之处，这就好比面对达芬奇的名作《蒙娜丽莎》时，有的人说画上的是一位老年妇女，而有的人则认为是一名年轻女子。所以，在了解对方故事的过程中，你的注意力应当集中在对方故事的"意义"之上，而不是想方设法地证明这不过是"一派胡言"。然后，你可以重新阐释自己的意见，将你对这件事或这个局面的不同看法，以及你之所以会产生这些不同意见的原因告诉对方，征询对方的回应。寻找不同的信息，针对那些有歧义的信息寻找不同的阐释方法，或是针对缺失的信息收集不同看法，都将帮助你向对方解释你为何会产生不同于他的观点。

也许，无论你如何开展这种学习型的谈话，你都无法说服对方接受你的观点，或者，对方始终都无法承认你或他人的观点有一定的道理，这时，你需要做的就是审视自己的故事，思考从什么角度出发才能推进谈话的进程。

然而，在现实生活中，我们大多数人往往很快就会选择放弃，哪怕我们的故事并没有得到对方的理解，而我们自己也没有得到了解和衡量对方观点的机会。

在我们放弃之前，有一个办法也许能够有助于推进谈话的进程：你可以问问自己，要想说服对方改变或重新考虑自己的观点，你必须要让他知道哪些信息和事情。如果他们说没有任何事情能够说服他们，你至少也获得了一个宝贵的信息：从中你得知，任何试图说服他们的企图都将徒劳。另一方面，如果他们的回答有了些许的转变，这就表明你的努力获得了回报，而你也得以认清了这一挑战的真实面目，接下来，你需要做的就是进行自我评估，看看自己是否能够完成这一挑战。（当然，与此同时，你也许要问自己什么样的信息可以令你改变观点。）

无论某些事实是否真的是绝对的，作为一个凡人，我们对该事实的了解和认知都是有限的。 现在，我们终于走到了最后一个问题：如何与人打交道——和我们自己，以及其他人——而每个人通常都持有某种特定的观点，并且认为这一观念就是确定的、绝对的事实。有的人是虔诚的教徒，笃信以神圣的资源为基础的宗教教义，譬如说《圣经》《摩西五经》《古兰经》等。有的人则是完完全全的无神论者，坚决抵制这种以教义为基础的宗教信仰，只相信客观存在的、能够被观察到并且能够被衡量的事实和证据。

无论我们是否有宗教信仰，也无论我们的宗教信仰是什么，我们都需要面对这个亟待解决的问题：如何才能跨越宗教信仰的鸿沟，开展高效率的谈话。宗教信仰也许是一个很难突破的沟通障碍，不过，无论是哪种学习型的谈话，我们的答案都只有一个：尊敬对方，努力寻找了解对方视角和观点的方法。也许，有些事情是你所不知道而你又需要了解的，而且了解对方的故事也能够有助于他们更好地了解你和你的观点。

当我们秉持自己的观点，认为它们就是绝对的真理时，我们往往会这样认为："毫无疑问，这就是相互理解规则中的一个例外。如果事实是绝对的，一切就再简单不过了，只要让他们也看到这一事实，事情不就迎刃而解了吗？"不幸的是，答案是否定的。我们根本无法让其他人完全依照我们的思维模式去看待任何人或事，如果我们迫不及待地将这种一厢情愿的想法付诸行动,其结果往往会事与愿违,因为这只会加剧对方的抵制心理。

当然,所有问题的关键就在于人们无法对什么是事实达成一致意见。一方面我们笃定这就是事实,而另一方面,持有不同观点的对方也同样如此。即便是在一个团体内部,哪怕所有成员都有着相同的信仰,每个成员对于执行和理解信仰的观点也不完全相同。我们曾经亲身参与过某一神学院的讨论活动,这次经历使我们见证了一名精神导师的伟大之处。一方面,他必须具备应对深沉且复杂的沟通挑战的能力,另一方面,他还必须允许并接受其他人用他们自己的方式去理解上帝。"尽管上帝按照自己的模样创造了人类,可是,作为人类,我们的理解能力却是有限的。"一位神学家指出,"人就好比是灯泡,虽然其内心拥有 1000 瓦的强大功率,可是他能够发出光明的能力却只有 40 瓦。"

对此,科学家们也表示出了相同的观点。尽管科学家们声称事实和命题是能够被观察到的,譬如说物理"定理",然而绝大多数科学家们在面对现有的知识状态时都持有一种健康的怀疑论。他们知道,无论是在哪个领域——航空、医学、粒子物理学领域等——下一个科学发现很有可能会彻底颠覆我们现有的科学观点。

从这一点来说,问题的关键就在于,与其说世界上是否存在绝对的事实,倒不如说我们是否能够看到或理解它,以及我们对它的理解和认知究竟有多透彻。也许,对于人类而言,我们惟一能够确定的就是没有谁能够完全地确定某件事情。无论你是否信仰上帝,你都必须接受这一来自上帝的信条。

当然,这并不意味着我们不能怀着满腔的热情和深信不疑的态度,就某件我们极度关心的事情与他人展开讨论。只不过,当我们这样做的时候,我们应当避免流露出傲慢的情绪,尽量保持谦逊,同时对他人表示出足够的尊敬。毕竟,哪怕是我们自己的观点,有时候也会随着时间的推移而改变。同样地,我们也无需把那些与我们意见有分歧的人当成是坏人、头脑简单的人,或是看问题想事情不够全面的人。

如果说,寻找"事实"更像是一段旅途,而不是终点,那么,与那些和我们观点不一致的人开展热烈的探讨则正是我们在这段旅途中所需要的路灯,他们能够为我们送来光明,照亮前方的道路,同时也使得我们能够更加透彻地认识并检验自己的观点,扩展和加深我们的理解。

2010年春天,当我们写下这部分内容的时候,我们这个地球正面临着一系列综合了社会、政治、宗教及道德界限等多重因素的巨大挑战——这些挑战包括找到合适的政府规模及职能、医疗保健改革、教育改革、堕胎、同性恋婚姻、移民政策、本土安全以及气候和能源政策等。在面对这些挑战的同时,人们至少在同一个问题上达成了共识,即保持中庸之道的人越来越少,而人与人之间的观点差异则变得越来越大。愤怒的情绪以及暴力行为开始在分歧双方之间大范围地蔓延。在我们看来,这个世界上需要担心的问题很多,令我们感到恐惧的事情也很多,与此同时,我们也厌倦了对方对我们的观念和感受不闻不问的消极态度。于是,我们开始觉得只有自己才是正直的,只有自己的观点才能代表正义。面对社会上的腐败现象、屡禁不止的谎言、人们的愚蠢行径,却被大众误认为是详尽确切的信息和公共政策,我们着实感到深恶痛绝。

作为读者,你也许有这样的疑问:面对这些丑恶现象,本书的作者难道真的能做到袖手旁观吗?当然,对于围绕这些问题所展开的争辩,我们的态度和观点都是坚决的。可是,相对于最后的辩论结果,我们更加关注辩论的过程。随着辩论双方之间分歧的扩大,以及辩论者情绪越来越激动,沟通会变得越来越困难,可与此同时,良好的沟通的重要性也会变得越来越明显。伴随着充满激情的观点而到来的是聆听者的一种责任:了解所涉及事件的信息,以及聆听持有不同意见的人又是如何看待这一事件的。当然,这种聆听并非一定要以同意对方观点或是寻找双方观点的共同之处为目的。只不过,在聆听的同时,你至少应当试图去了解为何对方会如此看待这一事件,为何他的观点会不同于你。切记,你需要了解的是和你进行谈话的那个人的观点——无论他是和你只有一街之隔的邻居,还是远隔千山万水的另一个国家的人——而不是媒体的评论,互联网上的消息,也不是博客上公布的内容,更不是便签条或布告上所展示的信息。

其实,当你与人交谈的时候,你不妨先考虑一下这样一个事实:在谈论那些我们极其关注的事件时,我们的情绪越激动,我们在心中丑化和讽刺那些与我们意见相左的人的可能性就越大。对方的陈述可能会令你感到怒不可遏。你可能会发现自己的耐心和修养已经完全被对方那荒谬可笑的概括和归纳消耗殆尽。每当这时，你都应该告诫自己退一步来看待整件事情：如果对方认为你的观点肤浅空洞，自私自利，你的思想低劣卑鄙，甚至充满恶意，你能接受这样的观点吗？作为"受害者"，你觉得他们对你本人的看法是透彻且公正的吗？他们听到和看到的一切是不是和你看到和感觉到的完全一致呢？不，当然不是。他们丝毫不在乎你和你的观点，所以他们便自然而然地忽略了那些你认为很重要的事实以及你深信不疑的观点，与此同时，他们也根本就没有考虑到你是一个很有原则的人。所以，他们自然也就想不到尽管你和其他所有人一样，都拥有人类所共有的局限性，但是你却一直在为了自己认为正确的事情而努力和奋斗。

而事实上，他们也同样如此，只不过，你和他们一样，也没有意识到这一点。①

2. 如果对方真的居心不良——企图利用撒谎、恐吓或是有意识地误导或终止谈话的方式达到自己的目的，那我该怎么办？

我们无法确定另一个人的意图究竟如何。一些在我们看来似乎是深思熟虑，颇具战略意义的意图也许只是对方在面对某个话题或事件时一时兴起的仓促回应，或是某人因为个人能力的局限性而做出的欠思考的即时反应。很多时候，我们常常会惊讶地发现，一个"显而易见"是自私的谎言竟然是对方的真实想法。

不过，不管怎样，人们在谈话中的确是会撒谎，而且有的时候，与我们谈话的人也的确是居心叵测。而且，我们也都曾遇到过这样的情况，对方——也许是有意识地，也许是无意识地——为了达到自己的目的而试图在

---

① 这是公共对话项目中十分关键的一课。设立该项目的目的就是为了推进对某些社会问题——譬如堕胎、同性恋婚姻——意见相左的双方之间的对话。在这一项目进行的过程当中，参与者一次又一次地为自己与"对手"的价值观的交叠之深而感到震惊。他们发现自己与对方分歧最大的观点往往都集中在双方都关注的事件之上，而双方对这一事件关注程度的细微差别则往往是导致巨大分歧产生的原因。在很多时候，通过对话，他们最终看到了真实的另一方。

谈话当中控制和威胁我们,甚至推迟谈话时间,混淆视听,误导我们。

面对这种情况,我们通常都会给出三条最基本的建议。

第一,谨言慎行,以免出现鼓励对方不良行为的情况。如果你过早地放弃,仅仅为了"避免激战的发生"而向对方妥协,使其如愿以偿,那么,你的这一行为无异于是在告诉对方,他们的恶劣行为奏效了。如此一来,在今后的交往当中,他们还会用同样的方式来逼迫你就范。

第二,时刻提醒自己,在与对方的接触中,应当心存善意,或是有选择地"按照他们的方式出牌"。你应当牢记,你的行为的影响力绝不仅限于某一次交往行为,它们将会对你的声誉产生深远的影响。因此,哪怕对方向你撒谎,你也不应该"以牙还牙",因为你的撒谎行为不仅无法像你预期的那样达到报复和反击的目的,而且还会对你的名誉造成长久的消极影响,使你在他人心目中的正直度大打折扣。

对此,有一点我们必须提醒大家注意,"值得信赖"与"深信不疑"绝不能同日而语。如果对方尚未取得你的信任,你并没有任何义务无条件地相信对方。如果对方向你"挑衅",你必须牢记"和"姿态原则:"你难道不信任我吗?""事实上,我对你的了解并不深,所以无法肯定你说的话是否属实,而如果你说的是真话,我想你应该能够提供检验你话语真实性的证据,或是为自己说过的话做出担保。"与其毫无城府地向对方表示友善,你不如将注意力集中在自己的谈话目标,以及如何才能实现这一目标之上。

第三,努力地去了解为何他们会认为自己的意图和行为是正当的。在日常生活中,我们往往倾向于将他人的不良行为归咎于其卑劣的品性:他们之所以会撒谎,就是因为他们本身就是坏人。不幸的是,一旦我们接受了这一假设,一切就几乎已经成了定局——他们已经不可救药了。在现实生活当中,人们往往会觉得自己的意图,从某种程度上来说,都是正当的(譬如说,在关于你对待他们的态度这一问题上,他们就认为自己没有错),在这种情况下,对方只有采取一定的行动才能避免自己吃亏。虽然我们也许并不认同他们的这一观点,但是如果我们能够理解他们的这一思维逻辑,这也许会对打破谈话的僵局大有裨益。因为只有在逻辑存在的情况下,你才有可能根据某种逻辑来说服他们:除了他们的观点,别的观点也有其存在的意义。

让我们来看以下这个例子。

科林的故事

科林和马特合伙经营一家网页设计公司，两人各占公司 50% 的股份。科林解释道：

通常情况下，马特都是一个通情达理的人，可是当他非常迫切地想要达成某个目的或得到某件物品的时候，他往往会利用发火和威胁的手段来达到自己的目的。最近，我们一直在讨论公司的品牌宣传问题，商谈期间，他突然就发作起来。"我们不过是在重复劳动！对于你那套安全至上的原则，我已经厌倦了！我受够了这一切！"我对他说，我很满意公司目前的发展方向。对此，他立刻丢出一句恶狠狠的话："如果公司不能按照我的方式经营的话，我就撤股，把我的股份权都卖给合伙人。"一开始，当他威胁或恐吓我的时候，我往往都会选择放弃，而我的妥协则会换来暂时的安宁，可是，正如你们可以想见的那样，当下一次他想按照自己的方式行事时，他又会立刻变得火冒三丈，而我则越来越讨厌他的这种行为方式。所以，最近我一直都在努力地争取自己的权益：每当他冲我怒吼，我都会以更响亮的声音冲着他咆哮回去。可是，这种以毒攻毒的方式根本无助于解决问题，反而只会令我们之间的矛盾迅速升级。现在，我觉得几乎所有的事情都已经失控了。

在处理这一沟通问题的过程中，科林曾经试图用妥协来维持和平，后来，他又选择了一种无恶意但却同样激进的方式。可是，最终的结果却都一样。

放弃和妥协。有时候，我们的确需要放弃——当你被对方说服，接受了他才是正确的观点时；当对方相对于自己而言更关心事件的发展和结果时；当有解决方案总好过没有方案，而你又需要立刻得到答复的时候。不过，在处理高难度谈话的过程中，从长远策略来看，放弃和妥协根本无济于事。放弃只会鼓励不良的行为，而这种鼓励的结果往往是不良行为愈演愈烈。

善意的回应：按照他们的方式出牌。有的人际关系是以互惠互利为基础的——这是一种令关系双方都满意的平等关系。有时候，人们会对我们说："我和我的丈夫成天吵吵闹闹，不过，事后我们很快就忘了。你的意思是说我们这种相处模式不好？"对此，我们的回答是，如果你们夫妻能够接受这种相处的模式，那就无所谓"好"与"不好"。不同的人对于吵架、提高嗓门的容忍程度不同，其事后处理这种争论的方式也不同。因此，问题的关键就在于双方是否都能够接受这种相处的状态和模式，并且能够借此来解决双方的问题。

当然，这种相处模式可能会让有些人觉得不自在。他们的理由是："他们这样对我说明他们对我缺乏应有的尊重，因为他们明明知道这样做会令我感到难过、沮丧。"科林就属于这一类人，这种人往往需要用几个小时，甚至几天的时间才能从这种激烈的对话或人身攻击中恢复过来。

有助于解决问题的要素

我们能够明白为什么科林会觉得进退两难。如果放弃无法达到解决问题的效果，而按照他们的方式出牌又无助于从根本上缓解紧张的局势，那我们到底该怎么办？

如果我们能够设身处地地从马特的角度出发来看待这一问题，并且找出可能导致双方这种行为的因果关系，那无疑对解决问题会有很大的帮助。例如，马特也许觉得科林在利用自己手中的反对权来威逼自己。更有甚者，马特还有可能认为这是一种蓄意的——也正是因为如此，他才会勃然大怒——以退为进的策略。

这些不同于我们的视角和观点为谈话的继续铺设了一条前景颇为乐观的新的道路。不过，从我们现有的立场出发，我们不妨假设马特就是执着于自己的观点和想法——无论他的这一行为是刻意的，还是无意识的——并且认为只要坚持就能有成效。如果是这样，科林还能做些什么来化解这一矛盾呢？

为对抗性势态命名：说明问题，让核心问题更加充分地暴露在双方眼前。在第十一章当中，我们已经向大家详细地阐述了这一技巧的强大能量。当持之以恒的聆听和耐心的努力宣告失败之后，我们就应该将注意力的焦点转移到为对抗性势态命名的技巧上来。

这一技巧要求你"将在谈话时发现的问题摆到桌面上来与对方进行探

讨"。在这一过程中，尤其重要的一环就是弄清楚存在于对方内心却尚未表达出来的决策原则。在上文的案例当中，马特想要科林采纳的原则似乎就是："当我感到不悦时，我就能达到自己的目的。"从这一点来说，很显然，无论是从经营公司的角度来看，还是从维系双方的工作关系的立场来说，这都不是一种可取的方式，更确切地说，这样做只会引起对方的反感。当你利用互惠的原则来检验这一观点时，问题立刻就变得更加清楚了：如果我们双方都采取这一战略，情况又会如何呢？如果说一间公司的资源分配和营销方案的选择全都取决于经营者在开会时哭闹或咆哮的能力，那么这家公司必然无法获得成功，更确切地说，它根本无法生存下来。

当科林在了解这一对抗性势态的时候，他必须提高警惕，以免陷入指责的思维模式当中无法自拔。他不应该说"你试图利用发火的方式来达到自己的目的"，因为马特很有可能会对这一说法坚决予以否认，又或者他自己根本就没有意识到这一点。而作为反击，他很可能会为自己的大发雷霆寻找借口，逃避你对他的这一指责。于是，这场谈话极有可能会偏离原有的主题，转而就马特的真实意图展开激烈的辩论。

因此，科林应该从第三个故事的角度来描述眼前这一进退两难的局面，并且向对方发出邀请，请他和自己共同来解决这一问题："你坚持要从提高产品的原材料入手，而我则希望从改变品牌经营的方式开始。在这一问题上，我们的意见出现严重的分歧，这时候，我们该如何决策呢？"如果马特回答："不管怎样，如果公司不能按照我的要求经营下去，我就撤股。"科林就可以将这一对抗性问题摆上桌面来谈论："那么，为了不让你撤股，我最后只能选择接受你的方案，而这就意味着公司最后的决定是根据那个更想撤股的人的原则来制定的。如此看来，这种制定决策的方式和过程似乎不是长久之策，而这个决定似乎也并不是一个理智的决策。我想，就目前的形势来看，我们最好能够各退一步，重新审视我们的目标，然后再……"

清楚地言明对抗性势态可以立刻令谈话回归到中立的立场（第三个故事），而且能够迅速地平息谈话一方的怒火，使紧张的局面恢复平和（科林不能强迫马特接受那些他并不认可的观点，同样地，马特也无法迫使科林接受他的意见）。如此一来，科林原来的立场便得到了巩固，同时也成功地将双方谈论的焦点集中在了核心问题上:"只要你能够拿出客观合理的证据证明你是正确的,我就愿意接受你的意见,可是现在我仍然坚持自己的观点。而且,我是一个说一不二的人。你的怒火让我知道此时的你情绪异常激动,可是你的愤怒情绪无法影响客观存在的数据,也无法影响我的思维逻辑和原则,所以我不会因为你发脾气而被你说服。"

阐明因果关系。从他的陈述当中,我们无法确切地知道科林内心究竟有多难过。在他看来,马特的行为究竟是令人觉得讨厌,还是使他觉得自己只是一个发泄的受气沙包呢?如果情况属于后者,科林很有可能会在忍无可忍的情况下发表一番"我受够了"的言论,这时,他一定会直言不讳地要求马特改变这种喜怒无常的行事风格:"你已经对我咆哮和威胁过无数次了。我再也受不了你这种野蛮的沟通方式了!我受够了!"

当你在自己的脑海中设想这一幕的时候,一定会觉得大快人心。然而,如果让你从解决问题的角度来仔细思考这一行为,检验其效率,你很快就会发现问题。你是否考虑过当科林畅所欲言,一吐为快的时候,马特心里又会怎么想呢?他也许会认为"情绪失控的那个人是你不是我,我根本就没有发火",或者,他会觉得"已经有足够的证据证明是你过于敏感,过于保守了",又或者,他会这样想:"不要告诉我我该怎么做。"或:"我比你更富有激情——可那又如何呢?"请注意,从马特的角度出发,当他告诉科林自己已经厌倦了他那种安全至上的经营策略的时候,他就已经向对方发表了"自己受够了"的言论。然而,他的这番言论并没有对科林产生任何积极的影响,由此我们不难想见当科林重蹈覆辙的时候,其结果自然也是大同小异。

所以,我们建议大家采取一些不同于科林上述做法的行为。科林可以在心里对自己说"我已经受够了"——有这种感受并没有错。不过,与其试图借此来控制马特(通过把自己的这一想法大声地说出来),他不如将精力和时间放到他能够看到的信息上,仔细思考他想得到什么,他会怎样去做这些问题。在这一过程中,科林必须考虑到几个关键的要素:

这是我所看到的。

这是这些事情对我所产生的影响。

你可以不同意我对事情的认知和理解，也可以认为自己的行为是正当的。

我们当中谁对谁错并不重要。只不过，我并不接受我们目前的这种沟通方式。

我要求你改变这种行为方式。

如果你继续我行我素，我将会采取以下行动。

在整个过程当中，科林并没有坚称自己才是正确的，他无法知道自己到底是否正确。他能够肯定的就是自己并不喜欢目前的这种工作状况和沟通方式。科林需要做的是让马特明白这一点，而不是控制马特，只不过，为了让对方明白这一点，他需要给对方以选择，使他意识到他是否需要修正自己的行为，以及如何改正。当然，为了实现这一目标，科林也必须仔细地思考如果对方不做出改变会产生怎样的后果，并且将这一后果清楚无误地告诉马特。

以上这些策略也同样适用于其他那些令你感到难堪或无法忍受的行为。如果对方总是转变话题，或是总是将谈话演变为对你的人身攻击，你首先需要做的就是努力了解对方的立场和观点，并且始终保持开放的心态，愿意接纳任何有利于解决问题的方案或方法。不过，如果对方继续转移话题，对你展开攻击，从而使你觉得他们意欲误导你，或威吓你，你可以开门见山地将存在于你们之间的对抗性问题摆上桌面（在本书的第十一章里，你可以找到更多类似的案例），当然，如果有必要的话，你也可以清楚无误地告诉对方，如果他们不及时改正自己的言行，事情将会出现什么样的结果。

3. 如果对方真的很难沟通，甚至他的精神状况有问题，我该怎么办？

本书的主旨就是想告诉各位读者，人与人之间的交往是非常复杂的。人际交往之所以会产生这样那样的问题大都是因为双方交流方式、行为、观念以及利益存在差异，而不是因为交际中的一方是好人，而另一方居心不良。

不过，相对而言，有些人的确是非常难沟通。

在人际交往当中，可能导致双方遭遇交际挑战的因素有很多且五花八门，例如，忧郁症、焦虑、狂躁与抑郁并发、对某种事物或药物上瘾、强迫症、自恋、多动症，以及其他可能存在的精神病症（这些病症的强烈程度可能会从轻微到严重不等）。① 如果处理不当，这些出现在人际交往中的挑战往往会令交际者的朋友和同事感到忧虑、沮丧、失望，他们甚至还会觉得自己很无能。当我们与精神疾病患者共同生活或工作的时候，我们往往会很清楚自己在与对方的交往中会遭遇哪些问题和挑战。各种沟通技巧将会助我们一臂之力，尤其是在你掌握了许多能够化解这些挑战的谈话类型的情况下。当然，更重要的是，在此期间，我们还会得到来自家人、同事、伙伴以及从事精神辅导的专业人员的帮助和支持。

当你遇到这一棘手的情况时，掌握至少以下两点将会帮助你解决难题。

第一，尽管我们常常会用"疯子"或"不可理喻"之类的词语来描述那些精神有问题的人，但是实际上，许多精神疾病患者都有一套自己的内部逻辑。患有强迫症的人会觉得自己必须遵循某一种程序或方法，不然，他们就需要面对一些潜在的极其不利的后果（只不过，这些后果通常都是他们想象出来的）。虽然这些程序或方法看起来显得不可理喻，有时甚至令人觉得难以接受，但是它们也是患者用来缓解压力和焦虑情绪的自我治疗的一种形式。

第二，对某一事物或药物上瘾的人也同样有一套自己的逻辑：瘾君子选择用短暂的快感（或疼痛感的暂时消失或缓解）来使自己暂时忘却疼痛。尽管事实上这样做的结果只会令你在即将到来的第二天感到更加痛苦，但是如果你的目标就是熬过今天的话，这也不失为一种解决方案。当然，这并不意味着瘾君子的这种逻辑就是正确的、理智的、好的。不过，如果我们能够深入地了解这一病症，我们就会明白为何自己的爱人或同事会做出让我们无法理解的行为，同时，我们也能知道自己是否能够帮助他们，以及如何帮助。此外，我们还能意识到自己的哪些无意识的行为会令他们的病症进一步恶化。

---

① 在交往当中，我们往往会倾向于对对方做出种种推断和假设，譬如说，他精神不正常或正常，他心里有鬼或没有。可是，在实际情况当中，这种非此即彼的观念并不完全适用。在他们的《阴影症候群》（Shadow Syndromes）一书中，约翰·瑞迪和凯瑟琳·约翰逊指出，那些依照常规医学诊断并无任何精神疾病或人格缺陷的人也同样会受到心理病症的困扰——造成这种心理"阴影"的大都是一些众所周知的精神科疾病，例如强迫症、忧郁症、焦虑、对某事或药物上瘾、狂躁，此外，这些心理病症也并不像我们所认为的那样，属于某种罕见的心理疾病。

毕竟，这些正在与这些精神和情感病症作斗争的人并非有意加大沟通的难度，也不是刻意地想伤害或打击自己身边的人。通常来说，他们也只能竭尽全力地来应付疾病所强加在自己身上的被扭曲了的世界观，以及由此所引发的一系列问题。当然，他们并不能因此就可以对自己的行为不负责任，肆意妄为。不过，在与他们进行交往的过程中，如果我们能够适时地提醒自己，他们之所以会做出种种令人不悦的行为是因为疾病所致，如此一来，我们就能大大削减其行为对我们自身所造成的不良影响了。

除此以外，我们还应当谨记，除了那些经医学确诊的精神疾病所引起的沟通障碍以外，我们与他人的人际关系还会受到来自其他挑战的冲击——哪怕这些挑战并不像前者那么极端、明显。有些人的确是喜怒无常，上一秒还和颜悦色，下一秒就暴跳如雷了，有些人很脆弱，有些人则根本只以自我为中心，还有些人非常固执，就是不愿意接受与自己不同的观点。你关切地询问同事假期过得如何，结果她没好气地丢出一句话，说她"不过就休息了三天而已"。她这种自卫式的回答令你觉得很奇怪，直到你意识到在她听来，你的询问无异于是对她的一种指责："你为什么休假休了这么长时间？"你这才恍然大悟。我们都曾经做过这种"以小人之心度君子之腹"的事情。这也是我们在本书的第三章里所表达的观点。只不过，相对于大多数人而言，有些人这样做的频率更高，而且更加笃定。（"我就知道这是对我的指责！"）这种自说自话的行为只会让对方觉得你很疯狂，而你自己也很难突破这一思维模式。

当我们面对此类挑战时，关键的一点就是牢记谁也无法确保事情会如何演变，也没有谁能够担保一定会出现什么样的结果。你不可能强迫另一个人改变自我，也无法令他完全按照你的想法去做。而且，如果你认为只有当你令对方乖乖听话，完全按照你的要求去做的时候，你才算是取得了成功，那么，当你不得不向对方妥协，让他掌控谈话的结果时，你自然会变得恼羞成怒。谈话时，你的目标应当是竭尽所能地推动谈话向良性的方向发展，谈话双方能够顺利地交换信息和观念，同时确保自己的行为不会引起任何形式的沟通障碍，从而激发对方的反抗或防御心理。

只要你能够牢记这一告诫，通常情况下，你都能找到有效的方法来缓和谈话气氛，改变对话中出现的对抗性势态。至于你应当采用何种方式，这完全取决于具体的语境。不过，这首先都是从你深入了解对方的视角和立场开始的，惟有如此，你才能理解对方的观点和情绪——哪怕在你看来，这样做显得有些奇怪或是你自己无法适应这一做法。对此，我们不妨来看看以下这个案例。

艾迪的故事

长期以来，艾迪的母亲和姨妈罗宾一直不和，作为她们的亲人，艾迪感到有些左右为难：

罗宾姨妈告诉我，我的妈妈是一个极其自私且可怕的人，并且还想尽一切办法来说服我认同她的这一想法。在过去的五年当中，我一直都在小心翼翼地替妈妈辩解，同时也试图通过我的努力来改变罗宾姨妈的观点。可是，每当这时，电话那头就会传来姨妈的尖叫声。她会喋喋不休地把所有陈年琐事都说一遍，譬如说，她会向我抱怨："你妈总是说我从来都不记得给她的孙子孙女寄生日贺卡！可是，其实她自己就是一个该死的骗子！"我心平气和地向她解释我妈的观点，可是这一点用也没有。我也曾试过换个角度，从自己的切身感受来劝她："罗宾，当你这样说我妈妈的时候，我真的觉得很难过。"可这也同样无济于事。于是，我试着向她表达我对她的同情，承认她这些年的日子的确不好过，然而还是没有用。我也曾经直言不讳地指出了她对这场姐妹纷争负有不可推卸的责任，可是她仍然无动于衷。有时候，我甚至会被她惹火："你怎么能够这样说我的母亲！"可悲的是，哪怕是发怒，我也无法改变她的想法。

有助于缓解矛盾的行为

区别帮助与改变之间的差异。 艾迪知道姨妈很孤独，也知道她不是一个很好沟通的人，而她之所以会与自己联系，有一部分原因是她想借此排解这些消极情绪。至少，如果你问艾迪，她会这样说，而这也是她对此事的看法。可是，当艾迪进一步思考此事的时候，她发现自己其实不仅仅是想帮助罗宾姨妈，而且还想改变她，从而使她的行为与自己关于人们应该如何谈话和交流的观点保持一致。

然而，这种改变却超出了艾迪的能力范围。在艾迪看来，自己就像是《野兽家园》当中的马克思。马克思是一个喜爱航海的孩子王，有一次，他的船只失事，他飘到了一个岛上，结果发现这个岛上的居民是一些无可救药且令人恐惧的"野兽"。当马克思挥舞手中的指挥棒，对它们说"定"的时候，这些"野兽"就会立刻像雕塑一样，变得一动不动。

当然，这样的事情绝对不会发生在我们这个世界当中。要想让我们抛却这种只存在于想象当中的无限控制力的确并非易事，不过，只要我们能够开始忽略这一观点，我们就相当于已经在寻找有效办法的道路上迈出了关键的第一步。

想一想罗宾的想法。在这些谈话当中，一些在罗宾看来很重要的东西受到了威胁，或者说，谈话令她无法再继续追求这些东西。对罗宾而言，与家人的联系显然很重要。哪怕是恶劣的关系也远远比完全失去联系要好。也许，罗宾只是想体会那种被人关心和疼爱的感觉，她想要的是一种家庭的归属感，以及家人的重视。除此以外，从她伤心的程度我们能够推断出，她觉得家中的其他人并没有听到自己吐露的心声。她想告诉某个人她的姐妹伤害了她，然而，只想将这件事情一吐为快的她却找不到听众。艾迪需要做的就是了解姨妈的这些内心想法，以及她所关心的事情，与此同时，将双方的谈话引入另一个方向。

考虑对谈话进行一次大的再构造。这个办法的核心就是让谈话偏离正轨，远离其最初的中心。通常来说，这并不是一个好办法，可是，如果谈话变得停滞不前，或是进入到一个完全错误的话题，这时候，为谈话注入新鲜话题，将其引向另一个方向有时恰恰有助于突破沟通障碍。

仅就这个案例而言，艾迪可以这样说："是啊，我妈的确是一个能够让人如坐针毡的人！天知道她为什么会这样，毕竟人无完人！也许，我们家里的每个人都有这种折磨人的'特异功能'。不过，我知道，我妈很爱你，而你也爱她，我知道你们俩都很重视这份姐妹之情。"

这番话之所以能够发挥作用，其原因有很多。首先，艾迪话语中的幽默感缓解了之前的紧张氛围，同时也提醒了双方：这并不是世界末日。其次，一开始，艾迪便对姨妈表示出了强烈的同情心。认同姨妈的观点，说妈妈是一个令人如坐针毡的人，这听起来似乎显得有些背叛母亲的意味，可是这很有可能就是事实（从某种程度上来说，每个人都曾有过令对方感到难堪或难过的经历，尤其是在面对家人的时候）。多年来，罗宾付出了这么多的努力，不就是希望有人能够跳出姐姐的战壕，不再替对方辩护，转而聆听她的不满和伤感吗？

除此以外，艾迪的话语也表达了她对亲人的爱。当她对姨妈说"你们互相爱着对方，并且都很重视这份姐妹之情"的时候，她相当于就是在向罗宾姨妈保证：我们都很关心和爱护你，你在这个家庭仍然发挥着十分重要的作用，而这恰好能够有助于帮助对方战胜害怕孤独的恐惧心理。①

彼得的故事

彼得和卢瑟拉都是一间大型制药公司的员工，卢瑟拉是彼得的一名下属。彼得说道：

卢瑟拉是一名非常出色的科学家，工作极其卖力，最值得一提的是她经常能在实验室里萌生出许多天才的想法。可是，在日常工作当中，她却是一个很难与之共事的人。每当有人试图向她提意见的时候，她都会用一种咄咄逼人的口气予以回绝，同时振振有词地辩解为什么会出现错误，为什么实验结果会发生偏差等。最近，有人向我反映她实在是太过苛刻，于是我便找她谈话。对此，她的回答是："你应该追根寻源。"同时，她还补充说，事实上，在批评他人的时候，她已经尽可能地用一种较为柔和且委婉的语气和方式来

---

① 2002 年 10 月 13 日的《纽约人》杂志刊登了泰德·弗润德的一篇文章，文章的主题则是关于那些试图从金门大桥上跳海自杀的人。文中提到了巡警凯文·布里格斯，据说，他"不仅独具慧眼，能够事先发现那些试图厮杀的行人，而且还能通过与他们进行交谈，将他们从自杀的边缘拯救出来；在他耐心的劝解下，已经有超过 200 名企图自杀者打消了自杀的念头，而他也从未让任何一名自杀者成功地在他面前上演自杀的惨剧……"在和对方聊天的过程中，布里格斯并不和他们谈论"跳"或"不跳"的问题。相反，他通常会对谈话进行大的再构造："你明天打算干什么？"如果对方对明天没有任何计划，他会说："那么，就让我们来制定一个明天的计划吧。"（这句话第一次引起我们的注意还是因为梅格·哈金森的一首名为《守门人》的歌曲。）

表达自己的意见了，而且她也已经开始尝试着对同事们的工作表示出更多的赞许和肯定了。也正是因为如此，当她发现他们竟然如此诋毁她的时候，她才会感到格外的生气。当我说同事们的感受和想法也许有其合理之处的时候，她却斩钉截铁地回答说"不可能"，这件事显然是他们出于对她那高超的专业技术的嫉妒而制造出来的针对她的人身攻击。

有助于缓解矛盾的行为

意识到"盲点"的存在。彼得的陈述表明，卢瑟拉自己很可能没有意识到自己的言行会对同事造成消极的影响。在这一对抗性势态当中，那些会令对方感到愤怒、厌恶或侮辱，甚至能够激起对方奋起反抗的信号全都在谈话者的意识之外，而这就是我们所说的"盲点"。我们的语音语调、面部表情和身体语言就是最常见的沟通中的三大盲点。聆听者能够意识并感受到它们的效力，可是说话者却毫无意识。"没错，他们的失败令我感到恶心，可是我对此什么都没说，他们怎么会知道我的这一想法？"事实上，其他人之所以知道这一点是因为这实在是一件显而易见的事情，在谈话者毫无意识的情况下，一些无声的信息已经彻底出卖了她的这一想法。

对卢瑟拉而言，这就意味着她错过了许多能够解释人们为什么会这样做的信息。在她看来，"新卢瑟拉"为人友好且宽容，即使是在面对同事的失败和无能的情况下，她也一如既往。她没有看到自己对沟通问题的产生也起到了更加微妙却同样重要的影响（例如，她通过翻白眼和语音语调所表达出来的内心的厌恶之情）。当其他人反映她态度不佳的时候，她会这样想："我并没有粗暴对待他们。"久而久之，她自然会感到疑惑，为什么这些人在明明没有遭受粗暴对待的情况下却一再地声称我态度不佳呢？惟一的答案就是他们想诋毁我——他们嫉妒我的成就，或他们野心勃勃地想取代我，又或者他们自己就是很难沟通和相处的人。

因此，卢瑟拉之所以会替自己辩解，认为其他人反映的情况有失公允，原因就在于她确实认为自己所说的就是事实。这也是她惟一能够想到的解释。

以下两个办法兴许能够帮助彼得突破卢瑟拉这种自圆其说的意识观念。

将卢瑟拉缺失的信息补充完整。当看到录影中自己的表现时，卢瑟拉也许能够意识到其他人并非无中生有。假设卢瑟拉是一个细腻而敏感的人，当其他人用这种方式对待她时，她通常都能够立刻就体会到自己受到了不公平的对待。[①] 当她看到录影中自己的行为时，自然会明白这一切，尽管这的确是一个令人感到非常痛苦的过程。当卢瑟拉意识到自己可能在沟通的过程中通过某些无意识的行为表达了一些不好的信息之后，她的态度应该会有所缓和，并且更容易接受他人对她的一些负面评论。这时，彼得就可以和她一起重新思考这些评论，以及她处理人际关系时的方法。

明确地谈论"另一种"观点所产生的后果。彼得也可以对卢瑟拉说："现在，让我们暂时抛开其他人的投诉是否属实这一问题，转而思考如果这些投诉是事实，情况会如何呢？这意味着什么？你又是如何看待它的呢？"

正如我们所知道的那样，人们之所以会对发生的事情争辩不休，其原因之一就在于对方的观点威胁到了他们的自我认知。这个方法则恰好开门见山地引入了这一问题，也许，这将会有助于彼得帮助卢瑟拉走出这种"受到威胁"的情感误区，使她能够正确地看待自己的行为产生了一些她没有想到的后果这一事实。

马塔姆巴的故事

马塔姆巴所在的团队来了一位新上司，可他并不太喜欢这位新领导人，他说：

我之前的上司是一个非常有团队合作精神的人，他的所有决定都是在充分考虑了全体成员的利益和观点的基础上得出的结果。如果你提出异议，他十分乐于和你探讨，至少，他会让你觉得自己在这个团队里有发言权，其他人听到了自己的意见。现在的新上司却是一个等级分明的人，他甚至显得稍微有一点点独断专行。他能够容忍你对他的质疑，但是毫无疑问，他不愿意接受下属的提问。有的时候，他甚至会变得刚愎自用，而你会觉得如果你反

[①] 如果卢瑟拉不够敏感，没有发现隐藏在其他人行为中的这些线索，那至少可以说明她很可能受到了诸如阿斯伯格综合征之类的精神疾病的影响，所以才会表现出这种自我中心主义的行为。由于她的工作表现出色且热爱工作，所以通过工作，她或许能够提高她对自己这一行为方式的意识。

其道而行之一定没有好下场。我们并不想鼓励这种不好的行为，所以每当这个时候，整个团队的成员都会集体站起来表示反对，可是这一做法除了加剧矛盾的恶化，根本起不到任何积极的作用。"为对抗性势态命名"和谈论这一问题也似乎没有任何作用！

有助于解决问题的方法

你需要意识到，咄咄逼人的进攻其实源自于进攻者内心的恐惧。在马塔姆巴的案例当中，一位咨询顾问指出，这其中存在着一种可能性，即沟通中出现的问题令新上司感到害怕。据马塔姆巴所知，新上司是个雄心勃勃的人，而且他十分重视自己作为一名成功人士的形象，而咨询顾问的意见则突显出这样一个事实：当他的下属做出一些令其感到意外或毫无准备的行为时，双方就会出现沟通障碍。咨询顾问指出，新上司担心下属的观点可能会令他没面子，让他感到尴尬，成为众人的"笑柄"。

阐明和确认对方关注的焦点问题。咨询顾问建议说，与其深入探讨引发矛盾的话题，坚定不移地与上司唱对台戏——马塔姆巴和他的团队成员就是这样做的，倒不如询问老板，他到底担心什么："如果我们继续执行这一方案，你担心什么呢？"当他们向上司提出这一问题时，马塔姆巴和队友们惊讶地发现上司竟然早就做好了回答这一问题的准备。虽然他提出的疑问和假设与团队之前所想到的并不一样，但他的想法听起来也显得很合理。了解了对方的忧虑之后，另一方才能确认并探讨这一核心问题："啊，这也正是我们所担心的！所以，我们一定要确保杜绝这样的情况出现。如果我们同意这样做，这样的事情是不是就不会发生了呢？"这时，新上司竟然做出了一个令团队成员意想不到的反应："这样的话，一切就没问题了。只要弄清楚了这一点，其他的就全都交给你们负责了。"

两个最终的想法

牢记一个巴掌拍不响的道理。之所以说先入为主地认为某些人难以沟通的想法是很危险的，原因就在于我们这样做完全是为了让自己从矛盾中脱身，无需承担任何责任。这种行为无异于向对方发起挑衅，其结果只会令谈话局面进一步僵化。常言道，对方是疯子并不意味着你也要跟着他一起发疯。你应当时刻提醒自己，如何才能有意识地，或无意识地创造出或保持交互式的沟通模式。因为我们难免陷入当局者迷的惯性当中，所以在沟通期间，你可能会需要求助于一些中立的旁观者，请他们来协助监督自己。

投入耐心和恒心是会有回报的。 如果对方拒绝承认自己需要为谈话陷入僵局而负责，通常来说，这都是因为这样做会威胁到他们的自我认知。这时候，作为谈话中的一方，你可能就需要伸出援助之手，帮助对方在保留自我认知的同时认识到自己的责任，或是帮助他们从另一个稍稍不同的角度来看待自己。

对于许多人来说，多重视角、双方归责、无指责归责原则，以及不完美的自我认知这些概念的确显得有些新鲜。他们可能需要一定的时间来了解和接受这些观点。在这一过程中，请不要轻言放弃；又或者，如果你发现观念的改变姗姗来迟，也请不要感到惊讶。令人感到惋惜的是，在现实生活中，由于改变的速度过慢，当谈话的一方开始慢慢敞开心扉，愿意以合作的方式推进谈话的进程时，另一方的勇气和耐性早已被时间消磨殆尽，以至于他们根本就没有意识或察觉到对方的细微变化。

4. 如何和一个有权有势的人进行高难度谈话——譬如说，和我的老板？

同样都是在你使用书中技巧与人交流的情况下，相对于你和其他人的交流而言，你与上级进行沟通的难度通常都会更大，无论是当你在会议上提出与老板不一样的意见时，还是在你和上司就工作任务单独进行面对面交流的时候，情况都是如此。许多上司都会说他们希望自己能够听到来自下属的不同意见，可是这其中有很多人都是言不由衷，真心这样希望的上司实际上并不多见。当下属因为向上司提意见而受到惩罚时，哪怕只是很小的惩罚，他们也会从此便选择保持缄默。指引人们行为的是公司内部实际生效的机制，而不是写在工作守则中的那些冠冕堂皇的原则和规定。

我们写这本关于沟通技巧的书并不是鼓励大家去冒险上谏，哪怕你认为这样做"是正确的"。这不是一本鼓励大家寻求发言权，追求正义，哪怕被解雇也在所不惜的书。凡事都需要考虑成本和所得利益。在工作当中，虽然的确有值得我们为了"畅所欲言"而无视被解雇风险的情况，但这毕竟只是凤毛麟角。说出心中所想的后果不应该如此极端，而且通常来说，这样做还能给我们带来许多看不到的好处。（自信且有技巧地）大声地说出自己的想法也许会在短期内给你制造一些小麻烦，可是从长远利益的角度来看，这种行为将会为你赢得同事的尊重，甚至就连你的上司也会对你刮目相看。而且在很多时候，这样做根本不会为你带来麻烦。

在实际工作当中，有一些观念上的定式会加大这种沟通的难度。调查显示，大多数上司都相信，在员工眼中，自己是一个高效率、有能力且人性化的老板，然而只有一小部分员工对此表示认同。事实上，当我们看到这一结果时，大部分人并不会觉得很吃惊。在一个组织内部由下而上地反映负面的反馈意见或坏消息就好比让飞流直下的瀑布改变方向一样，非常困难。

那么，遇到这种情况，我们该怎么办呢？

利用影响的力量。首先，让我们来区分两种不同的力量：控制力和影响力。控制力是一种单方面促成某事发生的能力。影响力则是一种能够影响他人思想的能力。在他的职权范围内，你的上司拥有一定的控制力。他们能够在完全不跟你商量的情况下解雇你或者给你调动工作岗位，或是给你分配一个费力不讨好的工作任务。（当然，这是我们心目中对上司的控制力的理解，其中自然包含一定的讽刺意味。通常来说，人们在单方面地执行这一能力的时候，通常都会受到一些正式或非正式的约束。）

反过来，你却没有上司那种单方面解雇他人或调动岗位的能力。事实上，承认对方才是决策制定者的做法反而更容易打动对方，使他聆听你的想法和观点。因此，你可以这样对上司说："我知道你需要将很多变量都考虑在内，最后，无论你做出什么样的决定，我都会无条件地执行。只不过，我想确认的一点是当你在思考这一问题的同时，你是否意识到了……"

只有这样，你的老板才无需想方设法地对你展开反击，捍卫自己的立场，或是再三声明这就是他们的决定；也惟有如此，他们才更有可能受到你话语的影响。你已经清楚无误地表明自己完全认可他们的身份和地位，而这也会令他们紧张的神经暂时放松，从而使得他们更容易接受你所说的话。

接下来，你就可以告诉上司自己在乎的是什么，以及为何你会如此在意此事。然而，令我们感到惊讶的是，人们常常会对我们说他们已经"尝试过所有的办法"去影响自己的上司，然而当我们问道"你是否已经告诉老板这对你很重要"的时候，他们却回答"这个嘛，我想他自然是知道这一点的"。他们从未明确地说出"这对我很重要"之类的话。只有清楚无误地表明什么对自己很重要及其原因，你才能影响他人。这样做也许能够说服对方，也许不能——这取决于你的证据是否强大有力，你所考虑的问题是否合理可信——可是不管怎样，这些话的确能够产生一定的影响力。你的目的并不是借此来威胁上司，而是为他提供所需的信息，从而帮助他最终做出一个全面且理智的决定。

人们常常会问我们，当谈话的对象是自己的上司时，如何才能行之有效地和他探讨"归责"这一话题。在大多数情况下，如果你对老板说："当然，事情演变到这个地步，我也有责任，可是你的责任更大！"这显然不是一个好主意。可是，这也并不意味着你得放弃这一话题。无论你的老板或上司是否承认，他们都对这一问题负有一定的责任，只不过，其责任或大或小。也许，他们很难接近，或是对自己的观点过分自信，期望你能够和他们心有灵犀不点都通；也许，他想让你知道你不应该向他提问题；也许，与上司那"开放性政策"如影随形的是针对那些敢于吃螃蟹的人的各种惩罚措施。

使用要求性的语言。 如何才能提高上司对自己的关注？方法之一就是放弃归责性语言，转而使用被我们称之为"要求性语言"的话语。与其说"我之所以没能按时完成这项工作，有一部分原因是你直到星期五下午才让我开始这项工作"，你不如告诉老板："我可以拍着胸脯向您保证，这样的事情绝对不会再发生了。我们已经明确了有三个地方我需要改进：1……2……3……除此以外，我想说的是，如果我能够有更多的时间来处理这些相对而言更复杂的工作的话，我一定会做得更好。所以，如果我能够在星期三就开始着手进行这项工作，而不是直到星期五才开始，我一定能够找到方法，在既不耽误现有工作的情况下同时确保新项目的完成。当然，我不知道从您的角度上来说这是否可行。对此，您是怎么想的呢？"

聆听！有意思的是，质询和聆听也同样拥有不可小觑的说服力。正如我们在本书的第九章里谈到的，聆听不仅仅只是单纯地接收信息。有效地聆听也会对谈话的另一个人产生影响力——这样做能够平复其内心的声音。当对方觉得你听到并认可了他的话的时候，要想让他心平气和地听你说就会变得更加容易。此外，聆听还能让你知道对方在乎什么，以及解决问题的基础是什么。

从上司的角度来说。透过对方的立场所获得的见解能够使你从对方的利益出发来展开谈话："我想帮助你成功地完成这一项目。为了实现这一目标，我需要你帮我一个小忙，我想请你帮我彻底地弄清楚整件事情的内在联系，惟有如此，我才能更加有效地执行你的方案。"当然，为了让这一方法生效，你必须始终保持谦虚的态度，同时抱着一种学习的心态去和对方进行交谈。如果你此次谈话的目的就是想让你的上司明白是他们自己弄错了，那么，你首先就将自己放在了一个危险的立场之上，而就在你向对方传递这一信息的同时，你自然会遭遇那些因为谈话者过于自负而经常遇到的问题。

保持开放的学习心态并不意味着放弃自己的观点。如果你不明白新上司为什么会萌生出这样的观点，那么你谈话的目标就应该是找出那些你可能错过或忽略了的信息——以及有哪些信息是你知道而上司并不了解的。毕竟，如果你的上司是这个部门的第三任经理，当他提出某一特别的方法时，哪怕部门里所有的元老都觉得不可行，这一观点也一定有它的可取之处。

如果让谈话继续进行下去的前景并不乐观，然而为了让谈话达到双赢的目的，你可以从认可双方利益的角度，有针对性地设计谈话内容："我知道我们都很希望能够加快谈话的进展。与此同时，我想，更重要的是我们能够通过谈话解决这一问题。从我自身的角度来说，我非常希望这个提议能够获得最终的成功，然而我对自己能够独立完成这一任务并没有足够的信心。具体说来，我想，如果我们能够针对以下这些我预计将会出现的障碍找出解决方案，那一定会令我们的工作事半功倍。"

如果我的上司拒绝谈论我所关心的事情／我们的关系，我该怎么办？在人际交往当中，当我们面对的是一个很难相处的上司时，我们必须找准说话的时机，决不能让谈话一再地被打断。为此，你必须检查上司的日程安排，找出一个合适的时机。你需要的是足够的时间，以及全副集中的注意力。

如果是在会议当中，你该如何开口呢？你可以说出自己心中的想法，当然，你需要从第三个故事的角度来设计你的谈话内容，让上司明白为什么他需要认真考虑你说的话。例如，你可以这样说："我想和你谈谈我们解决问题的方式，因为我觉得这会影响我们的士气和生产效率。""我想和你谈谈，在会议上，如果我不同意你的观点，我该用什么样的方式提出来呢？我想听听你的意见。"

你不能强迫上司和你讨论某个问题或利害关系，但是你可以想办法将你们的谈话引到这个话题上来。不过，如果你的老板坚持认为深入地谈论此事是无能或软弱的象征，那么，你在引导谈话向你所期望的方向发展的过程中可能会遭遇到很大的阻力。这时，做好充分的准备就显得至关重要了。为此，你需要事先做一些准备工作，了解所有你能够想到的能够帮助你解决问题的全部信息和资料。当你和上司展开讨论的时候，由于你知道自己已经全面地权衡并考虑了整件事情，而上司就是你需要找的那个人，所以，此时的你完全能够自信满满地说出自己的想法和感受。

如果我的老板滥用职权，我该怎么办？罗伯特·萨顿是斯坦福商学院的一名教授，在他的《拒绝混蛋守则：构建文明的工作环境，并且在不文明的工作氛围中生存下来》一书当中，他向读者传授了一些工作生存守则，从而帮助人们应对工作当中可能遇到的各种"小人"，巧妙地对付他们的各种卑劣行径："威吓同事，巴结上级，喜怒无常，独裁专制，以折磨他人为乐，喜欢暗箭伤人且极端自私。"在列举了这些人在工作当中制造的种种混乱和灾难之后，萨顿给出了解决此类问题的建议：无论这些人在你的工作中扮演多么重要的角色，你都不应该抱着忍辱偷生的念头容忍他们的卑劣行径。不过，通常情况下，许多人还是会选择忍气吞声，而造成这一现象的原因有很多，从担心在公司里失去竞争力，到出于对自身权利和利益的考虑等，不胜枚举。

人们在工作中恃强凌弱的原因多种多样。（顺便说一下，工作中，受到威吓的对象并不仅限于下属，研究表明，有时候女性甚至也会向男性同事发出恐吓的要求。）这些人之所以会这样做可能是因为某种精神疾病，或是情绪不佳。又或者，他们也许已经"获悉"这是达到目的的最佳方法，或者，他们认为这是由自己所处的特殊的工作氛围所决定的。对有些人而言，他们这种颐指气使的行为源自于一种观念，即毫无克制地释放自己的坏情绪的权利也是一种象征成功的标志。

在上述多重原因的作用下，这些行为不检的人通常都会对自己的不良行为熟视无睹。譬如说，你告之自己的上司，你的团队并没能完成3/4的工作目标。结果，他听后立刻火冒三丈，对你、你的工作伙伴和客户——任何一个他能够想到的需要对此次失败负责的人——大肆辱骂。其间，你试图提醒上司他似乎有些情绪失控，然而，他立刻反驳道："我并没有生气。只不过，你汇报的数字实在是太糟糕了！"那情形就好像是你的这番话是无中生有，刻意中伤他。可是，事实上，这就是他的真实感受。在他看来，此时此刻，愤怒是一种无伤大雅的情绪，是完全正当有理的：如果存在引发怒火的"导火线"，这就"没有什么大不了"。而他的这一观念也增加了你试图和他谈论该问题的难度。

面对在工作当中滥用职权的人，你和他之间的"战斗"将主要围绕你的自我认知对话展开。他们所采用的愤怒和羞辱战术将会破坏你对自身竞争力、信心以及自我价值的良好感觉。对此，你应该理性地面对这种人身攻击，不能从"面子"的角度来思考这些反馈意见，也不应该彻底地将这些意见拒之门外。相反，你应当找到一种客观且合理的方式，在不受对方观念影响的前提下，评估自己的工作。当然，说永远都比做要简单得多，而你也深知这一点。不过，不管怎样，这些努力将会有助于你解决困难。

有时候，面对这种人，最好的办法就是采取迂回前进，旁敲侧击的策略。只有当有需要的时候才与他发生正面交锋，在剩下的时间里，你需要做的则是尽可能地建立和培养其他各种工作关系，尽量避免留下任何"小辫子"，以免他借题发挥。与此同时，你还可以在心里告诉自己这并不是你的全部，只不过是工作当中的一些小插曲。也许，你无法如愿以偿地休息整整一个星期，可是你也许可以得到一个为期三天的长周末。你可能无法得到你认为自己应得的美差，但是你也许能够为这份梦寐以求的工作任务做出一些自己的贡献。平日里那些看似微不足道的胜利，只要你懂得集腋成裘的道理，终有一天，它们也会令你的心态发生重大变化，从此心平气和地对待所有的人或事。

此外，你还必须充分了解并意识到公司里还有其他一些信息流通的渠道——结构上或形式上的交流通道。如果你的上司很难相处或喜欢滥用职权，你可以向人力资源部反映情况，或是联合同事提出正式的投诉。如果你的上司拒绝与下属进行任何实质性的沟通，你和你的几个同事（或众多同事）可以联合起来，向上一层管理者提出申述。如果你发现上司的行为根本令人忍无可忍，你可以向他提出警告：如果他不改善自己的言行，你将会提出辞职或采取其他行动。

这时，你会发现自己必须面对以下这些问题："我有其他的选择方案吗"以及"这样做值得吗"。我们并不是想告诉读者，当你觉得看不到任何希望的时候，你应该马上辞职（尤其是在还有人依靠你为生的情况下）。只不过，有的时候，当你知道还有另一条"出路"的时候，你将会变得更有信心，能够更加理直气壮地坚定立场，对抗他人恃强凌弱的行为。这个世界上能够以最快的速度提升你信心的办法就是，告诉自己即使发生最坏的情况，你也依然能够生存下来。

萨顿教授用他那犀利且善变的语言为我们总结出了应付这些难题时会遇到的复杂情况。如果你感到进退两难，你可以告诉自己对方的不良言行并不是你的错，而这种可怕的事情也不会突然就凭空消失，从而借此来保护自己的身心……你也可以在拥有胜算的情况下主动发起进攻，与对方展开战斗。适当的胜利将会让你感到自己并没有失去控制权，并且很有可能会有助于你解决问题，而且如果你一直坚持战斗，你身边的人也会慢慢地加入到你的阵营当中。如此一来，从长远的角度来看，事情将会呈现出一个更加有利于每一个人的结果。不过，这种做法也有其不利的一面。你的防御行为也许能够最大限度地保护你自己，可这也会阻止人们走出充满怨恨的战斗心理，继续不断地打击和贬低对手——哪怕当他们有其他出路的时候，他们也不会放弃这一立场。

5. 作为公司的老板／家长，我为什么不能直接告诉自己的下属／孩子该怎么做呢？

没错，你当然能够这样做。通过与读者之间的交流，我们发现读者对于《高难度谈话》一书存在许多误解，其中最令人感到沮丧的误解之一就是该书的作者反对人们做决定，并采取行为。换言之，按照作者的观点，说比做更重要，每个人都应该享有平等的发言权；除非所有人都点头表示认可，不然，所有的事情就只能处于停滞不前的状态。然而，我们的观点却并非如此。事实上，如果你是一家之主或公司的首席执行官，我们提倡你尽早地做出高效率的决定。同样，我们也鼓励你尽早地向家人或下属清楚地阐明你的决定，从而让他们担负自己应尽的责任和义务，更好更快地执行你的决定。

其实，我们还想通过本书强调一点，即无论是在你做决定，还是在执行决定或解决问题的过程中，如果你"光说不练"，通常来说，你都无法取得最后的成功。事实上，在做出最终决定的过程当中，如果你能够将发号施令的时候（我决定了，我现在就是告诉你我的决定）与以下这些情况区分开来，这将会对你做决定起到很大的帮助。

咨询的时候（我在征询你的想法，然后我再决定，并且将决定告诉你）；

合作或商量的时候（我们一起做决定）；

委派责任（你来决定）。

无论你选择哪一种情况，你都应该确保自己已经明白无误地将你对他人的期望告知对方。有时候你明明是在咨询对方的意见，可他们却以为你想和他们共同来做决定。这时，当他们发现你一方面聆听了他们的建议，另一方面却并未采纳这些意见时，他们自然会感到万分惊讶。阐明双方的职责和所处的地位是让谈话突破僵局的关键。当你将某人放在一个不同于其预期的局面当中的时候，你也许不可避免地会遭遇一次高难度谈话。然而，与其等到对方发现你的决定并非其心目中的"理想"结果而提出质疑或表示不满，你不如在一开始便直言不讳地阐明谈话双方的地位，因为相对而言，处理后一种谈话显然更加容易。

不过，我们也必须要承认和面对挫折。"我是负责人。我应该享有告诉你该做什么的权利，而你也应该依照我的指示去做。"——我们每个人都曾有过这样的感受。是的，你已经正确且及时地分派了各项任务。哪怕你到家时已是午夜，你的头脑也依然保持清醒。你成功地让自己的团队成员紧密团结在自己身边，全身心地投入到你分配的任务当中。

无论这样的事情是否应该发生，事实就是情况通常并非如你所愿。这就好比当你踩下油门时却突然发现汽车竟然一动不动。汽车是死的，它根本不会理会你关于汽车应当如何工作的理论和观点，也不关心此时此刻你需要立刻赶赴某地；当然，它更不在乎你是否会因此而大发雷霆。我们惟一能够了解到的事实就是，哪怕你将油门踩坏也依旧无济于事。作为老板和家长，我们经常会遇到这种"无动于衷"的情况。尽管我们并没有取得所期望的结果，但是我们能够做的只有不断地"告知"。

如果你的汽车不能发动，你会做的第一件事就是找出无法启动的原因：是不是没油了？是不是信号传输出了问题？电池是不是没电了？

然而，当我们试图让他人执行自己的指令时，我们却常常会忽略这个检查步骤。他们为什么没有按照我的要求去做呢？对此，我们在书中所给出的答案是：双方都有责任。当工作出现问题时，我们不应该让对方一力承担所有责任。如果你和你的员工都负有一定的责任，那么，单方面的命令和要求是不可能让问题圆满解决的。

不过，开展交互式的沟通并不意味着你就必须放弃自己作为家长或老板所拥有的身份、权力、地位和责任。这又回到了我们之前所说的"和"姿态之上。就拿父母和孩子来说吧。你会允许未成年的孩子饮酒和驾车吗？不。关于这个问题，你根本无需和作为当事人的他进行咨询和商量。然而，明白准确无误且坚决地向他传递这一信息并不是你们之间谈话的结束。相反，谈话才刚刚开始，你还需要聆听孩子的想法、感受，以及他提出的各种问题。你这样做并不是因为你想和他商量，然后根据商量的结果来制定规则，而是因为制定这一规则会牵涉到各个方面的问题和事情——尤其是规则是否能够得到有力地执行的问题——你需要进一步地向孩子阐明这些事情，而且很有可能，你还需要解决一些问题：兴奋和饮酒一样吗？开车到三个街区以外的地方也会被当成是驾驶问题吗？什么才是最适合你和儿子或女儿的沟通方式呢？如果你的孩子未到饮酒的法定年龄却在外喝了酒，并且打电话叫你去接他，你会如何处理他的这一不当行为呢？你的孩子因为饮酒、受欢迎程度以及和朋友的亲密关系这三件相互关联的事情受到了什么样的压力，而他们又该如何处理和面对这种压力呢？

接着，让我们将目光投向工作。你已经决定将一名员工列入观察对象，除了将这一决定告知当事人和其他同事，你还需要和他们交待一些什么事情吗？毕竟，你已经做出了最终决定。

此时，你务必要将"和"姿态摆在第一位，并以此为中心展开谈话。作为老板，你已经做出最终的决定，你的意见清楚无误且十分坚决。然而为了了解造成这一问题的多种原因，构建一个融洽的上下级关系，同时改善工作氛围，并确保所有人都很清楚你的决定及其后果，你必须开展一次双向的对话。你可以这样说："你也许觉得将你列为观察对象并不是一个公正的决定，对此我能够理解。我们可以谈一谈。我想听一听你对这件事情的看法，同时也想把我的观点告诉你。不过，在我们开始谈话前，有一点我想事先声明，我只是想就此事交换双方的意见，并不是想和你商量，或是和你一起做决定。我已经做出了最终的决定。而我们这次谈话的目的就是找出导致我们之间沟通出现断层或中断的原因，这样，在接下来的工作当中，我们就能避免再次出现相同的问题，而我也能更加有效地指导你的工作。"

上文中的例子都是关于做出决定后如何开展双向对话的。现在，让我们反过来看一看：如何在开展双向对话后做出决定。试想一下，你已经和一名员工就为何他的工作时间总是同事的两倍进行了一次行之有效且深入的谈话。通过谈话你们已经找到了各自在这一问题当中的责任，并且也已经检查了一些导致其生产效率低下的来自制度和结构的阻力。你已经按照书中第四章里所描述的那样，"画出了归责体系图"。

现在，做决定的时间到了。对此，你的员工更愿意看到的结果是消除这些阻力——他们会改变自己的工作方法，你也会对自己的工作方式做出调整，而来自制度和结构的障碍也将被消除。他们确信自己的生产力将会得到大幅度的提升。

然而，你对此的看法却完全不同于他们。在认真思考了整件事情之后，你的结论是尽管工作当中出现了一些超出了员工控制范围，并且会对其工作产生负面影响的重要因素，但是从整体上来看，该员工自己也没有充分发挥其应尽的责任和义务。调整制度和机构设置会有助于提高工作效率，但其能够达到的效果毕竟有限。因此，你认为应该将他调至一个工作职责相对轻松一些的工作岗位。

接下来，你该做什么呢？如果你是决策者，你就可以做决定了。在通过谈话了解了双方的责任之后，你对于问题的产生原因就有了一个更加清楚的认识，而这也将有助于你做出一个明智的决定。这种谈话并不是以找到某一种解决方案或改变谁的决定为目的。

我是不是必须以聆听和质询来开始每一段谈话呢？ 对于这一问题，答案是否定的。在第十一章当中，我们曾经说过"时刻聆听"，它的意思就是，聆听并没有时间限制，随时都可以开始。当然，在同样的情况下，能够以聆听作为一段谈话的开始自然更好。可是，并非所有的情况都一样，所以凡事都有例外。那些以为只要聆听就能让对方接受自己观念的人最后恐怕要失望而归。例如，当一名上司想通过聆听的方法和下属谈论其工作不及时的问题时，他们的谈话很可能会如下所示：

上司：你觉得自己在工作上的时间观念如何？
下属：不错啊。
上司：可是，你想一想，自己难道每次都能准时完成任务吗？你是不是曾经有过那么一两次没能按时完成某项重要的工作呢？
下属：还真没发生过这样的事情。
上司：那么，上次温哥华的那个项目呢？
下属：我觉得一切都进展顺利啊。
上司：可是，你难道不认为自己的工作有点滞后了吗？

与其向下属抛出这一系列看似可笑的引导性问题，这位上司还不如直接开门见山地说："我们谈一谈温哥华的那个项目吧。那份计划书比预期晚了三天。我们需要找出导致这一事件发生的原因，同时对这一事件可能产生的影响做出客观的评估,并且想出一个办法避免在今后的工作当中再次出现同样的问题。"只有首先明确问题,并且说出自己的想法,你才能将谈话引入质询的模式。而一旦你进入这一对话模式,你就需要双管齐下,在征询对方意见的同时阐明己方观点。

衡量谈话是否已经"误入歧途"的标准就是谈话的目的。大家可以想见,如果上司在谈话中表明他的目的就是了解下属的想法,而他发起此次对话的初衷却并非如此,那么,这样的谈话自然只能无功而返。如果你想获得更多的信息,你可以借助疑问句来达到目的;如果你是想表达自己的想法,你则需要使用陈述句。从根本上来说,我们只有同时借助这两种句式的功效才能达到加深对事情的认识、了解缺失的信息,以及为快速有效地解决问题奠定基础的目的。

在本书中,我们之所以会一再强调聆听的作用,是因为在实际谈话当中,人们更容易犯忘记聆听的错误——通常来说,我们大都不会忘记表明自己的立场和观点。与人交谈时,如果我们被谈话内容激怒,或是因为谈话而受到伤害,我们感到害怕或压力很大,我们内心的那个声音就会慢慢演变成一场狂风暴雨,吞噬掉所有由理智发出的声音;与此同时,我们的好奇心也会随之消逝。这就是为何你只有一遍又一遍地提醒自己(或者,如果有需要,你还可以让其他人从旁提醒)才能让自己在高难度谈话中不忘聆听:"我也许的确感到很难过,我可能还会觉得自己已经知道了对方的想法,可是实际上,还有一些事情和信息是我需要了解的。在声明自己的观点的基础上,我还需要征询对方的意见,不断地询问他。"

6. 书中所说的技巧和方法是不是仅适用于美国?它们如何能够在其他文化环境下发挥作用呢?

来自美国以外的读者常常会把《高难度谈话》当成是一本美国人专用的沟通书籍,认为书中提到的都是一些"美式"的交流方法。他们说:"在韩国/哈萨克斯坦/哥伦比亚(你可以在此加入自己的国家名称),我们根本不会这样谈话。"

"事实上，大多数的美国人也不这样谈话。"我们回应道。书里案例当中所使用的语言并不符合任何国家的人"通常"的说话习惯。为了阐明理论和概念，我们使用的是一种程式化的语言——譬如，为了让读者了解真假问题之间的区别：前者是在好奇心的驱动下，抱着了解情况的目的所提出的问题，后者看似是提问，其实却包含了指责之意。我们认为，一旦理解了这些概念，你就可以将这些"别扭的"话语转化成一种更通俗顺口，与你们平时所使用的语言相匹配的话语。

不过，考虑到全球化的影响，如何突破跨文化交际的障碍，将这些观念和概念应用到不同的国家和地区，这的确是一个十分重要的问题。

对此，我们发现，无论谈话者来自于哪个国家，也无论谈论的话题是什么，隐藏在高难度谈话背后的基础信息——在谈话中，你内心的声音一直忙不迭地向你传递的那些信息——似乎都大同小异。来自南非和来自美国南卡罗莱纳州的谈话者关注的焦点是一样：孰对孰错，谁应该受到指责。在谈话进行的过程中，来自印度和来自美国爱荷华州的谈话者都同样情绪激动，都受到了来自内心情感的强烈冲击。来自智利和来自中国的谈话者都会迅速地对内心自我认知世界的坍塌做出回应。（有时候，我们把这种挣扎称之为"面子之争"。）

谈话中，谈话者会受到内心声音的困扰，以及高难度谈话包含三层不同深度的对话——这些似乎都是放之四海皆准的概念。其不同之处就在于，不同国家的人，因为文化习俗的影响，其是否会出现内心的声音，以及这一声音出现的时机和方式都不一样。

美国人的特点就是凡事都直来直去，很少关注等级、身份等问题。我们会无所顾忌地批评国家的政治领导人，直截了当地承认自己在现实生活中所犯下的错误和过失。相反，英国人在表达情感方面就显得有些保守了，而在许多亚洲国家当中，等级制度极其严格，所以，下属向上级表达不同意见或自己想法的自由就不可避免地会受到限制。因此，当你了解这一切之后，你就会明白为什么我们会鼓励大家开门见山地提出问题，而不是对问题摆出一副讳莫如深的姿态，任由问题愈演愈烈，因为这种沟通观念是我们美国文化当中不可或缺的一部分。

当然，相对于这些简单的思维模式而言，文化是一个更加复杂的概念。就拿美国来说，不同地区的人对于"直接"的理解也并不相同，即使是生活在同一个街区里的两个家庭，其理解也不一定相同。有些美国公司同样设有严格的等级制度，而有的公司则为自己"平面化"的办公模式而感到骄傲。有的行业推行的是"相敬如宾"的行业文化；而在有的行业当中，咄咄逼人的上进心才是王道。现代社会讲求男女平等，可是在具体的人际交往当中也同样存在例外，而且，同一文化下，不同的人对于男女相处原则的理解也大有不同。

此外，来自另一种文化的旁观者通常会对其他文化下的沟通标准存在一定的误解，这也使得沟通变得更加复杂。例如，美国人很可能会对日本人的沟通得出以下结论：日本人决不允许下级向上级表达自己的想法和观点。可是，许多日本人可能会反驳，尽管他们不会明确地对上司的意见表示异议，可是，如果他们认为上司在做决定的时候没有将自己的意见考虑在内，他们往往会通过其他方式向上司传递这一信息。有时候，他们会通过身体语言来传递这一信号，有时候他们则会小心地措辞，委婉地表达自己的观点，有时候他们会干脆用沉默来回应。这就是沟通——人们已经根据自身的文化及话语习惯，将它转变成了合适的"语言"。然而，在场的美国人则忽略了这些沟通线索，认为没有人敢"发言"。其实，这不过是因为人们交流的时机、场合以及方式不同而已。

不同的人对于如何维系人际关系（或者说，他对人际关系的重视程度）所持有的观点自然有所不同，而通常来说，人们在沟通中的直率程度往往与这一观点有关。在某些地区（和家庭当中），象征其是否坦率的标准就是大声且激烈地（有时候）争辩："忘了那些肉麻的称呼和话语吧。如果我喜欢你并且尊重你，我就会把我的内心想法毫无保留地告诉你。这才是双方关系健康的标志！"对其他人而言，培养和保护双方的关系意味着凡事都不应该直来直去，只有这样才能避免冲突的发生。持有这一观点的人在沟通时往往会从第三方的角度出发，或是用各种比喻委婉地表达自己的想法，因为他害怕直截了当的交流方式可能会对双方的关系造成毁灭性的伤害。在某些情况下，在有些人看来，人际关系必须完全服从于最终的结果："如果你想和我建立关系，就必须满足我提出的要求。"对于另一些人来说，事情却恰好相反："我宁愿答应你的全部要求，也不想让我们之间的关系受到一丝威胁。"

不过，在我们看来，保护人际关系不受伤害和与对方就某事展开一次愉快的谈话并不相悖，你根本无需从中选择其一。哪怕你与对方观点不一致，这也不会有损于你们之间的关系，你仍然可以和他保持一种相互尊重、相互重视的良好关系。在沟通当中，能够起到维系并加强双方关系作用的是真诚地聆听、同情心以及虚心接受他人意见的良好心态，而并不是你们是否能够达成一致意见，或是双方意见一致的程度究竟有多高。你可以坦率地说出自己对此事的看法，向对方解释他的观点如何影响你的想法，以及他的话语能够对你产生多大的影响及其原因，而不是不假思索地对他说"我才是正确的，错的是你"，或无条件地认可对方的观点。如果你和对方的观点不一致，你可以这样说："你也许是对的，而我也许遗漏了某些信息（很有可能，这样的事情已经不是第一次发生了），只不过至今为止，我还没有发现这些信息。"

为了做到这一点，无论你来自于哪种文化，你都必须让自己内心的声音完成这种心态上的转变，这也正是我们在第二章至第六章当中所谈到的内容之一。

	高难度谈话	学习型谈话
"发生了什么"对话	问题的关键在于，究竟谁的说法才是正确的。双方的说法要么是正确的，要么就是错误的。	我想知道为什么我们对这件事情的看法不一样。我们各自掌握了哪些信息，我们这样认为的理由分别是什么？
	他们故意想借此来影响我。	我并不喜欢他们对我造成的这种影响；我想知道他们的意图究竟是什么。我了解自己的意图；只不过，我想知道我的这一意图是不是受到了他们影响的结果。
	这是他们的错。	会出现这样的结果，我们双方都有责任。我们需要确定双方在这件事情上各负有什么样的责任，然后找出解决的办法。

续表

	高难度谈话	学习型谈话
情绪对话	我会产生这种负面情绪全都是他们的错,所以我应该要么就以牙还牙,要么就保持沉默(既然以牙还牙并不能给我带来任何好处,那就选择后者吧)。	我的情绪说明了我的一些情况,也在一定程度上反映了他们的行为。我能够在不指责任何人的情况下,和他们分享我的情绪,并且也对他们此时的感受表示同情,但是我不会说他们的观点是正确的。
自我认知对话	他们正在以一种不公平的方式攻击我的自我认知!我不像他们说的那样!	坦率地说,他们的部分话语的确令我感到有些痛苦和难过。对此,我究竟害怕什么呢?如何才能让他们的故事既不会伤害我的自我认知,又能站得住脚呢?同样的,我如何才能让自己的故事也满足这一要求呢?

如果你不能完成上述转变,单纯地"直接"沟通并不会帮助你解决问题。无论你是法国人,还是阿拉伯人,甚至玛雅人,你都不能将解决问题的期望寄托在外交手榴弹上。不加思考地一味指责他人,标榜自己才是正确的,这种沟通方式无论走到哪里都不会受到人们的欢迎。

另一方面,一旦你的思想完成了上述转变,无论你谈话的对象是哪个国家的人——哪怕对方极其在意尊卑有序的沟通原则——你就会发现,让沟通变得更直接似乎比之前更容易了。在过去的十多年当中,我们与来自世界各地的人们建立了融洽的工作关系,我们的工作伙伴遍布世界的六个大洲。合作期间,我们聆听他们内心的声音,帮助他们转变思维模式,进而成功地解决各种由重要事件所引发的高难度谈话。人们常常担心我们的行为会令某人"颜面扫地",不过,当他们意识到我们并没有任何想指责某人的意思,只是想从各自的角度思考双方责任的时候(当然,是从第三个故事的角度),他们立刻就放松了下来。

相同文化背景下的沟通尚且如此复杂,跨文化交际的难度自然是可想而知了。由于各种文化之间存在差异,所以在跨文化交际当中,这些沟通技巧的作用就显得更加重要和明显了。有时候,它们甚至会对双方的沟通产生决定性的关键作用。跨国公司的员工常常需要和来自不同国家和地区的人相处和共事,尤其是那些受到地理位置限制只能存在于虚拟世界中的工作团队,其团队成员之间的沟通只能通过电子邮件和电话会议来实现,这时,我们常常发现自己往往一不留神就会与其他人发生磨擦。在这种环境下,如何与对方探讨自己对他们产生的那些无意识的影响——巧妙地,有技巧性地,还是突兀地——就成为我们是否能够与对方保持和谐的工作关系的关键要素。面对沟通中出现的令人感到困惑或难过的局面,我们应该及时地看到自己的责任,并且怀着一颗好奇的心去了解,为什么同样一件事情,在我们看来根本无足轻重,可是那些来自乌干达或巴拉圭的同事却会产生如此强烈的反响呢?如果我们能够做到这一点,我们就能够逐渐找出我们和对方之间存在的观念上的差异——从利益到价值观,从双方的观点到各自所遵循的不成文的规则。

7. 我该如何处理那些并非面对面进行的高难度谈话?如果我是通过电话或电子邮件与对方沟通,我又应该采取哪些不同的处理方法呢?

对我们当中的许多人而言,无论是在职业工作当中,还是在私人生活里,电子邮件和手机短信已经成为了我们与人沟通的主要渠道。有趣的是,这一沟通方式不仅适用于与我们相隔数千里的同事,也同样适用于和我们只有几步之遥的工作伙伴。电子邮件有利有弊:我们应当学会聪明地使用这一现代化的沟通方式,避免因为它的使用而导致人际交往中矛盾加剧的现象出现。

电子邮件是一种被现代人广泛使用的高效率的沟通方式,它能够使我们随时随地保持与他人的联系;因为有了它,我们才能够及时地从他人那里获得反馈信息,并且迅速地做出回应。此外,电子邮件还能完整地保留我们与他人的谈话记录。如果你当时很生气,你完全可以在怒火平息之后再组织语言,给对方回信;如果你感到有些疲惫,你可以稍后再答复对方;如果你真的忙得无暇与家人或朋友聊天,你可以给对方发去一封电子邮件,至少让你的母亲或邻居知道你心里还想着他们。当他们没有勇气与对方面对面进行沟通时,许多人会选择用电子邮件的方式来发起高难度谈话。对于日常沟通而言,譬如说与朋友保持联系或及时跟进某个工作项目,电子邮件实在是一种完美的沟通方式。

可是，如果你让电子邮件帮你处理人际关系当中那些更加微妙且复杂的事务，你很快就会陷入一大堆的麻烦之中。为什么会这样？准确地说来，这正是"成也萧何，败也萧何"，给你惹麻烦的恰恰就是上述所提到的那些电子邮件的优点。电子邮件本身并不是一种真正的对话，事实上，它只是一连串的独白。在他人写邮件的过程中，你根本没有机会打断他，澄清事实，与此同时，你也无法看到对方的反应和他处理这些信息的过程。当然，你更加无法对他们的意图做出解释，所以，在陷入由此所产生的情感反应之前应该先检验自己的这一假设是否正确。

此外，电子邮件还无法传递语音语调、面部表情或身体语言——所有这一切都将帮助我们了解发送信息者的意图（从第三章当中，我们了解到即使是在面对面的谈话当中，我们也很难对另一方的意图做出正确的假设或判断）。当你收到一封电子邮件，里面写着"我希望现在能够看到你的备忘录"时，发送邮件者的意思究竟是说"我迫不及待地想看到它"，还是"你有麻烦了"？你的母亲给你发这封邮件的原因到底是什么？是因为她被惹怒了，还是因为她感到很害怕，或是她只想确认一些鸡毛蒜皮的小事？如果你的朋友在邮件中写道："你真是个不折不扣的失败者！"他的这番话究竟只是一句以示亲密的玩笑话，还是真的这样认为呢？为此，你回信询问他，结果对方回复说："如果我真的认为你是个失败的人，我决不会在发给你的电子邮件里写下这样的话——你觉得我会吗？"即便是他添加了一些由字符组成的表情图案，你也很难判断出他的真实想法。

因此，人们不禁会把电子邮件看成是一种没有感情的交流方式；毕竟，它只是一些文字。然而，在现实生活当中，电子邮件完全可以成为一个组织机构当中情感表达最充分的沟通渠道。尽管人们很少直接在邮件里写明自己的情绪，但是收件人完全可以从邮件的字里行间体会到发件人的各种情感情绪。对此，收件人自然不会熟视无睹，通常来说，他都会产生一定的情感回应，并通过回信直接或间接地将这一情感信息传递给对方。日子一长，只要你看到收件箱中出现某个人的名字，一股厌恶或焦虑之情便会油然而生。就在打开邮箱的那一刻，我们已经在不知不觉中戴上一副由沮丧、憎恨和怪责之情打造而成的有色眼镜。

有时候，电子邮件还会产生一种舞台效应。通常，我们会将同一封邮件抄送给多名同事、家人或朋友，于是，原本是两人私下里的信息交换立刻变成了公开的演出——除了交流双方，还多了许多看客，或者说观众，而这种"围观"在加大沟通难度的同时也给沟通双方的自我认知带来了更加严峻的考验。在我们试图用"正确的"故事予以回击，从而在收到这份抄送邮件的老板面前捍卫自己的权益之前，我们会暗自对自己说："我得小心，不要让大家以为我在这件事情上蛮不讲理！"即便邮件的阅读对象仅限于收发双方，可是我们都知道对方随时可以把这些邮件转发给第三方，然后再附加上一句话："你相信吗，居然有这样的事情？"

尽管存在上述这些弊端，但是电子邮件仍然不失为一种不错的沟通渠道，不是吗？利用手机短信进行沟通也同样会遭遇各种不小的挑战。短信里常常会出现未写完的句子和缩写，而这往往会增加引起歧义和误会的几率。

那么，在使用这些现代通讯方式进行沟通时，如何才能避免指责和误会所产生的负面效应呢？

在阅读邮件或短信内容时：

向自己对他人发出的指责提出质疑。一旦我们开始用指责的思维模式进行思考，我们脑海中关于对发件人意图不良及其人格的指责就会立刻泛滥起来。此外，当你感到疲倦、压力大或是感觉有些敏感时，你产生这种消极思想的可能性则会更大。这时，你就需要提醒自己：你并不能确切地知道对方的意图。你最初对邮件内容的解读很有可能偏离了其本来的轨道。发件人的本意也许是复杂或积极的，又或者，对方很可能根本就没有针对你。这个星期以来，你之所以一直没有收到对方的邮件很有可能是因为他实在是太忙了，而不是因为他想借此威吓你，或是企图让你颜面扫地，无地自容。邮件当中的有些话，在你看来是对你的一种攻击，而在对方读来不过只是一些用以对抗你的进攻的防御性工事。你从来都没有攻击过对方吗？也许你认为如此，可对方却从没这样想过。

暂时停止行动，冷静。如果你在阅读完一封电子邮件后立刻产生了非常强烈的消极情绪，那么，这时你应该暂时停止一切行动。什么都不要做。除非形势紧迫，你不得不立刻做出回应——诸如"因为我现在真的非常生气"此类的原因并不计算在此范围内——不然，你就应该等待，至少等上一个小时以后再回邮件。而最理想的情况是，等到第二天，一切都风平浪静之后再回复对方。当你感到自己的情绪已经趋于平和的时候，你才能重新打开邮件。这时，你往往会为自己当时竟然会产生如此极端的情绪而感到奇怪。不过，如果在经过一段时间之后，你仍然无法平静心情，就请你参考下面的第三个步骤。

拿起电话，或找到当事人与他进行面对面的交谈。电子邮件沟通的底线就是：你不能通过电子邮件的方式来解决由电子邮件引发的矛盾冲突。在实际生活当中，无论具体的情况如何，你都不能违背这一原则。一旦你和对方的交流被染上了某种感情色彩——厌烦、困惑、受伤、焦虑——那就意味着你们需要转变沟通模式了。"可是，我的文字功底很好，表意也很明确。"你也许会这样想，"我会在写每个字的时候都经过审慎的斟酌和推敲，而且我会开门见山地把话说清楚。"不要执着于笔头的文字。当你和对方的沟通出现问题时，你写给他的任何一个字都有可能被对方误解，或是产生歧义。当你的同事收到你的这份措辞委婉、条理清晰且词藻华丽的邮件时，他可能会认为"信写得不错"。或者，他可能会这样想："她就喜欢写这种虚伪的邮件，说一些'我很冷静，我很理智'之类的废话。这真让我觉得恶心！"所以，与其做这种费力不讨好的事情，自找麻烦，你不如直接拿起电话，或是找到当事人与他进行面对面的沟通。

在写邮件的时候：

清楚无误地说明你的意图、逻辑，以及你的情感（如果这些情绪适合与对方分享的话）。想尽一切办法来说明你的想法。无论你的邮件是写给关系亲密的同事，还是给远在地球另一边的合作对象，阐明你的目的、逻辑和感受都能够避免让对方产生误解——"我此次去信询问是因为我的老板可能也会向我提相同的问题，而我希望我们的回答能够保持一致。""我不太清楚我是否应该这样做，以及我什么时候做才合适……""我的想法是，现在这样做并不会产生任何重大的弊端,而如果我们继续等下去,过一段时间再来做这件事,我们将会需要投入巨大的工作成本。""当看到同样的事情再度发生时,我真的感到很失望,而这给我造成了很大的不便,所以我认为我们应该花时间弄清楚整件事情,然后找到一个切实有效的方法,从而降低同样的错误再次发生的几率。对我而言,这真的很重要。"哪怕是简单地说一句"这件事情的发生真的令我感到很难过,也很沮丧"也比"好吧,随便你怎么做,我不管了"要强上一千倍。如果你想在沟通中加入自己的感受,那么你应该以一种不会产生误解的方式向对方发出谈话的邀请,否则,你就应当尽量减少谈及感受(譬如说你的判断)的频率,即使谈到了也应当尽可能地精简谈话内容,因为这些内容肯定会引起对方的反感,进而影响或破坏你们之间的关系。

如果你不会及时回复对方,请务必让对方知道这一点——不要给对方产生一种悬而未决的感觉。电子邮件沟通中最常见的问题之一就是因为延迟回复而引发的矛盾。一方向另一方提出了一个问题,收到问题的一方思忖道:"提得好!不过,我现在对于解决问题的答案还不确定。我需要想一想,或是问一下某某。"于是,他觉得在没有得到实质性的答案之前,他无法给对方以任何回复,而获得答案所需的时间则往往比他之前预期的要长。与此同时,提出问题的一方却一直都在等待对方的回复,面对对方长时间的沉默,他也开始有了想法:"为什么他们还没有答复我?"接着,迟迟没有得到答复的他开始有些害怕了,于是,他自己给自己答案,"我的话一定让他们感到失望了","显然,他们并不关心这个问题"或"他们在逃避我的问题"。最后,在经过反复思考之后,他也有了自己的结论:"我无法与这样的人合作。"事实上,我们完全可以预计到这一结果,也同样可以阻止这一结果的发生。如果你并不想立刻回复对方,你应该简短地告知对方你无法立刻回复他的原因,以及何时你才能够给出最后的答复。"我需要和丹核实之后才能答复你,而这需要大概几天的时间。如果你在星期二的时候还没有收到我的回复,请来信提醒。谢谢!"

循序渐进。如果你不确定对方上一封邮件的语气或意图,你可以在回复对方之前先写一封简短的邮件核实此事,而不是自己冥思苦想,妄自揣测。"我不知道你是不是已经有些生气了。我的回复是不是有点晚了?"在举起武器向对方开炮之前，你不妨首先弄清楚并消除之前的误会和歧义，从而避免矛盾升级。

询问对方的反应、想法以及你遗漏了哪些信息。由于电子邮件存在独白的特性，所以当你通过电子邮件与人交流时，你需要主动且真诚地发起对话，询问对方有何反应。你必须意识到，自己可能会遗漏某些重要的信息，与此同时，你还需要让对方知道，你非常乐意聆听和了解他人的想法，使对方更加愿意向你吐露心声，从而及时纠正沟通中的误解或因信息缺失而产生的错误判断。相对于等到问题演变到白热化时才加以补救，这种方式显然更加经济实用。

打电话时：

利用电话沟通是化解高难度谈话的方法之一，其危险性虽然较电子邮件要小，但是也依然不可小觑。尽管通过电话，我们能够听出对方的语音语气（从这方面来说，电话沟通的确比电子邮件更胜一筹），可是我们仍然无法看到对方的面部表情。这就使得我们很难捕捉到对方细微的情绪变化，同时也加大了我们了解对方话语含义的难度。通过电话线的传递，原本充满同情和谅解的话语很有可能会失去初衷，甚至引来对方的误解。在电话里，你只能听到对方抱怨连连，却无法看到他们眼中那种脆弱和悲伤的表情。当你通过电话和母亲聊天时，年迈的母亲告诉你父亲的痴呆症越来越严重，这时，电话这头的你往往很快就会想到如何帮母亲解决问题（"你需要找人来帮助你"），或是如何令消沉的母亲振奋起来（"一切都会好起来的"），然而，你很有可能需要有意识地提醒自己或是付出额外的努力才能让自己与母亲产生情感的共鸣："妈妈，我简直无法想象你竟然承受了如此巨大的压力，你的内心一定感到很疲倦吧？"或是及时地对母亲表示赞许："想想你之前为爸爸做出的那些努力和付出吧，你实在是太棒了，你的坚强鼓励了我。"

8. 你为什么建议人们"带着感情去工作"？我并不是一名临床心理医生，没有义务帮助他们解决情感问题，而且我觉得，商业决策难道不是应该坚持利益至上的原则吗？

人的情感多种多样，作为组织机构的一员，我们的有些情感是能够为组织所接受并乐于表达的，对于那些组织"不喜欢"的情感，我们则往往会选择将它们隐藏起来。通常来说，大部分的组织机构都会接纳耐力、骄傲、忠诚和热情，将其作为机构文化的一部分；而失望、自我怀疑、妒忌和伤害则往往会被机构文化排除在外，或者说，在表达这些感受的时候，其成员大都会选择间接或更加委婉的方式。

不过，无论各组织机构如何定义其机构文化，大多数组织都仍然保留着一条基本的原则：在开始工作前，你必须整理好自己的情感，然后将全副精力都投入到工作当中。工作中投入过多的情感会使我们的工作轨道偏离方向。

然而，作为一个有着七情六欲的正常人，我们无法抛开感情，做到绝对的理性。产生和处理情感是我们的大脑和身体正常运作的一个不可或缺的环节。所以，当我们在阅读电子邮件时，当我们召开会议时，当我们聆听他人谈论我们的工作时，我们难免会在行为中掺杂些许的感情色彩，譬如说惊讶、愤怒、困惑、背叛、焦虑、畏惧、义愤填膺……

反过来，在我们做出饱含感情的回应之前，我们的工作环境当中就已经存在着各种各样的感受和情绪。事实上，如果我们坚持要把这些感受和情绪从工作当中剔除出去（如果你能够做到的话），那反而会产生天下大乱的反作用。其实，正是因为有了诸如决心、骄傲、满意、责任感，甚至焦虑和挫折之类的情绪和感受，人们才会全心全意地投入到工作当中，坚持不懈地与那些看似无法解决的问题作斗争，并最终找到有效的解决方案。而且，从另一方面来说，导致人们注意力不集中和工作效率下降的并不是因为消极情绪的破坏，而是因为我们没能认识到它们的存在，没有诚实地面对它们，以及没有直接、有效地处理好它们。

此外，拥有一定的情感也是我们做决定时不可或缺的要素之一。那些因为大脑受伤而无法体会和表达情感的人在需要做决定的时候常常会感到很棘手,即使是做一个简单的决定,譬如说什么时候召开会议,他们也无法依靠自己的力量独立完成。他们能够列出不同条件下事情可能出现的种种结果,却无法从中选出更适合自己的那一个。

既然工作当中已经且必然会掺杂一些情感因素,那么,我们的问题自然也需要随之做出调整:如何处理好这些情感?通常来说,我们的典型做法就是并不明确地表明这些情感,相反,我们会让它们来推动谈话的展开——提高的音调,简练地回复邮件,或委婉地拒绝。我们常常会把内心的各种情感转化成争论、指责,或是干脆三缄其口,以沉默应对一切。如果我们忽视情感的存在,或是将它们直接转化为粗暴的语言,我们就无法确切地了解眼前究竟发生了什么事情(我们的情感以及产生这些情感的原因)。结果,无论是我们自己,还是对方,都会觉得受到了不公正或粗暴的对待。于是,双方的工作关系开始变得紧张起来,工作士气随之变得低迷消沉。最终,这些情感成为了阻碍工作完成的绊脚石。

为什么会这样?因为当你就某个事件所展开的谈话陷入僵局时,你通常都需要解决至少两个问题:谈话所涉及的具体工作事项或双方的意见分歧(什么才是最佳策略,应该由谁来负责此事,又或是既然错误已经发生,那么我们到底应该为此赔付多少作为赔偿),以及谈话时对方对待自己的态度或方式问题(被忽视了,当众使人难堪,完全被排除在事件之外,或是受到了不公正的指责)。

在没有了解工作关系当中所出现的问题并就此展开有效的谈话之前,你很难顺利地解决令你和对方备感困扰的工作问题,也很难继续开展工作。要想突破这一僵局,方法其实很简单,你只需要简单明了地告诉对方,"我感到有些失落,看起来我们好像陷入了死循环","我以为自己会被选中,成为这个项目组的一员,可最后的结果却让我感到很失望",或是"我不知道为什么我们在这个问题上会遇到这么多的麻烦和困难"。当然,在有些情况下,我们需要做的工作可能会更加复杂:在考虑到对方过去经历的前提下,深入地了解事情的原委,以及对方所持不同意见所代表的含义。

当然,我们并不是号召办公室里的全体同事都围坐在一起,傻乎乎地谈论自己体会到的每一种情绪和感受。我们的观点是,通常来说,开门见山地谈论并解决情感问题能够帮助你以更快的速度接近核心问题，从而增加事情圆满解决的几率。

在工作当中与人分享自己的情感，这种做法是不是有点冒险？ 风险当然是有的，这取决于你和他人分享的是什么情感，以及你何时、以什么方式来分享它。如果你所就职的公司的企业文化并不提倡员工直接谈论自己的情感，那么，打破这一规矩可能会让你和其他人都觉得不自在。有的公司甚至在企业文化当中明确表示谈论情感会被认为是脆弱和不专业的表现，或者说，谈论情感只是一种浪费时间的行为。

在这种环境下，选择恰当的语言来谈论情感话题就变得很重要了。与此同时，你也需要事先声明，任何与情感话题有关的谈话都是为了更好地实现工作目标，这也同样重要。如果诸如"我觉得受到了伤害，于是就想当然了"此类的说法很难被你的工作伙伴所接受，那么，你不妨考虑这样说："我想找到一个能够更快完成这项工作的办法。我知道我常常会让工作会议不欢而散，而且我想，有时候，你一定也觉得有些沮丧和失落。我们能不能谈一谈为什么会出现这样的情况以及我们如何才能更好地沟通呢？"

除此以外，时机、地点和谈话的氛围也同样很重要。当你的工作已经到了最后的期限，如果你在这时向同事或上司发出谈话的邀请，表示你想和他们谈一谈你的工作感受，这恐怕不是一个明智的决定。同样的，在公司走廊上与某人的偶然相遇也不是开展此类谈话的好机会。不过，每个季度举行的培训也许不失为一个你和上司开展此类谈话的好机会。

最后，我们还想提醒大家的是，向对方提出情感问题的方法也很关键。情绪激动地谈论情感话题——痛哭流涕、尖叫、板着脸、翻白眼或跺脚——只会让大家觉得你是一个软弱无能、无法控制自己情感的人，或者对方会觉得你不够专业。

至于你可以和同事分享自己的哪些情感这一问题，我们想说的是，相对于其他情绪和感受而言，分享某些情感的风险的确更小。对某项由同事或下属完成的工作表示由衷地赞许，这样的情感表达通常都不会遭到对方的拒绝。和大家分享你对一个新项目的工作热情或是为某件圆满完成的工作感到骄傲，这样的情感表达无论在哪里都会受到大家的欢迎。即便是你承认自己对于工作角色和工作范围的定义感到有些困惑，或是对于你对团队成员所做决定可能产生的影响感到焦虑，或者你告诉他人你对他们的立场和观点感到好奇，这些看似消极的情感表达也很有可能会被对方当成是你想和他们一起商谈解决方案的谈话邀请。

当你准备转变自己与同事的交流方式的时候，与对方分享此类情感能够降低你的谈话风险。你的示范也许能够起到鼓励其他人的作用，很快，你的这种行为的影响力就会扩大至整个团队，而作为公司企业文化的组成部分之一，你的团队文化又会进一步对公司的整体企业文化产生不可小觑的影响力。毕竟，"企业文化"实际上就是有众多个人关系所组成的，而其中一段关系的改变自然会对全体关系产生影响。

难道商业决策不应该是"理性的"，坚持利益至上的决定吗？既然如此，谈论情感问题又如何能够有助于商业决策的制定呢？ 人们常常担心，谈论感情会让决策者陷入混乱，难以抉择。的确，如果你在处理情感问题时不够小心谨慎，谈论情感话题的确会阻碍人们做出决定。

1986年，来自美国国家航空航天局和莫顿聚硫橡胶公司的工程师们就面临着一个严峻的决策问题：在寒冷的天气条件下，发射挑战者号航天飞机是否安全？在一次远程电话会议上，莫顿聚硫橡胶公司的工程师们一开始便告知来自美国航空航天局的专家，他们认为这样做很不安全。在接下来围绕安全数据所展开的讨论中，美国航空航天局的一位领导人说，他支持莫顿公司的决定。不过，他表示，在看到对方提供的数据信息时，他感到"很震惊"。而且他认为，在整个研讨过程中，关于寒冷天气的信息传递出现了严重的滞后。"很震惊"这个词语包含了很强烈的感情色彩，而且它似乎也对莫顿公司最终改变决定起到了很重要的作用。不过，尽管如此，作为一名旁观者，我们知道，对于某人情感状态的描述与发射是否安全根本没有任何关系。①

但是，对情感话题绝口不提也同样可能导致决定的失策。承认对话中情绪的存在——从而使谈话者能够展开情绪对话——可以将谈话双方的情绪和

---

① 这次发射最终酿成了美国航天史上的一次巨大惨剧，挑战者号在发射升天后的第73秒钟突然爆炸。文中的故事取材于关于这次决定的记录抄本，而该委员会最终改变了决定，从而导致了这一悲剧的发生……

感受摆在一个合适的位置。作为另一个影响谈话结果的因素，其重要程度取决于它能够对谈话起到多大的积极影响。

譬如说，在决定做出改变之前，我们有必要花时间和精力了解客户对于员工配置的喜好。了解他们对人员改组这一决定的想法——他们害怕什么？关心什么？这次改组会对他们的事业产生什么影响？——可能会有助于我们找到极富创造力的解决问题的方案，或是帮助我们澄清事实，从而在很大程度上消除对方的抗拒心理。又或者，这样做也许能够让对方看到长期鼓励机制的效果，从而避免出现一些我们不想看到的结果。例如，如果员工觉得自己因为冒险而受到了惩罚，这种惩罚行为就会有损于员工的士气，并且会大大打击他们在将来的工作中承担风险的勇气，因此，管理层需要就此而展开讨论，找到一个可行的办法。如果员工们觉得公司管制过严，哪怕自己受到了不公平地对待也只能忍气吞声，那么，管理层将不会知道是因为现存体制的原因，下面的员工才不向上级反馈信息和意见。而事实上，后者恰恰是管理者希望看到的局面。

在这种情况下，情绪对话可能就不是为了某一个特别的决定，而是为了让谈话双方能够找到一个新的谈话方向，从而突破现有的僵局，找到合适的解决问题的办法。所以，在情绪对话完成之后，双方应当继续深入地交谈，并及时跟进谈话内容。例如，在关于挑战者号航天飞机发射问题的对话当中，莫顿公司原本应当就事论事地对美国航空航天局提出的"很震惊"这一评论展开讨论，而不是简单地改变其初衷，放弃其最初的决定："至于我们通知你们的时机这一问题，我们承认的确是有些迟了，而这一迟来的数据也使得我们双方都不得不承受巨大的压力。我们也是刚刚才获悉预期的发射温度是多少，这个数值比之前的任何一次都要低。不过，随着时间的推进，我们也感到越来越担心。所以，我们现在应该重新审视双方的沟通渠道及流程，从而确保这样的情况不会再度发生。至于我们对这些数据的解读，我们得知你们觉得有问题，现在，请你们告诉我们，哪些理解存在问题？或者说，为什么你们会对这些数据有不一样的见解？"当然，来自美国航空航天局的工程师们也需要做同样的一件事："你的话让我知道了你们所关心的问题，同时，我也意识到你们才是最了解这些数据的人。在我看来，这些数据还有很多我不明白的地方,而这些不解之处给我带来了许多麻烦,使我倍感困惑。我想知道究竟有哪些信息是你们知道而我们却不了解的。我想请你们重新向我们陈述一遍你们的理由,只不过这一次请你们循序渐进,一步一步地详细说清楚。"双方的感受是谈话的一部分,可是强烈的情感表达却不应该成为左右最终决定的关键因素。

也许,对于商业对话而言,情绪对话更重要的意义往往体现在它能够使谈话双方不至于忽视对方的想法和观点。怀着真实的感受去聆听、理解对方的话,并且与对方产生情感共鸣往往能够有效地安抚对方,使他们那原本激动的情绪平静下来,逐渐接受你的立场和观点。

譬如说,当一名员工没有获得升职机会时,不管怎样,他都很有可能会觉得失望,甚至觉得自己受到了伤害。但是,如果他没有及时地就自己的这一反应与你进行有效的沟通,在原有感受的基础上,他可能还会觉得自己被你出卖了,他的才干没有获得应有的赏识,他甚至会感到很沮丧,觉得自己被人忽略了。于是,他很可能会把所有的责任都归咎于你——你是一个很难与之共事的人,或者,你可能不喜欢他,而你恰好又是个任人唯亲的人。不过,如果你能够主动地找到他,了解他的内心感受,并且让他知道你很关心他对此事的反应,那么,面对你所给出的暂时不能提拔他的原因,对方接受的可能性也许会更大,而且他还很有可能会继续高兴地与你合作,并且不断地提高自身的工作能力及效率。聆听对方的感受,并真诚地表示你能够理解他们的想法和感受,这样做虽然不会改变你最终的决定,却能够增进双方的关系,有助于提高士气。当然,通过聆听,你也可能会了解到某些足以令你改变主意的信息。

我们之所以不敢在商业对话(或私人交谈)中引入情绪对话,除了因为这样做会让我们感到不自在以外,主要的原因就在于,我们担心惟一能够解决这一情感问题的方法就是满足对方的要求——譬如说,要想平复员工的怒火,惟一的办法就是给他们升职。

当然,实际情况并非如此。妥善处理情感问题的关键就是,你必须明白,做决定和放弃修复对方情感的职责其实是彼此独立的两件事。所以,在谈话中,如果你能够清楚地表明自己的谈话目的,一切就会变得简单多了:"我想和你谈一谈我对这件事情的一些想法和感受，同时，我也想了解你的感受，听一听你对此有何看法。我这样做是为了尽可能地获得足够的信息，从而做出最终的决定。当然，我的最终决定将取决于我对你工作表现的评估，以及你所处职位的评估标准和我对公司大局利益的整体考虑结果。"如此一来，你不仅能够聆听和了解员工的失望及愤怒情绪，而且还能够从全局利益的角度出发，最终决定是否提拔他。

9. 在现实世界中，又有谁有时间去做完这一切？

答案就是，没有谁有时间去做完这一切。

没有人愿意花时间，同时屏声敛气地去了解为什么其他人会对你如此英明的决策（这是显而易见的事实）提出异议。没有谁愿意利用午休时间来应付一个不好对付的同事，或者是两个无法和谐相处并因此导致你们整个团队工作效率下降或令原本愉快的假期不欢而散的同事（这更糟糕）。

毕竟，你要做的事情还很多：处理数据，完成演示，做实验，写电子邮件答复他人，甚至，你还需要接孩子放学。这些都是你非做不可的事情，而且其结果还将直接影响到你自己，以及你的工作和生活。相对而言，开展一次混乱的谈话，在你看来，就显得没什么必要了。首先，其中所涉及到的诸多情感会让谈话者感到精疲力竭；其次，谁也无法保证这次谈话能够得出一个双方都满意的好结果。因此，毫无疑问，从短期利益的角度出发，我们大多数人都会选择将精力和时间投入到那些能够给人带来更多愉悦和满足感的工作当中，而不会让一场毫无头绪的谈话来折磨自己的身心。

可是，做出这一选择的人都错了。当我们能够想象到这一选择的结果时，我应该：

花时间来处理这一高难度谈话？还是……

出于节省体力和时间的考虑，尽量回避它，让这个问题神奇般地消失？

如果后者是正确且可行的选择，那么，我们根本就没必要写这样一本书来告诉大家如何与人沟通了。以下就是对这一选择所做出的更加现实且理智的思考。

我们已经花费了不少的时间和精力来思考这件事。工作和人际交往中出现的悬而未决的矛盾冲突会在不知不觉中消耗掉我们的全部精力，并且在我们毫无意识的情况下分散我们的注意力。在这种情况下，我们会不断地进行激烈的思想斗争，抓住任何一个机会向同事发泄内心的怒火，向配偶抱怨自己受到的不公平对待，并且无数次地在心中设计自己认为理想的工作环境和氛围，白日做梦般地设想我们应该对他们这样说，或是在互联网上搜寻与其人人格分裂有关的信息，以此作为自己与他进行对抗的坚实后盾。

我们这种"利用"时间的方式只会让情况变得更加糟糕。将矛头指向另一位同事，借题发挥的做法的确可以让我们顺利地发泄内心的沮丧和愤怒，可是这也会让我们觉得问题已经解决，一切无需再谈。现在，这位"无辜的"同事也被卷入到这场矛盾之中，导致这一情况发生的原因可能是因为我们已经将自己的消极观点和感受成功地转嫁到了他身上，也可能是因为他同时受到了来自矛盾双方的压力，进退维谷。向配偶或朋友抱怨通常会让我们那已经"一边倒"的天平倾斜得更加厉害，愈发地使我们觉得一切都是因为对方不可理喻，我们才是无辜的受害者。哪怕朋友明明已经发现我们的这种行为正在使形势进一步恶化，我们也决不会给他们机会，让他们对我们的行为提出质疑——帮助我们了解对方的立场和这件事情当中我们应负的责任。相反，我们会想尽一切办法说服朋友加入我们的阵营，而一旦朋友真的这样做了，我们就会更加笃定自己行为的正当性，并且愈发地为自己的处境感到义愤填膺。这时，如果我们向对方发出谈话邀请，我们心中的不满和指责立刻就会如洪水一般，喷涌而出。

与其如此，我们不如将精力投入到更加有效的行为当中。面对这一棘手的问题，既然我们已经在心中思考了千百遍，那么，我们还不如将这些精力和时间投入到寻找解决问题的方法上，而不是像现在这样不厌其烦地折磨自己和他人。与其将第三方当成自己的出气筒（隐晦地），要求他们同意自己的立场和观点，你为何不接受他们善意而诚挚的意见和指点呢？朋友和同事都能帮助我们了解对方的立场，认识到自己的责任，并且能够启发我们理智地思考那些使我们反应过激的对方的意图或受到威胁的自我认知问题。他们能够帮助我们从更加客观的角度来看待事情的核心问题，同时让我们意识到如何才能更加清楚地表明自己的立场和观点，以及我们究竟需要了解哪些事实或情况才能更好地理解对方的观点。

当你渐渐习惯使用书中列出的准备清单来为谈话做准备，并且根据自身的具体情况对清单的内容和准备方式做出适当的调整之后，你就能以更快的速度和更高的效率为谈话做准备。很快，你就能在一早举行的工作会议上更加顺利地阐述自己的观点，或是在只有几分钟的电话会议当中与工作伙伴进行愉快的沟通。突然之间，你发现自己好像瞬间摆脱了一直和你纠缠不清的困惑思想，眼前的局势似乎一下子都变得乐观起来，而问题的解决方案也不再像以前那样可望而不可即了。

现在耽误七分钟，能使你将来节省数小时。一直以来，我们都很担心一件事：读者们误以为我们建议大家认真且投入地去对待每一次谈话，其间，所有人还必须持之以恒地投入无限的精力和时间。对此，我们想澄清的就是：人生苦短，谁都不可能拥有如此旺盛的精力。

事实上，我们认为谈话其实很快就能结束。越早提出问题，消除误解或要求对方阐明自身意图，你解决问题、推进谈话的速度就会越快。你拖延的时间越长，局面就会变得越混乱，而问题也会变得更加复杂，更难解决。所以，现在花七分钟的时间来弄清楚为什么你和对方会对一件事情产生不同的观点，将来，你也许就能省下七个小时（甚至七个月）的时间，而无需在困惑和沮丧当中浪费时间，徒劳无益。

当然，你提出问题和发起谈话的技巧越高，谈话的效率就越高，其最后的结果也就会愈加乐观。面对你的供货商，与其坚持要求对方按时供货，你不如换个角度，以真诚的态度询问对方为什么你的这一要求会令他感到为难。这样做将会让你明白他们拒绝你这一要求的原因，同时令你的立场也发生转变——从最初的单方面的指责到愿意共同解决问题。如此一来，你只需要用十分钟的时间就能省去将来的诸多苦恼和麻烦——你无需再反复致电对方的老板和你的上司，也不用去寻找其他的供货商了。

最后，正如我们的同事史蒂文森·卡勒巴赫所说的那样，我们用于简单谈话的时间和高难度谈话所耗费的时间之间的关系就像是人的年龄与狗的年龄之间的对比，1∶7。高难度谈话常常会给人一种度日如年的感觉，明明只谈了 10 分钟，我们会觉得已经过了一个小时，尽管事实并非如此。事实上，通过与我们的合作，许多人已经开始纠正自己的这一内在的时间观念。在结束了一个似乎永远都不会终结的电话之后，他们会看一下电话显示屏上的时间提示，了解对话进行的具体时间。久而久之，他们发现，那些在自己看来"永远无法结束"的电话其实不过只打了几分钟的时间，而在这几分钟的时间里，双方进行了有效且积极地沟通——谈话完全是围绕真正的核心问题展开的。

这样的时间才花得物有所值。

10. 我的自我认知对话已经完全陷入在"非此即彼"的观点中：要么我是一个完美无缺的人，要么我就是一个令人厌恶的一无是处的人。对我而言，我似乎根本无法跳出这一思维模式，在这种情况下，我该怎么办？

对于这一问题，我们不妨首先来看看以下这个案例：

安东尼奥的故事

无论是在单位，还是在家里，每当我受到他人的批评和指责时，我往往都会以其人之道还治其人之身——同样以批评回击对方。这样做的结果只有两个：矛盾加剧，或者让对方屈服。令人感到悲哀的是，即使是在我明知对方说的并没有错的情况下，我也依然如此！我下定决心要改变自己的这种行为，想用一些简单的没有攻击性的话语来回答他们，"你这样说对我的帮助很大，我正在向这一方向努力"，或"谢谢你，就让我们来谈一谈这个问题吧"。然而，当事情发生时，我又重蹈覆辙，就好像之前的种种努力全都白费了。我知道这样做会有损于我的人际关系，可是我似乎根本无法改变这一行为模式。

在对这一问题进行了仔细的思考之后，安东尼奥意识到自己的这一行为其实植根于他的一种信念，即一个有价值的优秀的人从来不会令其他人感到失望，或是辜负他们的期望。他担心如果自己没能满足某人的期望，对方就会将他拒之门外，甚至否定他的价值。而且，更重要的是，他担心他会无法接受不合格的自己："如果我清楚地了解自己，我就不会伤害别人，也不会令他们失望或泄气。"于是，面对来自他人的批评和指责，安东尼奥坚决认为这些批评和指责都是不正确的，或是别有用心的。惟有如此，他才不会因为内疚或惭愧而感到于心不安。通过这种"愤怒的"表达方式，他试图让所有人知道，是其他人的错误导致了这一结果的发生——尤其是那个首先发难的人——这一切都和他没有任何关系。

事后，当他冷静下来之后，安东尼奥意识到自己的回答的确极具煽动性和挑衅性，可是在当时他却根本没有意识到这一点，也丝毫没有考虑其他。理智而客观地说，人无完人，哪怕是一个优秀、称职且值得尊敬的人也同样会犯错，会做出一些不理智或自私的选择，甚至做出一些愚蠢的决定。对此，安东尼奥也完全表示理解。可是，当事情降临到自己头上时，就在那一刻，他却改变了立场，坚决捍卫自己的"完美"形象。面对来自恐惧和挫折感的猛烈进攻，他的理智思维逐渐溃不成军，最终，本能成为了他行为的主宰者。

我们都曾遇到过这种令人感到失落、沮丧的情形。

为什么要想改变这种行为以及我们对于自我和人际关系的观念会如此困难？难道就没有解决这一难题的方法吗？

一切都源于自我认知

自我认知是我们的思想、生活经历，以及我们针对这些经历所产生的主观意识（换言之，我们向他人讲述的那些关于自己的故事）在经过复杂的糅合和相互影响之后所得到的产物。我们无法改变自己的思想（尽管现代关于神经可塑性的科学研究已经对这一假设提出了有力的质疑），也无法改变过去的那些人生阅历。不过，我们能够改变自己对于这些经历的理解和认知——即我们的故事。

当我们还是婴儿或孩子的时候，我们会想当然地认为我们从父母那儿得到的一切都是我们应得的——无论得到的东西好或不好——并且会创造出一个故事来解释为什么这是我们应得的。"我之所以会挨打是因为我不听话。""我很可爱，所以我的父母很爱我。""我之所能够得到表扬，是因为我一直都对妹妹很好。"

　　早在学会说话之前,我们就已经开始在心中描绘自己在不同的人际关系当中的形象。例如,我们的一位同事是在一个充满矛盾的家庭当中长大的,作为家中的老二,她发现成功地平息兄弟姐妹的矛盾通常都会为她赢得父母的奖励。于是,在她的心目中,她是一个"理性的人,从来不会情绪失控,也不会冲着某人发脾气"。长大后,凭借其处理矛盾时公正且理智的方法,她得到了朋友的一致好评,大家都喜欢找她解决问题。可是,当她自己遇到人际交往的难题时,她却无法正确或恰当地表达内心的想法或强烈的情感。按照她的自我认知,她认为自己是一个化解矛盾的人,而不是矛盾的制造者。

　　我们对自己的认识可能来自于每天的生活经历和人际关系,也有可能源自于那些曾经伤害过我们或是改变了我们生活的重大事件。安东尼奥的父母在他五岁时离婚了,对此,他认为自己就是导致父母离婚的"罪魁祸首"。于是,他从中汲取的教训就是:"因为我不听话,所以爸爸离开了我。我决不允许自己再不听话了。"这也就解释了为何当安东尼奥觉得自己不够"完美"时,他会显得如此恐惧和不安。当然,对于父母离婚这件事,其他人的想法可能会完全不同:"听话并不能阻止他们离婚。无论如何,人们都会离开我,既然如此,我就不应该再依赖他们。"这种想法可能会让这个孩子成长为一个极其独立的人,又或者恰恰相反,使他成为一个十分懦弱且极度自卑的人。

　　在今后的生活当中,当安东尼奥遭遇其他的经历时,他会试图——和我们所有人一样——用一种与其自我认知相匹配的方式来阐释这一切。如果他从他人那里得到的反馈信息是"有待改进",毫无疑问,这样的评价将会动摇其自我认知的核心支柱:"我再也不能不听话了。"一旦这一支柱坍塌,他的内心世界就会彻底崩溃。为了保护这一支柱,他只得迅速地立起一道高高的防御工事:"那不是我!那不可能是我!"

　　尽管安东尼奥已经意识到了这种自我认识的弊端,可是要想改变它却仍然需要他进行坚持不懈的奋斗和努力。因为这是他最熟悉的一种观念,同时,这一观念也已经深深地植根于他的意识之中,几乎已经成为了他下意识的选择——在他看来,另一种选择不仅模糊不清,且充满了许多未知的因素,令人感到胆战心惊。尽管他人本尚未彻底意识到这一点,但是,目前安东尼奥的眼前只有两个选择：维护自己的信念（对他人予以否定），或让一切分崩离析（夸大事实）。

解决这一问题的办法

正如我们在第六章里谈到的，有助于双方解决问题的办法包括：明确无误地在谈话中提出导致你进退两难的问题，了解存在于双方思想当中的非此即彼的极端想法，从更加现实可行的角度，重新设定自我预期。可是，正如安东尼奥所遇到的情况一样，如果这样做还不行——因为行为者无法持之以恒，或是在事情发生时却将其抛诸脑后——我们该怎么办呢？

安东尼奥之所以难以将意识付诸行动，其根源就在于尽管他已经意识到了存在于自我认知当中的问题及其可能产生的后果，可是他并没有找到一种切实有效的办法，改变自我认知，因此，他仍然无法接受自己可能会令他人失望的事实。面对这一来自精神层面的巨大挑战，以下方法也许能够帮助我们跳出原有的思维定式，从而解决问题。

探索产生这一认知的根源所在，并对它们进行重新审视和评估。通常来说，思考和了解我们的自我认知来自何处，以及它是如何形成的往往能够帮助我们摆脱困扰。安东尼奥经过仔细地回想之后发现，除了父母离婚所带来的消极影响，还有另外两件重要的事情也对其自我认知的形成产生了关键的作用。其一，他的哥哥赫克托耳曾经因为学习成绩差而不得不从其就读的教会学校辍学。安东尼奥清楚地记得，为此，父亲曾经声色俱厉地向哥哥表达了他的失望之情，而且还把哥哥成为"废物"。他的哥哥为此感到很伤心，一连好几天都是在哭泣中睡着的。其二，五年级时，安东尼奥曾因为一篇文章而获得了学校的奖励，可是令他感到意外的是，当他兴高采烈地把此事告诉父母时，他们只是轻描淡写地回了一句："真不错，安冬尼奥。"父母的言行令他感到失望，也深深地伤害了他。通过这两次经历，安冬尼奥得出了这样一种结论：他是否能够获得他人的关心和爱，全都取决于他是否取得了巨大的成功，除此以外，即便是表现尚佳，他都无法赢得他人的关爱。

很多年后，当安东尼奥就当初受到学校奖励一事询问妈妈她和父亲当时的反应时，妈妈回答说："当时，我们真的为你感到无比骄傲！我们家里从没有人在学业上获得这么好的成绩。可是,我们尽量想让自己表现得平和一点,因为学校的心理老师告诉我们,如果聪明的孩子因为表现出色而获得过多的赞赏和奖励,他很有可能会据此认为,只有当他取得成绩时,他才能获得父母和老师的疼爱。"你完全可以想象得到,当安东尼奥得知这一情况之后,他有多么震惊。至于父亲当时对待哥哥的方式,那又是一件更加复杂的事情。后来,他的父亲也坦言,他对自己当时过于严厉苛刻的言行感到很后悔:"我那样做只是不想看到赫克托耳在今后的生活中再犯和我一样的错误。"

因此,一切并不像安东尼奥所认为的那样:爱是有条件的,是短暂的。只不过,有时候,他人表达爱的方式是他所无法理解的。幼时的经历使安东尼奥对人际关系产生了一种狭隘的思想,多年来,他其实一直都生活在这种狭隘的原则之中。当他明白了这一点,并且找到了阐释童年经历的正确方法之后,原本因为自我认知受到威胁而产生的恐惧心理自然很快就烟消云散了。

与此同时,安冬尼奥的哥哥面对的则是另一种不同的精神挑战。在接受了父亲对自己所做出的"废物"评价之后,长大后的赫克托耳便认为自己根本没有能力在工作或社区当中担任领导者的角色,即使当这样的机会摆在面前时,他也会婉言谢绝。虽然后来的生活经历让赫克托耳明白了自己小时候在学校之所以会成绩很差,一部分是因为他有诵读困难这样的学习障碍,另一部分则是因为他的学习方式与众不同:在了解问题的细节之前,他必须首先从整体上来理解这一问题。可即便如此,从某种程度上来说,他对自己的认识却依然停留在那个因为"学习成绩很差"而无地自容的15岁的少年形象之上。于是,他下定决心绝对不让自己再"重蹈覆辙",与此同时,他也变成了一个极度缺乏自信的人:他觉得自己缺乏责任感,根本不值得信赖。

然而,在同事的心目中,赫克托耳不仅明智,而且考虑问题非常周全,所以一方面,他们常常会向他寻求帮助,征询他的意见,另一方面,他们则很难理解为什么他会如此沉默寡言。最后,当他的一位好朋友再三邀请他加入社区的领导团队时,赫克托耳才向他道出了自己的心声,他的朋友这才恍然大悟。"赫克托耳,"他的这位朋友说道,"你已经意识到自己早已不是当初那个15岁的少年了,不是吗?如果换作是你处在父亲的角度上,你会对那个15岁的孩子说些什么呢?你会对他说他注定将一事无成吗?又或者,你是不是会告诉他，他应该从这次失败中汲取教训，在下次考试中取得进步呢？现在的你和当初的那个孩子已经完全判若两人了。"在朋友的反复激励下，赫克托耳终于能够从一个全新的视角来看待自己——当年的男孩现在已经长成一个成熟的成年人。接着，虽然他尚未完全战胜内心的恐惧心理，可是，带着一种掺杂了惊奇和少许自豪的复杂心情，赫克托耳接受了朋友提出的领导者职位。最终，在越来越多的成功经历的鼓励下，他找回了自信，彻底摆脱了当初那个内心充满恐惧且不自信的男孩的阴影。

可是，无论是对安东尼奥而言，还是对他的哥哥赫克托耳来说，完成这一思想的蜕变都不是一件简单的事情。有些人曾经在身体或精神上受到过来自父母、老师、同学或邻居的不公正对待，这些经历对自我认知产生了极其深远且重大的影响，尤其是在身体受到严重创伤的情况下，因为生理结构的改变往往会制约人们表达自我的能力，使他们无法从一种更加乐观或积极的角度来理解和讲述发生在自己身上的故事。

事实上，即使你的身体没有遭受严重的创伤，各种经历的综合结果所产生的影响也同样不可小觑，而且你阐释这些经历的方式方法也不可避免地会受到各种因素的制约或限制。如果你在高中阶段几乎没有任何朋友，盲目地告诉自己多年后你将成为"万人迷"的做法显然没有任何实际意义。如果你读书时成绩很差，即使你清楚地"记得"自己曾代表全体同学在毕业典礼上发言，这种"记忆"也不会帮助你构建健康乐观的自我认知。

和你的经历作斗争犹如困兽之争，根本起不到鼓舞士气、振奋人心的作用；真正能够对我们有所帮助的做法是：重新审视我们所赋予自己的过于简单化的认知标签，将事情还原到当时的具体情况中去理解，而且，如果有必要，你也可以为已经发生的事情感到悲痛、伤心。如果你认为高中时学习成绩差意味着你很"愚蠢"，我们只能告诉你这种总结方式不仅野蛮而且对你没有任何好处。事实上，有些被贴上了"聪明"标签的人也同样不喜欢冒险，而且容易在解决问题的过程中产生挫败感。这些人担心各种新的挑战将会对自己的名誉产生威胁，一不小心就会陷入身败名裂的窘境。然而，在现实生活中，不同的时刻，不同的环境，我们的表现自然也不同：我们的行动速度时快时慢，我们既有优点也有缺点，有时候，我们积极而勤奋，有时候，我们又表现得懒散不堪。因此，这种绝对且单一的总结方式根本无法正确而客观地概括我们复杂多变的行为方式和思想。

同样地，我们通过自身经历所总结的"正确的"经验教训也有可能会表意不明，或出现偏差。同样是面对小时候曾多次遭遇情感伤害这样一段经历，有的人长大后可能会因此而变得格外坚强，面对各种来自外界的伤害，他总是能够迅速地康复，并因此过上了幸福稳定的家庭生活；而有的人则很有可能会因此而产生交际障碍，无法妥善地处理人际关系当中出现的各种问题，并且将自己的这种情况归咎于幼时的痛苦经历。

在安东尼奥的案例当中，当事人通过重新审视自己过去的经历，最终放弃了过去那种非此即彼的自我认知，成功地缓解了内心因为害怕辜负他人期望所产生的恐惧和不安。在这种更加平和冷静的心态之下，他终于能够有效地控制住自己的思想和行为，用另一种不同于之前的方式来回应对方。这种处理方式的奏效及其取得的成就不仅进一步巩固了安东尼奥的信心，也让接下来的工作变得更加容易。

创造积极乐观的生活经历。在重新阐释过去经历的同时，你还可以有意识地创造新的积极向上的生活经历，从而巩固这一乐观的行为方式，坚定信念，使你能够继续从这一不同于从前的角度来审视自己。有时候，当你不确定情况到底如何的时候，你可以从一个更能为你所接受的假想出发来看待整件事情，并且告诉自己事情就是如此。安东尼奥觉得自己是"一个乐于虚心接受他人意见，并从中汲取经验教训的人"，而在过去，面对来自同事的建议和反馈，安东尼奥往往倾向于从中"寻找"一些消极的信息。其实，他自己也知道这种描述与真实的自我之间有出入，可是他完全可以把这当成事实，并且尝试着按照这种思路来组织和管理自己的行为。如果他愿意接受这种思维方式的管理，他的思路就会向着这个方向发展，至少在面对他人的反馈意见这件事情上是如此——如此一来，他自然能够通过这一乐观的视角获得并积累许多积极向上的生活经历，而这些经历是由他创造出来的，而不是自然发生的。

寻求他人的监督和帮助，借他人之手鼓励并巩固你的这种新行为。在自我改变的过程中，一旦出现压力，我们很有可能就会立刻缴械投降，故态重萌。能够回归自己所熟悉的思维体系，这种感觉自然是再好不过了——这也是我们常说的思想惰性。在缺乏外界帮助的情况下，我们根本不会意识到自己又回到了从前的老路上，如此一来，我们也就无法及时中断自己的"出轨"行为，而好不容易建立起来的思想和行为模式自然也就渐渐荒废了。所以，在这一过程中，为了杜绝或降低这一情况发生的概率，邀请朋友或同事监督和帮助自己通常都会起到事半功倍的效果。安东尼奥听从了我们的建议，向两位朋友发出了求助："我正在努力改变自己处理他人反馈意见的态度和方式。我发现这的确有些困难，而且感到很别扭，所以我希望你们能够帮助我，在我出言不逊的时候及时提醒我。在此，我明确地告诉你们，你们完全有权利指点并监督我在这件事情上的行为。与此同时，我也希望你们能够耐心一点，多给我一点时间。毫无疑问，我肯定会犯错误，甚至有可能会失态，如果真是这样，请你们包涵，也请你们不要忘记，我正在努力向着好的方向发展。"

对自己表示同情。我们尽可能地让自己的生活变得有意义——通常情况下，我们往往都是孤军奋战。在我们做出的选择当中，有的是对的，有的只是徒劳无益。

生活并不轻松。我们需要的只是一点点同情心——一种来自自己的情感共鸣。

接受自己，完整的自己——这其中包括我们犯下的错误，经历过的失败，我们的缺点和脆弱的时刻，自私的行为或想法，以及曾经做过的糊涂事、蠢事——并原谅自己和上述这一切，而这也是我们找回自我平衡以及成长的关键一步。对有些人而言，这种对个人的深切的关心不过是灵光一现，转瞬即逝；对大多数人而言，这意味着我们需要为之奋斗终身，不断地调整自我，不断地提醒自己。当然，这样做并不是为自己的失败或错误找借口，也不是试图将原本属于我们的责任推卸给他人。我们这样做目的很简单：接受一切，并且倾注应有的关心。

如果这样做并不能让我们感到满意，那么，我们可以道歉，并为此感到难过。当然，我们也会从这一刻开始，努力让自己做得更好。

最后的思考

当读者写信给我们的时候,他们通常都会在信中抱怨自己的孩子／兄弟／老板／商业伙伴是多么不可理喻。他们似乎非常渴望获得帮助。于是,我们会向他们提出问题,并且给出我们的建议,然而这些问题和建议很快就他们忘却了:"已经试过了","不","不起作用"。

直到几年前,我们才意识到这些人其实并不是在寻求帮助;他们只是希望我们能够认可并肯定他们的放弃。"我实在是太累了。我已经受够了。我宣布放弃,可以吗?"所以,面对这样的读者,我们给出了不同的答案:"听起来,你已经竭尽全力,尝试过所有的办法了。"

人们很喜欢听到这样的回答,对此,许多人甚至无法掩饰内心的喜悦之情。我们完全能够想象得到这些人回去之后会如何向家人交待:"亲爱的,我已经和专家咨询过了,专家的意见就是:你的妈妈没救了,她是一个不可理喻的人!"

处理高难度谈话不仅困难,而且常常令人感到气馁——尤其是当对方对你的谦虚视而不见的时候,或是你勇于承担应负责任的举措并没有得到对方的赞赏时。很多时候,为了突破根深蒂固的思维模式,为了缓和宿怨,你不得不努力奋斗,跟自己作斗争。如果说你的思想和行为会发生改变,那一定是时间沉淀的结果。

不过,在经过几个月的挣扎和奋斗以及无数次的碰壁之后,你发现自己的努力终于引起了一点点的反响——转变正在慢慢地进行。家人对你的假期计划投来了赞许的目光,又或者,至少语音信箱里的留言的语气已经有所缓和,不再像之前那样狂躁。你似乎见到了黎明前的曙光,微微感受到了阳光的温暖,或是注意到对方终于松了口,从而使得谈论这一问题的几率大大提高。

如果你觉得这些细节能够带来更多更大的改变,并且能够给你所需的耐心,继续坚持之前的方法,那么,这些最初的细微改变也许已经足够让你坚定信念，自信满满地走向最后的成功。

不过，我们也不是想劝大家一定要坚持到底，或是无论怎样都始终坚守着一段关系，哪怕它会伤害你的自尊。也许，通过努力，你和喜欢妄想的老板之间的关系得到了一定的改善，然而，你的家人却依然因为你越来越严重的"星期一恐惧症"而备受折磨。你对麻烦缠身的妹妹表示出了亲人应有的同情和爱护，可是她的瘾君子行为对你的婚姻生活所造成的负面影响却越来越大。有时候，你真的已经竭尽全力，却收效甚微。

这时，我们想对你说的是，你可以放弃了。

正如我们之前说过的，你无法改变其他人。当你终于意识到自己永远都无法改变其他人，并从此彻底放弃了这一打算的时候，你也就放下了一件你其实从未拥有过的东西——控制权。如果某人不愿意反省自己那些导致问题恶化的言行，或是不愿意为自身行为所造成的消极影响承担责任，你也不能强迫他们这样做。你能够做的一切就是重新审视自己——尽管这的确很困难，尝试改变思路，从不同的角度看问题，改变自己的行为对事件的影响，并且坦率承认那些在你看来十分重要的事物。

你可以向他人发出邀请，请他们和你一起努力，打破僵局，解决问题。可是，是否给你发送回执，以及是否接受你的邀请，这完全取决于对方。

放弃并不容易。你希望自己能够忠于他人，并且在他们有需要的时候及时提供支持和帮助，你希望自己是一名关心他人的工作伙伴，一个怜惜和爱戴父母的女儿。你是一个言而有信的人，一直都信守自己向他人、公司、邻居和学校做出的承诺。放弃意味着你不得不和自己展开一次高难度谈话，从而做出一个健康的决定——为了你，也为了你爱的人——并且对自己的这一选择表示谅解。这也许是世间最困难的一种谈话，但是考虑到谈话的结果，这样的谈话的确是物有所值。

祝大家好运！